学校図書館サービス論

前田　稔・堀川照代

学校図書館サービス論（'21）

装丁・ブックデザイン：畑中　猛

m-23

まえがき

　最近の学校教育は大きく変化しています。読書活動や，調べ学習，探究心を大切にした学びが重視されています。それを支えるのが学校図書館サービスです。学校図書館が提供するサービスの水準次第で，教育全体の質が大きく左右されるという認識が教育界で定着してきました。本書では学校図書館についての基本的な知識を踏まえつつ，児童生徒および教職員への直接的・間接的なサービス活動についての見方・考え方を学びます。また，子供をとりまく一人一人が何をすべきか，何ができるかという点について，学校図書館サービスの理念を探りながら考えていきます。

　2014年（平成26年）に『学校図書館法』という法律が改正され，「専ら学校図書館の職務に従事する職員」として，学校司書の制度が正式にスタートしました。この法律において，学校司書の資質の向上を図るための研修等，が定められたことに対応する科目が「学校図書館サービス論」です。このため，学校図書館に興味があり，今後学校司書として働くことを考えているかた，専門的な職務の質をさらに高めたい現職の学校司書のかたに是非とも読んでいただきたいと願っています。本書では，「覚える」から「考える」能力の育成へと変化する学校教育の最新動向を踏まえつつ，公共図書館と比較しながら，学校図書館サービスの全体像と環境づくり，読書支援，学習支援の基本について学びます。学習支援や他の教職員との積極的な協働など，業務に必要な見方・考え方について学習指導要領の構造をふまえて理論と実践の両面で理解します。

　とはいえ，「すべての子どもがあらゆる機会とあらゆる場所において自主的に読書活動を行う」（『子どもの読書活動の推進に関する法律』第2条）ことを支援するのは，学校司書だけではありません。公共図書館の児童サービス担当者，館長としての校長，学校司書が配置されていない学校の教員，読書ボランティアや保護者の方々，博物館・公民館・自治体の職員，書店・出版社に勤務する方々など，子供の読書に関わる人々が，協働的に発展させていくものが学校図書館サービスです。この

4

ため，例えば公共図書館が行う学校図書館サービスについても言及したほか，本書では，主語として学校司書を使用する場面をあえて少なくしたうえで，「学校図書館が○○する」という記述を通じて，有機体としての学校図書館をサービス提供の主体として論じていきます。

　構成面における特徴としては，『学校司書のモデルカリキュラム』（巻末付録6）における「学校図書館サービス論」への準拠を目指しつつ，『学校図書館ガイドライン』（巻末付録7）で示されている事項を網羅的にサービスの観点から体系づけることに注力した点があります。両者は，2016（平成28）年に文部科学省から出された『学校図書館の整備充実について（通知）』の中核として位置づけられるものです。『学校司書のモデルカリキュラム』というのは，学校司書に求められる知識・技能の習得のために必要な科目として文部科学省が10科目20単位を定めたもので，学校司書採用の際の学校教育側での活用が想定されています。その多くは，司書資格・司書教諭資格・教員免許科目で代替可能ですが，「学校図書館サービス論」については，ほかの科目とは独立して開設する必要があります。その際の教科書・参考書として本書が使用されることを想定しています。筆者の経験からすると，図表や写真類はプレゼンテーションソフトウェアや配布資料を使いながら，大学等の授業者が自ら習熟している内容や最新の情報を提示していくほうが効果的だと感じています。このため，本書では，あえて本文における図表や写真を少なくしてあります。独習の場合は，本書で示した検索キーワード例を活用しながら，スマートフォン等を使って資料や実例を調べてみてください。

　学校図書館サービスという学問領域は未確立の領域です。このため，学校図書館の運営上の重要な事項について望ましいあり方を文部科学省が示している『学校図書館ガイドライン』の事項を，可能な限りサービスの側面で読みかえることに努めました。堀川照代「『学校図書館ガイドライン』活用ハンドブック　解説編」悠光堂，2018年および，堀川照代「『学校図書館ガイドライン』活用ハンドブック　実践編」悠光堂，2019年を併用することを想定して，各章末に学校図書館ガイドラインの参照箇所を示しています。

　本書を執筆する上で特に難しく感じたのは，小学校・中学校・高校・特別支援学校の違いです。小学校1年生と高校3年生では発達段階が大

きく異なります。しかし，校種で分断してしまっては，学校図書館のもつ教科・科目や校種の横断性への教育界からの期待を裏切ってしまいます。そこで，サービスの精神や協働的な側面を可能な限り統一的に想定しつつ，例えば，小学校の学習指導要領をスタート地点として中学・高校の教育課程に発展していくイメージを得られるように工夫したほか，特別の支援や配慮について特別支援学校だけでなく，一般の学校図書館も直面している課題である点を示しました。また，読者の関心領域の違いに応じて発展的に学習できるように，『東京学芸大学　授業に役立つ学校図書館活用データベース』と連携し，同データベースからは事例も転載いたしました。

　約60年ぶりの『教育基本法』改正を反映した2007（平成19）年の『学校教育法』改正において義務教育の目標に読書が加わるなど，読書好きの子供だけでなく，すべての子供が日常的に学校図書館を活用することが制度的にも徹底されるようになったのは，最近のことです。しかし，学校図書館と関わる歴史的な蓄積には奥深いものがあります。1953（昭和28）年に『学校図書館法』が制定された際に，「学校教育において欠くことのできない基礎的な設備」（第1条）として，「学校には，学校図書館を設けなければならない」（第3条）と定められて以来，すべての学校に学校図書館は存在し続けてきました。現在用いられている手法の多くは当初から存在しています。なかでも，本書執筆の30年前から40年前ごろの学校図書館関連の著作群が，学習支援を中核とした学校図書館づくりに関して，最も参考になりました。多くの学校では司書教諭・学校司書が配置されておらず，現在では学校司書が行うべき業務についても，当時は一般の教員が学校図書館担当者として，ほかの業務と掛け持ちしながら運営をしていた状況です。学校図書館活動を少しでも拡げ，有用と感じてもらうことを目指して，旺盛なサービス精神を軸にした学校図書館のあり方を，指導や校務の中に盛り込みながら，夢を思い描いていた時代です。先人の情熱と努力について改めて敬服しつつ，学校図書館サービスがさらに発展することを願ってやみません。

2021年3月
前田稔

目 次

1 ｜ 学校図書館サービスの考え方と構造

2 ｜ 学校図書館の環境整備（1）

10

本書の使い方 |

　本書第 2 章以降は次のようにご利用ください。

《ポイント》

　各章の冒頭において，行動プラン（アクション）を示しました。本文の見出しと連動しています。

🔍利用案内　学校図書館

　🔍のマークがついている場所は，検索サイトで調べる際のキーワードですので，事例や具体例を自分で探してみましょう。大学の講義等における教科書や参考書としての使用ではない場合の独習部分です。

学校図書館ガイドラインと○○

（学校図書館サービスの視点から見たアクション）　　　➡ GUIDELINES (○)-○

　各章の章末で，『学校図書館ガイドライン』と具体的にどのように結びついているのかを示しています。各学校が行うべき最低限の水準を知ることと，そのために我々が何をどのようにサービスしていくのかを考えていく手立てとして掲載しました。左側が，学校図書館サービスの視点から見たアクション，➡の右側が実際の場所になっています。付録 7 との併用を想定しています。

ケーススタディ　先生のための授業に役立つ　学校図書館 活用データベース SELECT

　本文では，学校図書館サービスの見方・考え方について紹介し，実際の事例については，ケーススタディのページで紹介しました。このページは『東京学芸大学 授業に役立つ　学校図書館　活用データベース』における豊富な情報のなかから各章に適した内容を厳選して転載したものです。学校図書館サービスを実際に提供していく際のコツなど，学校図書館サービスの実像をご覧ください。本書の中にすべてを盛り込むことはできませんでしたが，このデータベースを通じて，発展的に学校図書館の世界を広げていってほしいと願っております。このデータベースでは，各教科・科目ごとの実践事例についても知ることができます。文部科学省の補助を受けながら，「東京学芸大学　学校図書館運営専門委員会」で提供しているウェブサイトです。実践事例だけでなく，学校図書館の日常的な営みについても，紹介しています。本書では未収録の指導案やブックリストも直接見ることが可能です。QR コードもつけてありますのでどうぞご利用ください。なお，ウェブサイトは2021（令和 3）年 3 月現在の状況に依拠しています。

1 ┃ 学校図書館サービスの考え方と構造

堀川照代

《**目標**》「本科目」の初回として，学校図書館の目的と機能を知り，学校のなかの図書館における学校司書の役割を理解する。司書教諭の役割との違いを知り，学校図書館で働くということの意義と留意点について知る。

《**ポイント**》
- 戦後における学校図書館の導入について知る
- 学校図書館の目的と機能を知る
- 学校図書館の運営について知る
- 利用指導から情報活用能力の育成へと変化している
- 「学校のなかの図書館」の意義を考える
- 校長のリーダーシップが重要である
- 学校司書と司書教諭が協働しよう
- 学校図書館で働くということを考えよう

《**キーワード**》
『米国教育使節団報告書』，『学校図書館ガイドライン』，『学校図書館の手引』，読書センター，学習センター，情報センター，読む力，情報活用能力

1. 学校図書館とは何か

(1) 戦後における学校図書館の導入について知る

　我が国において学校図書館に力を入れている学校は戦前からもあったが，現在の学校図書館は，戦後，米国の学校図書館をモデルとして導入することから始まったものである。ここではそのきっかけとなった，1946（昭和21）年に発表された『米国教育使節団報告書』（https://

www.mext.go.jp/b_menu/hakusho/html/others/detail/1317998.htm）
から論を進めたい。

　戦後の日本の教育をどのように進めるかについて助言・協議するため
に，米国国務省から米国教育界を代表する27名の教育使節団が派遣され
た。教育使節団は我が国の教育界の多くの代表者らと協議し，1946年 3
月に報告書を発表した。報告書には次のような文章が見られた。

　　この目的のためには，ただ一冊の認定教科書や参考書では得られ
　ぬ広い知識と，型通りの試験では試され得ぬ深い知識が，得られな
　くてはならない。カリキュラムは単に認容された一体の知識だけで
　はなく，学習者の肉体的および精神的活動をも加えて構成されてい
　るものである。それには個々の生徒の異なる学習体験および能力の
　相違が考慮されるのである。・・・・（中略）・・・・
　　教授法と教師養成教育　　新しい教育の目的を達成するために
　は，つめこみ主義，画一主義および忠孝のような上長への服従に重
　点を置く教授法は改められ，各自に思考の独立・個性の発展および
　民主的公民としての権利と責任とを，助長するようにすべきであ
　る。

　こうした考えを受けて「新教育」が進められ，学校図書館の普及のた
めに1948（昭和23）年に『学校図書館の手引』（文部省　師範学校教科書）
が発表された。1950（昭和25）年 8 月には第 2 次訪日アメリカ教育使節
団が 5 名で来日し，同年 9 月に下記の文章を含む報告書（https://
www.mext.go.jp/b_menu/hakusho/html/others/detail/1317998.htm 参
照2019.12.18）を発表した。

　教材センター　　各校には図書館用図書其の他の教授資料が適当に備えつけられていなければならない。学校図書館は本だけでなく，教師と生徒で作製した教材をも持っているべきである。また幻燈や映画も経費さえできればつけ加えられてよいであろう。教材センターとしての学校図書館には生徒を助け指導する司書を置き，学校の中心となるべきである。

　米国の学校図書館理論は1950年代に集大成したと言われるが，上述の報告書の教育観も含めて，学校図書館の考え方の背景には，米国のジョン・デューイのプラグマティズムに基づいた新しい教育哲学がある。デューイはシカゴ大学に実験学校を開いたが，その実践内容を講演した記録が『学校と社会』（原著は1899年刊）としてまとめられた。それには「学校で具体化したい概念」として図1が示されており，次のように説明されている。

　　「実際の仕事に光明を投じ，それに意味と自由な価値をあたえるところの各種の知的資料の集成にすべてが来りもとめるようにされている様式」（ジョン・デューイ著　宮原誠一訳『学校と社会』岩波書店　1957）

図1　学校で具体化したい観念（デューイ著『学校と社会』）

(2)　学校図書館の目的と機能を知る

　「学校図書館ガイドライン」（文部科学省　2016）に，学校図書館法を踏まえて，次のように学校図書館の目的と機能が述べられている。

○学校図書館は，学校図書館法に規定されているように，学校教育において欠くことのできない基礎的な設備であり，図書館資料を収集・整理・保存し，児童生徒及び教職員の利用に供することによって，学校の教育課程の展開に寄与するとともに児童生徒の健全な教養を育成することを目的としている。

○学校図書館は，児童生徒の読書活動や児童生徒への読書指導の場である「読書センター」としての機能と，児童生徒の学習活動を支援したり，授業の内容を豊かにしてその理解を深めたりする「学習センター」としての機能とともに，児童生徒や教職員の情報ニーズに対応したり，児童生徒の情報の収集・選択・活用能力を育成したりする「情報センター」としての機能を有している。

これらの機能は，図2のように示すことができる。3つのセンター機能は，個々に独立したものではなく，実際には不可分のものである。

「読む力」と「情報活用能力」の育成や，児童生徒の思考力を高める資料・情報を活用した教育方法は，どの教科にも共通する，つまり教科横断的な必須なものである。学校図書館は，すべての教科にわたって適切な資料や情報を提供し，その利用を通して読む力や情報活用能力を育成する。ゆえに学校図書館は教育のインフラと言える。インフラであるからこそ教科横断的な視点を持つことができ，「読む力」と「情報活用能力」の育成という面からカリキュラム・マネジメントに関わることができる。

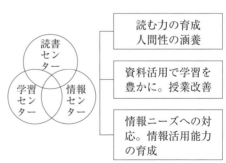

図2　学校図書館の機能

2. 学校図書館の仕事

⑴　学校図書館の運営について知る

　図書館には国立図書館，公共図書館，大学図書館，学校図書館，専門図書館の5つの館種があるが，どの館種であっても，利用者の世界と資料の世界を結び付けるのが図書館の基本的な役割である。そのために，図3のように，資料の世界から利用者ニーズを前提に資料を選択し，それを組織化し，利用者に供する。選択・収集，組織化・保存の部分をテクニカルサービスあるいは間接サービスと呼び，貸出などの利用者と直接接する部分をパブリックサービスあるいは直接サービスと呼ぶ。

　学校図書館は，学校のなかにある図書館であるがゆえに，上記の基本的サービスの上に，学校図書館法に示されているように，「学校の教育課程の展開に寄与するとともに児童生徒の健全な教養を育成することを目的として」おり，ここが公共図書館のサービスとは異なる点である。

　1953（昭和28）年の学校図書館法の第4条「学校図書館の運営」に，「学校は，おおむね左の各号に掲げるような方法によつて，学校図書館を児童又は生徒及び教員の利用に供するものとする。」として次の5項目が挙げられている。

　　一　図書館資料を収集し，児童又は生徒及び教員の利用に供すること。
　　二　図書館資料の分類排列を適切にし，及びその目録を整備するこ

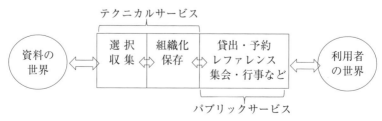

図3　図書館の基本的サービス

と。

三 読書会，研究会，鑑賞会，映写会，資料展示会等を行うこと。

四 図書館資料の利用その他学校図書館の利用に関し，児童又は生徒に対し指導を行うこと。

五 他の学校の学校図書館，図書館，博物館，公民館等と緊密に連絡し，及び協力すること。

学校図書館の仕事として，以上のほか，学校経営の一環としての学校図書館の経営的職務がある。「子どもの読書サポーターズ会議」の2008（平成20）年の報告書『これからの学校図書館の活用の在り方等について（報告）』では，学校図書館の仕事を「図書館経営，図書館奉仕，読書指導，教科等指導」の4領域に分けて図示している。

(2) 利用指導から情報活用能力の育成へと変化している

図書館にコンピュータが導入される以前は，上述の5項目の「二」の組織化の仕事が大きな割合を占めていたが，「四」の利用指導の重要性が次第に高まってきた。しかも，「図書館資料及び図書館の利用」に止まらず，「情報活用能力の育成」へと展開してきたのである。

米国では，図書館利用指導の道具として1980年代にパスファインダーが開発された。これは一つのテーマに関して，どのような資料・情報があるかをまとめたものである。概略を知る百科事典や入門書，その領域の専門書や専門雑誌，雑誌・新聞記事などを探す2次資料，インターネット上の情報やサイトなど，あるテーマに関する様々なレベルの情報を提供する道しるべであり，パスファインダーはリーフレット形式の印刷体やWebページとして提供されている。さらに1990年代には情報探索のモデルを応用して，情報探索プロセスを体験させてプロセス自体を

学ぶ方法がとられるようになった。「図書館利用指導」から「情報活用能力の育成」へと変わってきたのである。

(3)　「学校のなかの図書館」の意義を考える

　学校図書館は，学校のあらゆる場面においてサービスを提供する。児童生徒は，小学校では6年間，中学校と高等学校では3年間継続して同じ学校図書館を利用することが多く，継続利用することにより利用方法を習得していく。図書館側においても，同じ児童生徒を対象に貸出やレファレンスサービスなどを継続して提供するので，個々の児童生徒を発達段階的に捉えて対応することができる。

　各種サービスの提供を教科との関連のなかで捉えることもできる。繰り返しになるが，学校図書館法に明記されているように，学校図書館は，資料を「児童生徒及び教員の利用に供することによって，学校の教育課程の展開に寄与し，児童生徒の健全な教養を育成することを目的として設けられる学校の設備」なのである。

　また，我が国の公共図書館は，1990年代後半から「貸出し」重視から「課題解決型」図書館へ移行し，現在は「滞在型」図書館として居心地のよい場所，そして居場所としての図書館が求められている。学校図書館もまた，多様な在り方のできる場所であり，児童生徒を評価する立場ではない共感者としての学校司書が常駐し，多様なニーズを持つ児童生徒の「心の居場所」を提供することも求められているのである。

3.　学校図書館サービスの担い手

(1)　校長のリーダーシップが重要である

　学校図書館の館長は校長である。したがって学校図書館の運営には，

　まず，校長のリーダーシップが必要である。校長が学校図書館の機能を理解し，学校全体のカリキュラムに学校図書館の利活用をどのように組み込んでいくか，全体計画を作成し，読む力や情報活用能力の指導項目を明確にし，年間指導計画を作成して実施していけるように，学校図書館運営委員会や学校図書館活用委員会のような組織で管理運営することが大切である。その委員会には，司書教諭と学校司書のほか，特に情報教育担当者や研修主任などが含まれることが望まれる。

(2)　学校司書と司書教諭が協働しよう

　学校図書館法第5条に「学校には，学校図書館の専門的職務を掌らせるため，司書教諭を置かなければならない。」と明記されていたが，附則「司書教諭の設置の特例」として「学校には，当分の間，第5条第1項の規定にかかわらず，司書教諭を置かないことができる。」と示されていたため，長い間，司書教諭の配置は進まなかった。それが1997（平成9）年の学校図書館法改正により，2003（平成15）年4月以降，12学級以上の学校には司書教諭を置かなければならないと改められた。1953（昭和28）年の学校図書館法制定より50年が経って，やっと司書教諭の必置が規定されたのである。しかし，11学級以下の学校においては，いまだ「当分の間，置かないことができる」とされている。

　このように司書教諭の配置が進まないなか，図書主任や図書係の教員が司書教諭の代わりをしてきたが，授業をもちクラブ顧問を担当する忙しさでは，日々の図書館運営に携わる余裕はない。この状況に対して，学校独自にあるいは自治体で予算をつけて，学校図書館の仕事をする人を雇用してきた。これらの人々のなかには司書資格を持つ人々が増え，学校に入る司書として，通称「学校司書」と呼ばれるようになった。

　学校司書の配置が全国的に広がるなかで，2014（平成26）年6月に学

校図書館法が改正され，第6条「学校には，前条第一項の司書教諭のほ
か，学校図書館の運営の改善及び向上を図り，児童又は生徒及び教員に
よる学校図書館の利用の一層の促進に資するため，専ら学校図書館の職
務に従事する職員（次項において「学校司書」という。）を置くよう努
めなければならない。」が加えられた。

　この法改正の直前の3月に『これからの学校図書館担当職員に求めら
れる役割・職務及びその資質能力の向上方策等について（報告）』が文
部科学省から出された。それには，図4のように，学校図書館担当職員
（学校司書）の職務が，①「間接的支援」に関する職務，②「直接的支援」
に関する職務，③「教育指導への支援」に関する職務の3つに分けて示
されている。

　学校図書館は，学校司書と司書教諭の協働によって運営される。司書
教諭は専任ではないために，時間的に自ずと役割が制限される。そこで，
司書教諭は教員であるから，校内のカリキュラムにどのように学校図書
館利活用を位置付けるか，読む力と情報活用能力をどのように育成する
かについての旗振り役となることが求められる。

【学校図書館担当職員の職務（イメージ図）】

図4　学校図書館担当職員の職務

（『これからの学校図書館担当職員に求められる役割・職務及びその資質能力
の向上方策等について（報告）』学校図書館担当職員の役割及びその資質の向
上に関する調査研究協力者会議　2014.3）

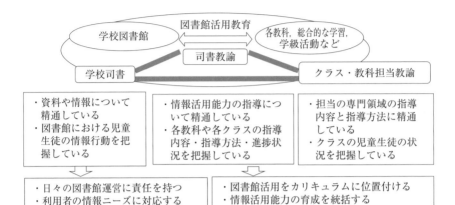

図5　学校司書と司書教諭の協働

　一方，学校司書は情報・資料と利用者を結ぶ専門家であるから，日々
の図書館運営を円滑にし，利用者のニーズに対応して，授業に適切な資
料・情報を適切な形で提供する。それを図示したのが図5である。学校
司書と司書教諭は車の両輪のように協働してこそ，学校図書館が十全に
機能するのである。

　この協働の形は，小・中・高等学校によって特徴がある。特に高等学
校では，早くから学校司書が配置され，学校図書館が整備され，教科と
の連携の実績が蓄積されてきた。また，自治体や学校の事情によっても
役割の担い方は多様で，上記の司書教諭の役割を学校司書が担っている
ところもあり，学校司書の役割を司書教諭や図書主任が担っているとこ
ろもある。したがって，一概には言えないが，全国学校図書館協議会が
発表している「学校図書館に関する職務分担表」が参考になろうし，自
治体独自で職務分担表を作成しているところもある。

⑶　学校図書館で働くということを考えよう

　学校図書館は学校という教育機関内の組織である。学校図書館で働くということは，その上部組織である当該学校の教育目標を理解した上で，学校図書館の経営・運営を進めていくということである。また，学校では，地方公務員法第34条（秘密を守る義務）にある通り，仕事をするなかで知り得た個人情報については守秘義務があることも心しなければならない。これは，その職を退いた後も同様である。

　また図書館には，「図書館の自由に関する宣言」がある。これは，日本図書館協会が決議（1979（昭和54）年改訂）したもので，「図書館は，基本的人権のひとつとして知る自由をもつ国民に，資料と施設を提供することを，もっとも重要な任務とする」と述べられている。そして「この任務を果たすため，図書館は次のことを確認し実践する」として以下の項目を掲げている。これはどの館種の図書館であっても，つまり学校図書館においても同様である。

　　第1　図書館は資料収集の自由を有する
　　第2　図書館は資料提供の自由を有する
　　第3　図書館は利用者の秘密を守る
　　第4　図書館は全ての検閲に反対する
　　図書館の自由が侵されるとき，われわれは団結して，あくまで自由を守る。

4.　今後の学校教育と学校図書館サービス

　新井紀子は2010年代に調査を行い，その結果を次のように述べている。「日本の中高生の多くは，詰め込み教育の成果で英語の単語や世界史の

年表，数学の計算などの表層的な知識は豊富かもしれませんが，中学校の歴史や理科の教科書程度の文章を正確に理解できないということがわかったのです。」(新井紀子『AI vs. 教科書が読めない子どもたち』東洋経済新報社　2018)

　また，OECD（経済開発協力機構）は2000（平成12）年から3年ごとにPISA（生徒の学習到達度調査）を実施しているが，その2018（平成30）年の結果からは，次の点が指摘されている。

　　▶読解力の問題で，日本の生徒の正答率が比較的低かった問題には，テキストから情報を探し出す問題や，テキストの質と信ぴょう性を評価する問題などがあった。
　　▶読解力の自由記述形式の問題において，自分の考えを他者に伝わるように根拠を示して説明することに，引き続き，課題がある。
　　（国立教育政策研究所「OECD 生徒の学習到達度調査2018年調査のポイント」www.nier.go.jp/kokusai/pisa/pdf/2018/01_point.pdf）

　こうした児童生徒の能力の現状に対して求められる教育とはどのようなものなのであろうか。2020（令和2）年度から小学校から順次実施の「学習指導要領」（第1章　総則）には，どの校種にも次の文章が見られる。

　　各学校においては，児童の発達の段階を考慮し，言語能力，情報活用能力（情報モラルを含む。），問題発見・解決能力等の学習の基盤となる資質・能力を育成していくことができるよう，各教科等の特質を生かし，教科等横断的な視点から教育課程の編成を図るものとする。

　そして「主体的・対話的で深い学び」という学習方法を推奨し，特に高等学校では「総合的な学習の時間」が「総合的な探究の時間」となり，「古典探究」や「理数探究」など教科名に「探究」の文字が含まれるものが増えた。

　これからの児童生徒に必要なのは，自分で考える力である。しかし考える根拠となる知識は自分のなかにあるだけで足りるはずはない。他者の考えを知り，自分の思考を深めることが大切であ

図6　インプットとアウトプット

る。そのためには，必要な情報を選択して取り入れ（インプットし），その取り入れた情報・材料を吟味・評価するために自分で思考し判断して，己の言葉を使って表現し発信する（アウトプットする）（図6）。この一連の情報を使う力が必要であり，それを養うには情報・資料を利用した学びが必要なのである。

　その情報や資料を学習の目的に合わせて適切に提供し，情報や資料の世界と利用者を出会わせて，児童生徒の情報活用能力や読む力の育成に情報・資料の専門家として携わるのが学校司書である。

2 | 学校図書館の環境整備（1）

| 前田稔

《目標》　誰もが使いこなせる学校図書館の環境をつくる。
《ポイント》
●図書館自体は動かない：学校図書館を身近にする
●静かすぎない図書館を目指す
●図書室（場所）から図書館（場所と機能）へと意識を転換する
●学校関係者が力を合わせてサービスを提供する
●しくみとしかけの違いを意識する
●利用案内パンフレットを常備する
●利用案内パンフレットの役割を広げていく
●いつ，どれだけ借りられるかはポスター掲示で知らせる
●時計回りでＺ（ゼット）に図書を配架する
●特色ある別置コーナーをつくる
●数字と分類内容が目立つ書架案内板を設置する
●図書館をわかりやすくする工夫を惜しまない
《キーワード》　施設設備，利用案内，案内表示

1. 環境を豊かにする学校図書館サービス

(1)　図書館自体は動かない：学校図書館を身近にする

　学校図書館が身近であることは，学校図書館サービスにとっての重要な要素である。心理的な意味での近さ，すなわち子供たちの目線でのサービス提供はもちろんのこと，いつでも便利に使える近い場所にあることが，読者の時間を節約することにつながる。どこからも近いことを

理念的にあらわすものとして，学校図書館は学校の中心にあるべきだと言われることも多い。一般的にはジョン・デューイ（John Dewey）が1899（明治32）年に『学校と社会』（The School and Society）で図書館を中央に示した図が有名である（第1章図1参照）。歴史上最も有名な教育学者のひとりであるジョン・デューイの図は，その後，あらゆる教育活動の基盤として図書館をセンター（読書センター・学習センター・情報センター）と位置付ける学校図書館の理論的支柱となってきた。また，最近の学校建築では，実際に校舎の中央に学校図書館をおくことも多くなってきている。特色のある学校づくりが求められるなかで，高い天井に低い本棚を配し，大きな窓から光を取り入れた明るく居心地のよい開かれた空間が，当たり前になりつつある。学校図書館にクラスが移動してきて普段の授業をしつつ，10分程度を本棚で探究する時間にあてることも増えてきている。学習指導要領が示すように単元の「ひとまとまりの中で」自由自在に学校図書館を使いこなすためには，各教室からの移動時間や手間が最小限である必要がある。

　この流れを反映し，文部科学省の『学校施設整備指針』では次のように示されている（引用は小学校）。「理科（関係）教室と図書室，視聴覚教室等との連携に配慮して計画することが重要である。」，「視聴覚室，コンピュータ室，図書室等，問題解決的な学習等における児童の主体的・積極的な利用を促す諸室については，普通教室，多目的教室等と機能的な連携に配慮して配置を計画することが望ましい。」，「児童の自主的な利用も考慮しつつ，教材等の作成の機能を備えた教材・教具の作成・収納空間を，図書室，視聴覚教室，多目的教室等と連携した空間として計画することも有効である」。

(2)　静かすぎない図書館を目指す

　とはいえ，特に日本の高度経済成長期において数多くつくられた南側教室北側廊下，全教室が同一規格の鉄筋コンクリート校舎では，各教室から離れた場所に学校図書館がある場合も多かった。この現象は音楽室と図書館を，音響と静穏という視点で対比してみるとわかりやすい。音楽室は一般教室へ音が届かない場所に置かれ，図書館は一般教室の賑やかさから隔てられてきた。音楽室と図書館は，一般教室を挟んで正反対の関係性を有してきた。

　しかし，そのような過去の図書館とは異なり，今や学校図書館は物音ひとつたてられないような緊張を強いられる空間ではない。互いに相談や，軽いおしゃべりをしながら図書と触れ合うことが，当たり前になってきている。公共図書館でも，人間の活動や息遣いが織りなす適度な喧噪をあえて館内に共鳴させて，居心地のよい公共空間をつくり上げることが主流になってきていることも参考になろう。もちろん，静かに本を読むことを否定するものではないが，それは，朝の読書をはじめとする全校一斉読書の時間や，借りた本を図書館外で読むことに移りつつある。あるいは，スマートフォンやタブレットパソコンを使って静穏ではない場所でも読み書きすることが日常的になったことも影響しているかもしれない。そして，人工物ばかりに囲まれた日常であるからこそ，人の温もりを感じ合える空間づくりを目指したいものである。

(3)　図書室（場所）から図書館（場所と機能）へと意識を転換する

　学校図書館という呼び方のほかに，図書室と言われることがある。「館」という言い方については，多くの公共図書館と同じように独立した建築物であるというイメージも強いだろう。実際，海外の学校を見ると，独立した離れのような学校図書館も多い。日本の場合，整備を優先

して教室を学校図書館に充てる政策が過去に存在したこともあり，公立学校では普通教室が学校図書館となっているのが一般的である。このため，図書室という呼び方がなされることも多い。その場合は，物理的に区切られた部屋であるというニュアンスとなる。これに対して，学校図書館とは，機能の総称であるとする考え方がある。場所の提供という機能も含まれるが，各教室に赴いて担任と共同でブックトークを行ったり，教員が求める図書を公共図書館から取り寄せたりすることも，学校図書館の機能ないし学校図書館活動であると位置付けられる。学校図書館という言葉の使い方が，図書室と異なるのは，サービスの面が含まれる点であるとも言える。したがって，学校図書館サービスとは，学校図書館の機能的な側面のことを指し示すものと考えられる。

(4) 学校関係者が力を合わせてサービスを提供する

さて，このように考えると，近さとサービスとが密接な関連を持つことがわかってくる。場所としての図書館は，各教室に可能な限り近い，学校の中心におかれることが望ましい。それにも増して，さらに，得られる体験や経験を一人一人に寄り添うように身近にしていく営みが学校図書館サービスである。公共図書館ではアウトリーチサービスといって，障害者などの，図書館サービスが行き届かない利用者に，図書館側から近づいていくことが日常的に行われている。学校図書館についても同じように，読書郵便，一般教室での読み聞かせやブックトーク，学級文庫を含め，場所としての学校図書館を拡張する様々な取り組みが総体としての学校図書館を構成する。そうであるならば，学校図書館サービスを提供する主体は，学校におけるすべての構成者であるのは当然である。全校を挙げて取り組むことがしばしば求められるのも，学校図書館を近くするために不可欠であるからだといえよう。その時々で近い関係にた

つ校長，司書教諭，学校司書，図書館担当者，担任，各教職員，図書委員，児童・生徒，保護者・地域住民が，日常的に，読書活動や情報活用能力育成などの図書と関わる営みである学校図書館サービスに関わっていくのである。

(5)　しくみとしかけの違いを意識する

　しくみというのは，構造のことである。例えば，図書館は日本十進分類法で資料を分類し，順序を追って配架する構造で成り立っている。どの種類の図書館でも開かれた（オープンな）同様の構造を有することから，進学後に大学図書館を使いこなして課題レポートを書いたり，人生を通して公共図書館と親しんだりすることが可能になる。

　とはいえ，いかに精緻なしくみが用意されていたとしても，使われなくては無意味であり，人を主体的に動かすしかけが必要になる。人を動かすしかけの集合体が環境であり，環境を整備すること（＝しかけづくり）が学校図書館サービスの要である。この点，環境という言葉には様々な意義がある。例えば自然環境そのものに関しては人が創出するものではない。しかし，自然環境を楽しむしかけを通じて，我々は自然を認識・受容する。

　人工的な環境である海辺のリゾートを想定してみよう。ホテルの前にある整備された砂浜で波の音を聞き，夜は海の幸を賞味し，寒い雨の日でも屋内プールのアクティビティを介して，日常生活から解放され，人生を見つめ直す。それらは，天然の環境とは程遠いものではあるけれども，宿泊サービスや飲食サービス，プールのサービスを通じて，我々が理解できる形で自然を再解釈しリアルに受け止めることが可能になる。その意味では，リゾートというのは，一つ一つのサービスの呼称ではなく，それらの複合的・相乗的な作用である。

　言い換えると，学校図書館のサービスとは，究極的には環境の整備に尽きる面がある。学校における教育活動は，直接的な指導が注目されがちであるが，間接的な環境整備によって，いかに直接的な指導を超える結果をもたらすことができるのかが，学校図書館のサービスにおける腕の見せ所である。近年学校教育で極めて重視されているのが，児童・生徒の主体性である。一見するとアクティブな活動であったとしても，指導者の指示や命令に従っているだけだったり，やるべきことを手取り足取り丁寧に支えていたりするのであれば，それは主体的な活動であるとは言えない。学校図書館の空間に入った子供が，どんなしかけが待ち受けているのだろうかとわくわくしながら，自由に成長していくことを目指して，環境づくりを進めるべきである。

　学校図書館は学習上・生活上のあらゆる悩みを解決できる場でありたい。悩みとは内心における問いである。問いとは，選択可能性があるなかでの迷いである。迷いのある状況から主体性を取り戻して脱却することで自由は獲得される。広がった世界観を通じて過去の自分を冷静に客観視することで未来に向けた選択の自由も実現される。人生の選択を学ぶ場が学校図書館なのである。ただし，悩みや苦しみからの自由を求める魂が集う側面も有することから，放っておくととても暗い雰囲気になりかねない。陰を陽に，明るい環境づくりに努めたいところである。

2.　利用案内

(1)　利用案内パンフレットを常備する

　誰でも手に取れるところに，利用案内が置かれていることが大事である。日常的に出入りしている子供と異なり，久しぶりに学校図書館に来た子供にとっては，誤った使い方をしたらどうしようと不安な気持ちを

持つかもしれない。あるいは，本来は人と資料を結び付けるためにある日本十進分類法に関する記憶が薄れて難解に感じてしまうだろう。そのために，利用案内提供サービスを行う。

　まずは，基本的な情報収集から始まる。これまで使ってきたガイダンス資料なども参考にしながら，図書館の状況を客観的に把握する。そして，把握した情報のなかから，利用案内がわかりやすく効果的になる情報を精選したうえで，誰もが迷わず画一的に理解できる明確な表現で記載していく。冊子体にするか，１枚もののパンフレットにするかで，必要な情報量は変わってくる。

　子供たちにとって一番知りたいのは，何冊をどのくらいの期間借りられるかという点である。原則的な状況をまず再確認したい。一方で，長期休業中の特別貸出といった例外的な扱いについても，明確に示していこう。参考図書をはじめとする館外貸出を禁止する（禁帯出）図書の種類も具体的に列挙する。

　開館時間も基本的な要素である。自由に出入りでき，図書の貸し出しを受けることのできる時間帯，一般的には始業前・昼休み・放課後の開館時間について，原則的な運用がどのようになっているのかを書いておく。

　貸出返却方法については，コンピュータを使用した貸出か否かで手順が異なってくるが，図を交えながらなるべく丁寧に説明していく。

　できあがったら，カウンター横などの誰でもわかる場所に設置をする。全校生徒に，朝の会・帰りの会などの学級活動・ホームルームの際に配布することも有効である。また，特に高校では，生徒が日常的に使用しているスマートフォンで見ることができるように，学級図書館ウェブサイトに掲載することが考えられる。ウェブサイトの場合は，貸出冊数といった固定的な部分と，お知らせやイベント情報，臨時休館などの流動

的な部分とに分けて，情報を掲載していく。 🔍利用案内　学校図書館

(2)　利用案内パンフレットの役割を広げていく

　基本的な事項だけでなく，ハンドブック的にさらに内容を盛り込み分量を増やした利用案内を作成することも考えられる。学校図書館がどのような目的で設置されているのかを示すことで，子供が自律的に判断しながら利用していくことを目指す。また，情報活用能力の育成と組み合わせた利用案内については，例えば，日本十進分類法の仕組みから，調べ方の基礎まで，利用案内が，学習のための手引として有効に活用されるように展開されていくことも考えられる。

　子供向けの利用案内が整ったら，今度は，教職員が受けることのできるサービスについての利用案内をつくってみるのがよい。貸し出し冊数や期間について，読書推進のために少量の図書を数多く回転させるといった目的よりも，授業の準備や教材研究のために複数の資料を見比べることを優先させて，多く長くする。ただし，公共図書館とは異なり，蔵書数が少ないため，ほかの教員が使いたいときに借りられないという不都合も生じやすいが，長期間借りている教職員に図書館担当者が返却の協力を依頼していくことも考えられる。模造紙を使う授業のために，大きな机で準備をしたり，少人数での打ち合わせの場として使われたりすることもしばしばあり，児童・生徒向けとは異なる開館時間を示すことで利便性が高まる。教職員向けに学校図書館を通じて公共図書館からの貸出を受けることが可能であれば利用方法を明示する。

　また，保護者向けの貸出を行っている場合には，保護者向けの利用案内を作成する。学校図書館の地域開放が可能であれば，地域への利用案内を作成する。

⑶　いつ，どれだけ借りられるかはポスター掲示で知らせる

　冊子体の利用案内よりも簡易にいつでも子供たちが参照できるのが壁に掲示する利用案内ポスターである。冊子の欠点，すなわち児童生徒が手にとって開かなければ内容へのアクセスができず，また，部数が足りなくなった際の補充といったメンテナンスの手間もかかる点を補うことが可能である。

　利用案内ポスターは，必ずしも大型模造紙のサイズではなく，小さいものでもかまわない。大事なのは，児童生徒がいつでも気軽に目に入れることができる場所に掲示されることである。例えば，カウンターで貸し出しを受けるときに，目に入る場所に設置してもよいだろうし，学校図書館の入り口の外側に掲示することも考えらえる。

　利用案内ポスターについては，小さい文字でたくさんの情報を詰め込むのではなく，瞬時に内容を把握できるようにすることが望ましい。盛り込める内容が限られているため，貸出冊数と期間，開館時間について最低限記載することになる。ポスターカラーや色画用紙を使用したり，余白部分にイラストを入れたりするなど，親しみを持てる工夫をしてみるとよいだろう。

　利用案内ポスターへの工夫として，開館日カレンダーをポスター内に貼りつけると，児童生徒がサービス提供時期を把握しやすくなる。学校現場では年間計画を立てることが多いとはいえ，例えば，臨時の全校集会の実施などのために実際の日時が変更になることが頻繁にある。このため，昼休みや放課後の時間帯について，原則的な日程と，大きく変更になった場合に子供たちに周知をする手段として図書館の入口付近に月間のカレンダーを表示することで，利用可能な日を生徒が予測することが可能になる。利用案内ポスターに可動式や差込式の開館日カレンダーをつけることの工夫も考えられる。

3. 配架・案内表示の作成

⑴　時計回りでＺ（ゼット）に図書を配架する

　すべての子供たちにとって，居心地がよくて，余計なストレスのあまりかからない図書館づくりのために，配架・案内表示を工夫したい。情報に合理的にたどり着く点からすれば，インターネットに紙の本が負けることも最近は多いが，どこにあるだろうかと，本棚を巡り歩くこと（ブラウジング）も大事である。頭に浮かんだイメージとぴたりと合った本にたどりつけたときの快感，それを得られるように，本棚のしくみや，我々が何をすべきかを考えたい。

　配架というのは，図書の背中のラベルにある数字順に，図書を本棚に並べていくことを言う。ラベルの記号全体を所在記号という。三段ラベルの場合，上段が分類記号，中段が主に著者名の頭文字による図書記号，下段は巻冊記号となる。所在記号のことを請求記号，分類記号を分類番号と呼ぶこともある。

　図書は一つの棚のなかでは左から右へと並べていく。一番右まで行ったら，今度は左下に移ってまた右に並べていく。左から右へ，上から下へという流れで並べる。一つの本棚のなかで見ると，Ｚという文字がたくさんあるような感じである。左から右へと，本棚を連続して考えていくと，結果として一つの部屋のなかでは，時計回りに，分類記号が進んでいくことになる。ただし，すべての本棚が壁に並んでいるわけではなく，島のようになっている本棚も存在するだろう。どこに何の本があるかということはしっかりと表示しておかないと，子供たちにとっては単なる迷路と同じになってしまう。

　類（日本十進分類法の１桁目）ごとに，単位書架（本棚の一番上の段から下の段まで）を変えていくことが原則なので，表示についても，単

位書架の上部に示すことが一般である。また，綱（日本十進分類法の2桁目）ごとに，棚板を変えられる余裕がある場合は，その棚ごとに，案内があるとよい。

⑵　特色ある別置コーナーをつくる

　とはいえ，記号順に本を並べていくことは原則だとしても，それ以外の例外的な場合として別置（本来とは別な場所に配架すること）も十分に考えられる。例えば，新着図書コーナー，辞書・事典，年鑑，図鑑，地図帳といった参考図書のコーナー，小学校低学年用の絵本・図書コーナー，中学校や高校だと進路に関する本や受験に関わる本のコーナー，教職員用の図書・各種資料コーナーがある。図書館に頻繁に訪れ，使い慣れてくればそれぞれの場所はすぐにわかるが，めったに自分の意思では来ない子供が来たときに図書館でうまくキャッチできるようにするためには，ある程度は丁寧に場所を示す配慮が必要である。そのほかに，大型の本で一般的な高さに収まらない本は，本棚の一番下の列の棚の高さを高くできるようならそこに置く，あるいは大型本コーナーというものを設けることも考えられる。小型本の場合は，棚に収まらないということはないが，スペースの効率上，あるいは，子供たちが手軽に読書の幅を広げていくことを重視するならば，新書や文庫のように，同じ出版社のシリーズとして別置することもありうる。ただし，子供たちが自分で返すときにわからなくならないように，別置の種類が多くなった場合は，案内の表示にもわかりやすく目立たせる工夫がさらに必要になる。

⑶　数字と分類内容が目立つ書架案内板を設置する

　書架に必要な表示として，まずは，分類記号ごとの案内がある。これを，書架案内板と言う。手づくり派か否かという大きな分かれ目がある

だろうが，特に小学校の図書館の場合は，暖かい雰囲気で包み込みつつ，それぞれの分類が何を意味しているかについて低学年の子供でもわかるように，画用紙や折り紙などを駆使して，それぞれの分類記号や，さらには，関連する絵を入れたりすることが多い。ひらがなを使ってわかりやすくしたり，文字の大きさを含めて目立たせたりしつつ，目立ち過ぎもせず絶妙なデザインを成立させる。暖色系か寒色系かといったことも含め，それぞれの図書館全体の雰囲気づくりと連動させる。前任者のつくった表示をそのままにしてしまう場合もある一方で，子供たちを迎え入れる大事な表示なので，頑張ってつくり直してみることも検討してみよう。

　これに対して，中学や高校の図書館だと，無機質な表示の方が好まれる傾向がある。そのなかでもコピー用紙にプリンターで印刷した番号を貼り付けていく場合と，市販の表示板を購入していく場合がある。これが大学図書館になると，シンプルでスタイリッシュな表示こそが大事になってくるが，高校生までの間は，配架の表示自体が，情報活用能力育成のための重要なツールになっているという教育的な側面について，十分に意識していくことが大事になる。また，中学校や高校では，独立した本棚の数が多くなるので，側板（棚の横側）に案内表示をつける場合や，通路からも見やすいように突き出し式のサインを設けることが多くなる。

　日本十進分類法の２桁目の「綱」や３桁目の「目」ごとに，薄い仕切板や厚い図書分類板（見出しの板）を入れていくことがある。ただし，その部分にあまり本がないにも関わらず，図書分類板を入れてしまうと，図書分類版が密集してしまう。したがって，全体的にある程度規則性を持たせつつも，要所要所に図書分類板を入れることが有効である。また，小学生では伝記について利便性が高まるように表示したり，中高におけ

る小説などは作者ごとに配架をして分類版をつけておいたりする。また，棚板に棚見出しをつけることもあるが，差込式にしておくことで，柔軟性が生まれる。

⑷　**図書館をわかりやすくする工夫を惜しまない**

　案内表示に関しては，書架の関係からすると，図書館全体の書架の配置を示した書架配置図（図書館マップ）をまず挙げることができる。書架案内図では，建築の平面図とは違って，子供たちがそれぞれの書架にスムーズにたどりつける地図としての役割を重視する。したがって，書架の大きさや場所を厳密に反映したものである必要はない。また，高校の図書館のように広くて複雑な場合だけでなく，小学校・中学校の場合も，避難経路図を用意しておくとよい。

　図書館のカウンターは，いろいろなサインが使われる場所である。短い時間で一度に処理できることを優先して貸出と返却の場所をわけている場合は，それぞれのサインが必要になる。学校図書館の場合は，公共図書館の場合よりも特に，借りた本を責任をもって返すという事自体が教育の内容になっている面もあり，返却日のサイン（ライブラリーカレンダー）を貸し出しの際に目につく場所に設置することになる。液晶デジタル式の用品だと手間はかからないが，高価であることのほかに，図書委員がカウンターの当番をする際のルーチンワークを用意すること自体が教育的な営みであり，また，長期休業や，祝祭日への対応などの煩雑さなどを考えると，手動式が主流である。

　机上のデスクサインマット（透明な小型の敷物・デスクマット）に，随時伝達事項を挟み込むことで関係の教職員や図書委員の間の意思疎通がしやすくなる。また，フロアサインマット（床の上に置く透明な敷物）を使って，視覚的に貸出と返却の場所を区切ったりすることもある。

　そのほかに画鋲を使用することのできる小型の案内板や縦長の小型ホワイトボード，差し込み式のサインホルダーを用意しておくことで，機動的な対処や案内が可能になる。一般的なサインとしては，飲食禁止のサインもある。

🔍サイン　学校図書館

4. 学校図書館ガイドラインと環境整備（1）

　2016（平成28）年に文部科学省が定めた『学校図書館ガイドライン』は，「学校図書館をめぐる現状と課題を踏まえ，さらなる学校図書館の整備充実を図るため，教育委員会や学校等にとって参考となるよう，学校図書館の運営上の重要な事項についてその望ましい在り方を示」したものである（巻末付録7参照）。学校図書館ガイドライン自体は，学校図書館サービスのみならず，学校図書館の運営全般について示されたものであるが，本書では，各章のまとめにかえて学校図書館サービスの視点から再整理していく。

□ 学校教育において欠くことのできない基礎的なサービスであると意識する。
➡ GUIDELINES (1)

□ 児童生徒が落ち着いて読書を行うことができる環境を提供する。
➡ GUIDELINES (3)

□ 安らぎのある環境を提供する。　➡ GUIDELINES (3)
□ 開かれた学びの場としての環境を整備する。　➡ GUIDELINES (3)
□ 日本十進分類法（NDC）で整理された図書を提供する。　➡ GUIDELINES (5)-3
□ 開架式で配架した図書を提供する。　➡ GUIDELINES (5)-3
□ 学校施設整備指針に留意して整備・改善することを支援する。➡ GUIDELINES (6)
□ 館内の配架地図やサイン，書架の見出しを設置する。　➡ GUIDELINES (5)-3

ケース
スタディ
1

先生のための
授業に役立つ

学校図書館　活用データベース

SELECT

　たいていの学校図書館にはある大きな「館内の見取り図」。それを今まで作っていませんでした。オリエンテーションのパンフレットには図面を掲載しているのですが，大きな館内の図面がうまく作れず，ずっと先延ばしになっていたのです。

　しかし，先日赤レンガ図書館でも知られている，北区の中央図書館に行った際，いかにも手作りという館内図を発見。

北区中央図書館の館内案内図→

　"なるほど，鳥瞰図で表現しなくても，こうして場所を写真とつなげて紹介するのもいいかもしれない"とヒントをもらいました。

　早速，学校で館内のあちらこちらを写真で写し，印刷。段ボールの台紙に張り付けて，館内の図面とを紐でつなぎました。図書館に関心のある学校見学者にも，館内にどのようなコーナーがあるのかがこれを見れば伝わるはずです。

　生徒たちからは「今頃案内図つくったの〜!?」という実に正直な声もありましたが，海外から9月編入でくる生徒たちからは「こういうものが欲しかったんですよ！」との声が。もっと早く作っておくべきでした，大いに反省。

出典：『司書のお役立ち情報—東京学芸大学附属国際中等教育学校』
（渡辺　有理子，2017年7月6日）

3 | 学校図書館の環境整備（2）

前田稔

《**目標**》 展示や掲示に個性的な工夫を凝らして活気ある学校図書館を彩る。
《**ポイント**》
● 日本十進分類法の限界を知る
● テーマを設定して図書を本棚から抜き出す
● 協力しながら展示の仕方を工夫する
● 楽しみながら読書への期待感が高まる雰囲気をつくる
● 空白をつくらないようリフレッシュし続ける
● 成果物のアーカイブと共有を推進する
● 学校内のいろいろな掲示スペースを有効活用する
● 読書に目を向けるチャンスを増やす
● 掲示を使ってコミュニケーションを活発化させる
● 図書用の道具と材料で痛んだ本を修理する
● "モノ"から"ヒト"への展開を意識する
● 子供の心と関わる責任の重さを分担し合う
《**キーワード**》 展示，掲示，修理と製本

1．展示を実現するまでのプロセス

⑴ 日本十進分類法の限界を知る

　日本十進分類法による配架を補うのが展示である。日本十進分類法で本棚に並べられた本は，整然と秩序だってはいるものの，同時に1つの所在記号のみが付与されるため，それぞれの本について，必ずしも利用者が思った場所に配架されているとは限らない。また，すべての種類の

44

図書館で共通する日本十進分類法自体が，必ずしも学校図書館を対象に練り上げられたものではないため，学校の教育課程にとって最適な並べ方になっているわけでもない。リンクを通じてウェブサイト同士が繋がりあえるホームページ，柔軟に検索することのできるインターネットとは違って，1冊の本には一つの居場所しか用意できない歯がゆさもある。そこで，ねらいに沿ってひとまとまりの図書を集めて，展示を行うことが大事になってくる。

　また，教育課程ないし学習指導要領の観点からも，展示の重要性は増している。学習指導要領では，概念的知識というものを大事にしている。知識というものは，誰かから誰かに受け渡すものではなくて，繋がりあうものであるという発想を軸にしている。事実的な知識と概念的知識は異なるものである。思考力，判断力，表現力を使って，ほかの概念的知識や，社会的な活動に活用できる知識を，概念的知識と言う。深めるべきなのは概念的知識であると考えられている。例えば，目の前の物体が牛や馬であるというのは，事実的な知識である。覚えているか覚えていないかという教育に繋がりやすい。一方で，重力とは何かということは，子供のときからの経験や，教科書，様々な本など，多角的な見方・考え方を通じて，生涯を通じて深めていくものであって，永遠に完成されることはない（言語学におけるシニフィアンとシニフィエに関する議論も参考になるだろう）。

　そのような学習指導要領の理念からすると，単に，場当たり的に展示のテーマを決定するのではなく，学校教育に必要となる，概念的知識を，うまく設定していくことが大事である。例えば修学旅行を通じた展示であったとしても，可能な限り多角的な視点で，概念的知識を深められるような工夫が必要になる。近代においては，物と名前が一対一の対応となるような時代であった。それに対して，ポストモダンの時代には，も

のと名前が一対一の対応のみならず，多対多の対応が必要になってきている。まさにインターネットは，物と情報空間を分離し，多対多の対応を仮想的に可能にした空間であるが，だからこそ，教育には使いにくい側面も有する。

　展示活動には，学校図書館単独での企画，全校の諸行事と連動した企画，一般授業と連動した企画に分けられる。一般授業と連動する企画では，教員から子供への一斉授業の後で子供自身の関心の幅を広げていく中継地点となるように展示を行う。授業の前に展示を行う場合については，子供の意識を授業に向けて集中させていく目的で展示を行う。後者については，後日行われる授業に対する期待感を高める広報効果も得られる。

🔍展示　学校図書館

(2)　テーマを設定して図書を本棚から抜き出す

　では，展示のテーマについてはどのように設定したらよいだろうか。展示のテーマとして一般的なのは，社会的に関心を集めている時事的なテーマや，季節的なテーマである。公共図書館と異なるのは学習の単元に沿った展示活動である。とはいえ，それぞれの単元の狙いを把握することは難しい面も多い。このため，使われている教科書を見たり，担当の教員ないし教務の教員と相談しながら，教科書だけでは伝えられない多角的な視点が必要な部分を分析した上で，展示の方向性を見定めていく。テーマを決めたら，各教科・単元で求められる概念的知識の深まりないし，教科ごとの見方考え方にどのように，一冊一冊の図書が寄与するのかを意識しながら，図書を選んでいく。最終的には，テーブルの上に置く本の順番や配置などを工夫して，どのように図書同士が繋がり合っているのかを視覚化し，概念の広がりを意識させられるような工夫をしたい。

　校内行事に関わる展示についても，行事の際には全校の関心が，一定の領域に集中することが多いため，児童生徒の気持ちをうまくキャッチアップして，タイムリーな展示を行っていくことが大事である。一方で，修学旅行など，事前事後の学習が行われるような場合は，事前に行事を担当している教員と相談した上で，綿密に展示の図書を選んでいく。また，修学旅行の事前事後の指導のときのみ，児童生徒の調査活動が行われればよいのではなく，日常的な図書の利用や，各教科の学習活動へと，どのように読書の幅を広げていくのかという意識を常に持つべきである。そのためには，子供たちへ日頃からタイミングよく話しかけていくことが有効である。子供たちに日常的に接している担任や，教科の教員に協力してもらうなど，学校図書館内の関連する蔵書や，展示の内容・形態について把握できるようにする。一般教員に向けて，図書館へ足を運ぶように日頃声がけしていくとともに，年間計画に展示計画を織り込みながら，教職員で共有していく。

(3)　協力しながら展示の仕方を工夫する

　展示に向けた作業は，自校の蔵書コレクションへの理解をいっそう深めることのできる機会であり，サービスを受ける子供たちの立場を意識する貴重な機会でもある。たとえ修学旅行に向けた展示のように例年ほぼ同じ内容で行う場合であっても，紹介の方法を変えてみたり，前年と異なる本を少しでも取り入れたりするなどの工夫をし続ける。また，「○○先生の推薦する図書のコーナー」という形式で，教員が交代しながら，時期によって展示する図書を変えていくことで，展示内容を新鮮にしていくことができ，先生方に蔵書に対して関心を持ってもらうきっかけにもなる。教科の主任や，学年の主任などの先生と，それぞれの校務分掌の視点で連携しながら推薦図書ないし必読図書という形式で展示しても

よいだろう。

　展示のスパンについては，2週間から1カ月程度の期間が一般的だが，常設的な展示を行うこともありうる。また，常設的な展示であっても，テーマを同じにして，内容を変化させていくこともよいだろう。例えば，地域に関するクリッピング資料（新聞や雑誌の切り抜き）を集積していくなど，時間を経るごとに追加されていく展示もある。

　図書委員に展示をつくってもらうことも，学校教育のなかでは大事なプロセスになる。展示のテーマ決定から，選書，展示のしかけや工夫といった部分に，児童生徒が主体的に関わる経験につながるきっかけづくりを，うまく演出していく。また，学習指導要領では，社会に開かれた教育課程を重視している。保護者ボランティアや，地域ボランティアの方々にも参加してもらい，実物や写真などを交え組み合わせながら，学校外のことに目を向けさせていくことも有効である。

2.　展示の際の留意点

(1)　楽しみながら読書への期待感が高まる雰囲気をつくる

　図書の展示で極めて重要なことのひとつは，楽しい雰囲気をつくり出すことである。図書館に行くと，何かおもしろいことが待っているという期待感をつくり出すしかけになる。子供たちの動線をよく観察し，視線が集まる場所に効果的に展示する。ともすると壁に接した机の上だけで行われがちであるが，子供たちにとっては，あえて見に行かないと目に入らない側面もある。図書館の入り口近くの場所を臨時展示コーナーにしたり，特定の日の昼休みに館内の閲覧席中央部分を展示コーナーにしたりといった，注目の集め方に配慮しながら広さを伸縮したり場所を移動したりできるいくつかのバリエーションをあらかじめ想定しておき

たい。このように，学校図書館の場合は，いつもとは違う何かを演出することや，思わず手に取ってみたくなる体験的な要素を含めながら，子供たちの興味関心を導くことが重視される。公共図書館のように，展示のための固定的なショーケースを用意する必要はなく，むしろ画用紙などを使って，子供たちが楽しめるような工夫やぬくもりのある見せ方をしていくことが大事になる。そのためには，ハサミやカッター，のり・テープ類やポスターカラーなどの作業用品について常備しておくことと，図書委員も含め，思いついたらすぐに画用紙や折り紙などの材料を加工できるように，わかりやすい場所に整理しておくことも大事である。

　展示は，一方的に行うことばかりになりがちだが，双方向性，すなわち，展示を見ている子供たちが参加できるようなインタラクティブな展示を行うことで，対話的な空間を設けることが可能になる。例えば，推薦図書について，見ている子供の側から追加できる方法をとったり，人生相談の投書コーナーを臨時につくり，それに対して図書の展示で答えるコーナーを設けたりすることで，見る側の主体性が発揮される。

(2)　空白をつくらないようリフレッシュし続ける

　展示用の図書は借りられると，その部分に空き領域が増えていく。それは，展示が成功したことの証でもあるが，その部分を補充しないと，歯が抜けたような感じになってしまい，全体として形成された一つの概念を子供が自然と受けとめていくことを阻害しかねない。公共図書館では展示をする際に，テーマに沿って選び出した大量の本の半分から3分の1程度のみを展示し，残りは書庫などに控えさせておき，随時，どの職員でも補充できるような態勢を整えることがある。読書意欲の高い来館者を対象とする公共図書館と異なり，学校図書館では，図書の個性が

強調される傾向がある。授業のためにクラス全員で来館した際に，図書へ苦手意識を持つ子供にも気づいてもらえるように，1冊ごとに丁寧にポップ（POP：説明書き・推薦内容）をつける場合も多い。このため，簡単には補充できない面もあるが，子供を引き付ける魅力が損なわれないように手を入れ続ける。一冊一冊の本のポップがとてもきれいだと，子供たちにとっては借りにくい雰囲気がでてきてしまう面もあるが，たとえ展示中に借りる子供が少なかったとしても，展示期間の終わった後に借りていくことを期待して，まずはそれぞれの図書の存在を印象に残すことを優先すべきである。また，展示期間中に積極的に借りていってほしい場合には，キャンペーンやほかの貸出推進施策と組み合わせると，安心して借りることができる。

🔍ポップ　学校図書館

⑶　成果物のアーカイブと共有を推進する

　博物館的な資料の実物展示を行ったり，図書展示と組み合わせて関連する物体を展示したりする工夫を行うと，学習活動の広がりに向けた効果的な展開を行うことができる。教科書をはじめとする系統的な文章と，疑似体験が可能な小説とのバランスももちろん重要であるが，現実の体験や経験についても，実物資料や博物館的な資料を通じて補充的に提供する。そうすることで，児童生徒の興味関心を軸にして，多角的な見方・考え方を身につけていくことが可能になる。

　児童・生徒の成果物の展示は，今後の教育においてさらに重要性が増していく。近年はいわゆるアクティブ・ラーニングの視点を持った教育方法の改善が必要になってきており，子供たちが成果物を生み出しつつ，それを共有し協働的な活動に発展させて，さらに新たな創造に導いていく教育へと変化し続けている。公共図書館や国立国会図書館も含めおよそ図書館は，アーカイブ（保存）と共有を推進していくことを本質的な

属性として含んでいる。情報教育の領域では，学習履歴の蓄積を（教育）ポートフォリオと呼び，学習活動の連続的展開の基礎として活用していくことが目指されているが，情報管理（レコードマネジメント）の視点では図書館学と軌を一とするものである。子供たちの成果物は，これまでも学級の内部で展示されることは多かったが，クラス横断的に異年齢が集まる学校図書館だからこそ，成果の共有と創造の場を提供する意味合いは大きい。展示の模様についてデジタルカメラで撮影したものを印刷してファイリングすることで，クラスごとの取り組みをさらに高度化させていくことも考えられよう。ただし，個人情報との関連では学校外にも公開する際には，慎重な取り扱いを有する場合もある。読書履歴に関わる部分があるときは慎重に扱っていくといった，ケースバイケースの対応が必要になってくるだろう。

3. 掲示の種類

(1) 学校内のいろいろな掲示スペースを有効活用する

　様々な物品を利用しながら立体的な造形を行う展示と異なり，掲示の場合は，壁面を利用する2次元的な手法として学校図書館のなかだけでなく，図書館の外に隣接した掲示板のほか，校内の様々な場所を掲示場所として活用していくことが可能である。児童・生徒が日常的に行き交う空間に，図書館が自由に利用できる掲示スペースを確保すると，学校図書館サービスを子供たちにいっそう身近に感じてもらえる。校内の共有掲示スペースの場合は，管理者への連絡や，掲示許可印の捺印，掲示期間の明示など校内の掲示についての一般ルールに従う必要がある。

⑵　**読書に目を向けるチャンスを増やす**

　掲示を行う種類は，読書推進に関わる内容と，それ以外に分けられる。読書推進のポスターは，子供読書の日に関するものや，自治体で作成したポスターなど，校外で制作されたポスターを積極的に収集して掲示する。校内でも積極的に読書推進のポスターをつくり，最低でも季節ごとには変えていく。

　読書推進に関してしばしば行われるのは，子供が作成したおすすめの図書の掲示である。子供同士で図書を推薦し合うことは，読書推進において有効であると考えられてきた。近年は，インターネット上の商取引サイトで，商品を使用した感想や使い勝手，評価を利用者が書き込んでいくシステム（レビュー）や，お薦め商品の自動的な提示（レコメンド）が一般的になっているため，違和感はほとんど生じないだろう。インターネットのような匿名の場合と異なり，学校内では，記名式で実施することにより顔見知りの子供の顔を浮かべながら親しみを持って受け容れることが可能になってくる。その意味で，図書を推薦し合う場面では，模造紙や画用紙の色使いを工夫したり，キャラクターと組み合わせたりするなど，優しい雰囲気づくりが大事になってくる。

　読書週間・読書月間に合わせた掲示では，特別な期間であることがすぐわかるようなキャッチフレーズを考える作業も組み合わされる。図書委員会のキャンペーン期間における掲示では，子供たちが自主的に企画し，実現するまでのサポートが不可欠であるため，年間計画のなかに位置付け，継続的・発展的な支援を行いたい。

　新着図書を知らせる際にも掲示を使用してみよう。装備の際に取り除かれるジャケット（カバー）を使って掲示すると，単なるブックリストよりも，華やかでリアリティーのある掲示を行うことが可能になる。

🔍読書推進　ポスター

(3) **掲示を使ってコミュニケーションを活発化させる**

　読書推進以外の掲示としては，館内案内図，日本十進分類法の表，図書館の愛称といった常設的な掲示がある。また，1週間の図書利用の時間について各クラスで利用する時間割表を貼り出すことで，教職員と児童生徒の見通しをたてやすくなる。また，図書館が主催するイベントの広報のほかに，学校外から寄せられたポスターについても掲示を行う。とくに，読書感想文コンクールや読書感想画コンクール，調べる学習コンクールなどの学校外の団体が主催するコンクール類の周知には，適切な時期に適切な場所で掲示することが必要になる。

　掲示をコミュニケーションの手段として効果的にする工夫としては，模造紙やポスターをテープや画鋲でとめるだけではなく，小型の黒板やホワイトボードを使用した，流動的な掲示を行うことも可能である。また，大型の液晶モニターを使用した，いわゆるデジタルサイネージ（看板）を設けることも考えられる。

4. メディアの修理と製本

(1) **図書用の道具と材料で痛んだ本を修理する**

　小学校の子供に人気の本は，あっという間に傷んでしまう。図書館向けの児童書は比較的頑丈につくられているものの，それでも，図書を丁寧に扱うことにまだ慣れていない子供たちも多い。また，公共図書館よりも少ない蔵書数で，貸出期間が公共図書館よりも短いこともあり，人気の本の貸出サイクルはとても短く，頻繁に読み手が変わっていくことで，図書は傷ついていく。小学校に限らず，中学校や高校でも図書は痛み続けるのであり，図書館の担当者は，本のお医者さんとして，図書を正常な状態に戻していく役割を担う。

　図書館の本の修理は，払い出し（廃棄）の対象となり得るか否かによっても異なる。そもそも全く読まれる見込みのない図書については，修理の検討を機に払い出しを行うこともあるだろう。修理には人的・物的なコストが必要であり，文庫本や新書は，新しい図書を購入したほうが安上がりな場合も多い。とはいえ，購入しなおしたとしても，新たな装備のコストがかかるし，何よりも，修理され，大切に扱われている本を手に取った子供にとって，図書を大事に扱うという意識喚起の意義も認められ，ひいては，物を大切にしていくことに向けての教育作用も認められよう。

　修理のためには，セロハンテープやガムテープなどの一般的なテープ類は使ってはいけない。テープ部分の化学的な劣化により中長期的な保存には適さない上，テープの接着剤成分の劣化によりほかの部分に貼り付き，修理部分以外にも悪影響を及ぼす。図書館ボランティアに，図書の整理を依頼する際にも，図書の構造も含め，基本的な事項については周知しておくことが必要になってくる。　🔍図書　修理

5.　直接的なサービスと間接的なサービス

⑴　“モノ”から“ヒト”への展開を意識する

　公共図書館では，環境づくりのような間接的な営みについて，サービスという言葉はあまり使わない。どちらかというと，利用者との直接的な働きかけについて，サービスという用語を使う。では，なぜ公共図書館においてサービスという用語を使うのかというと，図書館の発展過程においては，図書という“モノ”を扱う仕事であり，“ヒト”は二の次にされてきた歴史があるからだろう。手書きで写本が行われていた時代に図書は宝物であり，図書館は貴重品の所蔵庫であった。大量に印刷物

が社会に出回る時代になっても，相変わらず一般の市民からすると，どこか遠い存在であり続けた。これに対して，日本においては1960年代から1970年代にかけて登場した，奉仕に重点を置く市民の図書館思想により，利用者という"ヒト"とのつながりを第一にした図書館運営に大きく転換され，現在に至っている。したがって，公共図書館においては，図書館運営のための図書館なのではなくて，市民一人一人が自分たちのものとして図書館へ要求する権利を持ち，要求に対して最大限のサービスを行っていくという理想としての意味が強い。

(2)　子供の心と関わる責任の重さを分担し合う

　これに対して，学校図書館の場合，児童・生徒が所有している施設といえるかどうか，というと難しい面がある。すなわち，市民が民主主義を行使していくために欠くことのできない施設であるというよりも，そもそも民主主義を身につけて市民として自立していくための場所ないし機能が学校図書館だと言える。公共図書館は，要求へ奉仕することや，要求が顕在化したときにサービスを提供する，受動的な機関であるのに対して，学校図書館では，すべての児童・生徒に対して積極的に働きかけることも含まれる。そのような働きかけは，ほかの教科科目と同じように，ときには"おしつけがましい"と受け止められがちであり，図書というものは人の心や思想と密接な存在であることからすると，極めてデリケートな営みであるとも言える。公共図書館の場合は，図書の内容には中立的であり一切責任を負わないことが大原則であるのに対して，教育内容の是非についての責任が問われる学校教育では事情が異なる。終局的には，館長としての校長や，子供たち一人一人をよく知る担任や司書教諭が教員としての立場で高度に専門的な見地で判断すべき事項であると言えよう。では，担任や司書教諭以外が提供する学校図書館サー

ビスは，一切価値判断を交えないものなのかと言うと，そうではなく，教育的な価値判断が制度化されたのが学校図書館の環境である。すなわち，図書を介した間接性が大きな意味をもつ。したがって，教育として高度化すればするほど，学校図書館サービスは特定の誰かが提供する性質のものではなく，学校教育とつながる一人一人が皆，関わり合いながら，その集積として成り立つものなのである。つまり，教育の現実感を環境として昇華させたのが，学校図書館サービスの重要な側面なのであり，図書の選択を蓄積したコレクションの形成も含めた広い意味の環境づくりをおろそかにすることはできない。

6. 学校図書館ガイドラインと環境整備（2）

　学校図書館ガイドラインは，全国的な指針として，実質的には学校図書館の設置および運営に関する望ましい基準となることを期待されている。ガイドラインを参照することで，各学校が何を重点的に改善していくべきであるのかが，わかってくる。とはいえ，いきなりすべてを十分に実現することは難しいかもしれない。まずは，学校図書館の運営と直接関係している担当者の協力関係を密にして各自が学校図書館活動の効果を実感・確信した上で，全校的な取り組みへと拡大していくことで，サービスの水準が高まっていくにちがいない。

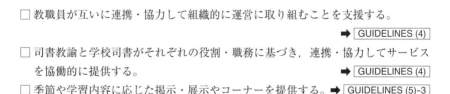

□ 教職員が互いに連携・協力して組織的に運営に取り組むことを支援する。
　　　　　　　　　　　　　　　　　　　　　　　➡ GUIDELINES (4)
□ 司書教諭と学校司書がそれぞれの役割・職務に基づき，連携・協力してサービスを協働的に提供する。　　　　　　　　　　　　➡ GUIDELINES (4)
□ 季節や学習内容に応じた掲示・展示やコーナーを提供する。➡ GUIDELINES (5)-3

□ 模型や実物，児童生徒の作品などの学習成果物を掲示・展示する。

➡ GUIDELINES (5)-3

ケース
スタディ
2

先生のための
授業に役立つ

学校図書館　活用データベース

SELECT

　読書の秋を迎えました。10月は東京学芸大学附属国際中等教育学校の総合メディアセンターのようすをお伝えします。

　9月20日からはじまった，日本でのラグビーW杯。日本チームはもちろん出場国の熱戦に，大変な盛り上がりをみせています。館内でもW杯の開催にあわせ，ラ

グビー本コーナーを設けました。入口には図書委員の生徒と段ボールで作ったユニフォームを飾り，展示コーナーには小さなラグビー場をつくりました。このラグビー場はとても簡単！用務員さんから借りた未使用の緑の土足拭きマットに，白いお箸をH字にしてさしただけです。お箸の先端には，万が一生徒の目を刺さないよう，美術の先生に丸く紙粘土をつけてもらいました。この展示コーナーを見た体育の先生は，「お箸で作るなんて，良いアイデアだね！」と笑いながら写真をとっており，図書委員は満足気でした。

　さらに，館内窓辺の特別展示コーナーでは，「今，世界の海は〜海洋汚染からみるプラスチックごみ〜」をテーマに資料展示をしています。テーマ展示をする際に意識していることは，図書だけではなく，関連雑誌や新聞記事も掲示をする，ということです。生徒は課題やレポートに取り組む際，多様な情報源にあたるよう指導されています。そのことを司書としても意識して，テーマ展示をするときはけっして本だけの展示にならないようにしているのです。

　しかし，生徒から「これはリアルすぎで怖っ！」と苦情を言われたのは，こちらの「昆虫食」本のコーナーの表示。今森光彦さんの『切り紙昆虫館』（童心社）を参考に虫たちを作ったのですが，昆虫食ということで，紙皿に飾ったことで気味が悪くなってしまったようです。展示した資料への関心よりも，昆虫の切り紙に注目が集まってしまいました…。

出典：『**今月の学校図書館―東京学芸大学附属国際中等教育学校**』（渡辺有理子，2019年10月1日）

4 ｜ 学校図書館の運営

| 前田稔

《**目標**》　目指す成果が明確でないと，単なる頑張ろうで終わってしまう。校内全体で目標と成果を共有し改善を続けていく方法を学ぶ。

《**ポイント**》
- 学校図書館経営計画を年間運営計画として具体化していく
- 学校全体の各種計画と連動させて運営する
- PDCA（Plan，Do，Check，Action）を意識する
- 授業に応じた資料を計画的に準備する
- 基準を整備してぶれのない運営を目指す
- 業務を館則・規程・マニュアルで標準化していく
- 日々の出来事を蓄積して統計化していく
- 記録・統計と調査を組み合わせてサービス品質を高めていく
- 1年間の予算計画づくりを通じて夢を膨らませよう
- 決算結果は予算計画と照らし合わせて改善のヒントにしていく
- 教育活動の評価はそもそも難しいことを理解する
- 量と質の両面で，学校内外で協力して評価する
- サービス品質を評価する際にSERVQUALモデルの視点を使う

《**キーワード**》　年間運営計画，マニュアル，会計と文書管理

1．年間運営計画の立案

⑴　学校図書館経営計画を年間運営計画として具体化していく

　公共図書館では毎日の営みが継続的に実施されており，年度ごとの区切りの重要性はそれほど大きくないのに対して，学校図書館では1年を

ひとくくりのサイクルとして反復されていく。これはもちろん，様々な側面で一年間を単位にして計画的に教育活動を行っている学校教育が有する制度的な側面の影響を受けたものである。学校図書館サービスについても，場当たり的な運営や単に前年をなぞったことにならないように，1年間全体のなかで，いつ，どのようなサービスを提供するのかを明確にしていく必要がある。

　年間運営計画を策定するにあたっては，学校図書館経営計画（方針）との関連に十分に留意する必要がある。学校図書館経営計画というのは，達成すべき目標を一般的・抽象的に定めたものである。1年単位の短期的なものもあれば，中長期的なものもある。学校図書館経営計画が目的だとすると，年間運営計画は個別・具体的な手段に相当する。

🔍年間計画　学校図書館

(2)　学校全体の各種計画と連動させて運営する

　学校図書館の年間運営計画は，学校の全体計画とも連動する必要がある。学校全体のニーズに応じて学校図書館がサービスを提供する側面に配慮する。例えば，修学旅行の行き先や時期が定まってこそ，学校図書館が提供するサービスが決まってくる。また，学校図書館のサービスを，学校の全体計画に組み込んでいくように，学校図書館側から働きかけていく側面もある。例えば，読書週間におけるサービスを学校図書館が主導的に提供していくとしても，学校全体の取り組みとして位置付けられなければ，図書館に普段なかなか足を運ばない子供たちへの読書意欲喚起にはつながらない。したがって，学校図書館の年間運営計画を立案する際には，全校の教職員との綿密な打ち合わせが重要になってくる。特に，各教科の教育計画との連動については意識していきたい。教職員が幅広く学校図書館がいつ，どのようなサービスを提供してくれるのかを

知っていてこそ，そのようなサービスを使っていこうという動機につながる。学校図書館支援センターのように，地域における学習資源共有のしくみがある場合は，教科・科目の進度に合わせて事前に学校外からの資料を手配する時期を確定しておく必要が生じてくる。

⑶　PDCA（Plan, Do, Check, Action）を意識する

　年間計画を立てる際には，PDCA サイクルについても配慮する必要がある。PDCA サイクルというのは，Plan, Do, Check, Action の4つ，つまり，「計画」・「実行」・「評価」・「改善」の4つの流れを繰り返すことを意味する。もともとは，企業経営において確立された考え方であるが，近年は，カリキュラムマネジメントをはじめ，教育現場でのマネジメントが重視されるなかで，学校教育や研修において頻繁に登場する用語となっている。学校図書館の年間計画についても，経営目標に照らし，有効性を評価することまでを視野に入れた計画にしていく必要がある。年間計画で示された活動がいかに魅力的であったとしても，実現困難なものであれば，結局は低評価となる。PDCA サイクルが繰り返されていくことを念頭に，有効な施策を立案する。また，単に前年度を踏襲して年間計画をたてていくのではなく，前年度の活動評価に応じて，改善を常に続けていく意識で年間計画を立案する。

⑷　授業に応じた資料を計画的に準備する

　学校の教育活動のあらゆる側面において，学校図書館サービスを展開していく上で核となるのは，各教科・科目の授業を対象とした，資料準備への支援である。年間運営計画は，学校図書館の運営に関しての全体計画であるが，資料準備に関する計画も別途たてることが望ましい。巻末付録3は，小学校を想定して徳田悦子氏の協力で作成した資料準備年

間計画の例である。何をいつ，どのように準備するのかについて計画している。内容は架空のものとなっているが，自校の教科書該当ページ数を単元名の前に記載することを重視している。この年間計画例では，可能な限り幅広い教科を記載することに努めた。現実的には，表の３月・６年生の学活で示したように，教科書を使用しない場合もあり，また，教員からすると単元名のほうが馴染み深い面もあるが，可能な限り教科書を参照していくことが望ましい。なぜなら，教科書には具体性があり資料準備の際に学習内容のイメージづくりを即座にしやすい利点があるからである。また，子供たちにとって教科書は身近な存在であり，コミュニケーションを通じたサービス拡充の基礎となる。そのためには，学校図書館内にいつでも参照できる教科書がおかれていることが理想である。

　この表内には，国語科の教科書に多数掲載されている，読書と関わる資料準備については割愛しているが，その点も含めると，さらに分量が多く精緻なものになるだろう。また，１年生・５月の生活科教科書「ともだちと　がっこうを　たんけんしよう」のように，資料準備以外のサポートについても，特に必要なものは掲載してある。４年生・２月の保健体育教科書「よりよく育つための生活」における養護教諭のように，担任以外との打ち合わせが必要な場合は，備忘のために記載しておくとよいだろう。

　夏休みを除く11カ月を６学年分表にするだけでも，66箇所のマス目を埋めることになる。実際には，三次元的に同時に複数の教科・科目への資料準備支援が生ずる。このように表にしてみることで，学校図書館サービスの業務量の把握が可能になり，１年間の見通しを持って授業支援に臨むことが可能になるだろう。

2.　基準・マニュアル類の作成

⑴　基準を整備してぶれのない運営を目指す

　学校図書館のサービス水準が人的要素に左右されないことも大事である。私立学校よりも公立学校の場合は人事異動の頻度が高く，その要請はいっそう強くあらわれる。すなわち，サービスというのは，提供者の論理で運営されるのではなく，あくまでも受益者の立場を中心として運営されるべきなのである。どのようなサービスを受けられるのかについて，受け手の側にサービス品質を予測可能な状況であることで，安心してサービスの提供を受けることが可能になる。

　学校図書館が提供するサービス水準を左右する要素から人的な側面を少なくする工夫のひとつとして，客観的な基準を定め，基準に則って運営していくことが考えられる。そのためには，学校図書館側から学校全体に基準を提案し，議論を経た上で，一般的・抽象的な基準を定めていくプロセスを経ていく。

　公共図書館の場合も，各種の基準が重要な意義を有している。図書館の職員の数や，サービスの受け手の市民の数も，学校図書館とは比べものにならないほど多くの人数であり，また，市民の価値観も人によって大きく変わってくるため，基準の重要性が高い。一方で，学校図書館の場合は，比較的少人数で運営していることもあり，文書により明文化された基準は必ずしも意識されない面もある。この点で，公共図書館における基準の扱いほどには，大げさなものではない。慎重な検討を重ねすぎて，あいまいな基準となったり，そもそも基準を定めることを断念したりすることにならないように，学校図書館のサービスについては，運用にあたって，ある程度柔軟に対処していくことと，改善すべき要素が見つかった段階で，順次改正していくことを意識したいものである。

　広義の基準は，是非の判断をする際に参照すべき境界を明示したものと言えるが，狭義の基準は，規則，方針，規準，規程・規定，ガイドラインといった実効性を持たせた規範であるという違いもある。規則や館則のように，強い規範力を持った形態は，開館時間や貸し出し冊数のように画一的な図書館運営の要請が特に強い場面で必要になってくる。これに対して，方針（ポリシー）については，サービスの受け手の自律的な判断を尊重しつつ，その指針を提供する意味合いが強くなる。サービスが何のために提供されるかという目的や，その目的が設定された背景にある事実を示すことに重点が置かれる。規準は，基準と似ている言葉であるが，判断の拠り所として参考にするための基準（standard）に対して，守るべきルールとしての規準（criterion）といった形で異なる意義を有する。教育現場では，評価規準といった表現で使われることもある。規程は一つ一つの規定の集合体として使われる。ガイドラインは，ルールよりも緩やかな意味合いで使われる。

(2)　業務を館則・規程・マニュアルで標準化していく

　学校図書館で一番基本的な基準は，館則である。館則には学校図書館の任務や役割を目的として記載し，運営組織のほか，図書館運営についての基本的事項を定める。館則よりもさらに具体的な諸規程については，図書館運営上の規程と，利用上必要な規程にわかれる。図書館運営上必要な規程としては，図書館運営規程，資料選択規程，資料除籍規程，図書委員会規程がある。利用上必要な規程としては，閲覧規程，館外貸出規程，視聴覚機器利用規程がある。

　利用上必要な規程のようにサービスの受け手とも共有するルール類と異なり，もっぱらサービスを提供する側のみに関して，事務運営上の手引きとなるのが，マニュアルである。マニュアルは，

（1）人的要素に左右されずにサービスの品質を均質的に高く保つため
（2）複数の者が共同で行う作業における共通認識基盤を設けるため
（3）備忘のために年に1回しか行わない作業手順を文章化するため
といった目的で使用される。そのほかに，例えば学校図書館ボランティ
アが作業する際に参照するマニュアルを用意することも，ボランティア
を対象とした学校図書館サービスに位置付けられる。

3.　記録・統計の実際

⑴　日々の出来事を蓄積して統計化していく

　図書館におけるサービス提供の状況を，後から客観的に振り返ったり，
業務の引き継ぎに供したりするため，記録や日誌を作成する。うまく整
理された記録や日誌があると，業務内容が可視化され，それ自体がマ
ニュアル的な役割を果たす場合もある。また，図書館運営委員会や資料
選定委員会の議事録，予算・決算・会計に関わる記録のように公的にも
重要な参照先となる記録もあれば，読書指導の記録といった純粋に内部
的な記録もある。ガイダンス・オリエンテーションの記録，行事集会の
記録については，当日の状況をメモとして残して内容を集約していくこ
とで，次の年度における改善の基礎資料として使うことが可能になって
くる。

　日誌については，定型のフォーマットを用意することが望ましい。一
方で，あまりにも項目が細かすぎると，記載に時間がかかりすぎたり，
記載を省略したりするようになってしまうため，長続きしない面もあり，
誰が記入するのかという面も含め，バランスの取れたフォーマットを作
成することが大事になってくる。その際，月日，記入者，活動記録，利
用状況については最低限記載するように工夫する。

　日々の貸出冊数や来館者数の記録が集積していくと，統計として有意義な意味合いを帯びてくる。貸出統計は，集計する単位により，日計，週間統計，月刊統計，学期統計，年間統計に分けられる。統計の集計単位についても，男女別，クラス別，学年別，日本十進分類法別に分けることがある。統計を分析する際には，統計量の変化に着目する場合と，統計の絶対数に着目する場合とでは意味合いが異なってくるため，あらかじめ分析の目的を定めておく。量的な傾向を重視するか，質的に分析していくのかによっても，統計の扱いが変わってくる。

(2) 記録・統計と調査を組み合わせてサービス品質を高めていく

　記録・統計は，以前のように紙に記載して電卓で集計するといった時代から，現在は，コンピュータを利用する場面が増えてきている。コンピュータに蓄積された情報については，その情報を利用した分析が容易になるため，活用場面が増える。汎用の表計算ソフトウェアを使用すると柔軟な計算が可能であるが，専用の業務ソフトウェアの集計機能をそのまま利用することも多くなってきている。一方，誰がどのような貸出傾向があるかについてすぐに把握できるため，サービスを受ける側にとってのプライバシーの問題も生じうる。履歴画面のパスワード管理を厳重にしたり，プリントアウトしたものを放置したりしないようにする。

　発生した事実を受動的に集積するだけでなく，能動的に収集・作成する記録として，調査・アンケートもしばしば実施される。学校図書館のサービス品質を高めていくための調査には，資料，職員，施設・設備，活動についての調査が考えられる。調査を行う際には目的を明確にするとともに，調査対象ないし範囲に合わせた調査項目を，慎重に設定していくことになる。また，読書調査のように，児童・生徒の読書傾向を把

握して，資料の選定や指導に生かせるように，サービスしていくことも
学校図書館の役割に含まれる。

4.　会計・文書管理の際の注意点

⑴　1 年間の予算計画づくりを通じて夢を膨らませよう

　学校図書館がサービスを提供する際には，各種の費用が必要な場合が
ある。費用のなかには，学校図書館の建築費用や光熱費，人件費といっ
た顕在化しにくいものもあれば，図書費をはじめとする日常的に管理し
なくてはならない経費もある。日常的な経費については，場当たり的に
支出したり，管理職や事務に任せっきりにしたりするのではなく，学校
図書館が事前に予算計画を策定するべきである。公立学校の場合，図書
費は需要費の項目に割り当てられるが，高額の図書やシリーズ物の一連
の図書については，備品費として取り扱われる場合もある。収入と支出
に分けられるが，支出については，図書費，新聞雑誌費，製本費，備品
費，消耗費，雑費といったそれぞれの内容について，バランスよく割り
振っていく。予算策定の際は，その後の一年間を予想しながら立案する
ために，後から振り返った際に必ずしも実現されないことを危惧して不
安になってしまう面もあるだろう。そうであったとしても，おおざっぱ
に割り振るのではなく，個々の支出を十分に具体的にイメージしつつ，
それを積算していく。予算は単に図書館内で決めるだけでなく，学校全
体の承認を得ることに向けて，それぞれの算定根拠を説明できるよう意
識するべきであり，事業計画や年間計画との整合性にも注意を払いたい。
また，予算策定のプロセスを通じて，次の年度に行うサービスをイメー
ジできるようになり，実現可能性の高い具体的な計画へと煮詰めていく
ことができる。

⑵ **決算結果は予算計画と照らし合わせて改善のヒントにしていく**

　予算執行の際は実際には事務組織を通じて行うことが多いが，会計上の諸原則，すなわち，正確であること，能率的であること，計画的であること，証拠書類や帳簿類が整えられていること，公開できることといった側面に配慮しながら支出をしていく。年度の途中で経費が足りなくならないように，日常的に執行状況を把握するとともに，年度末にあわてて予算消化をまとめて行わないように，平均した支出を心がける。

　予算は決算とセットになっているものである。予算とつき合わせられるように，項目を合わせた決算を行う。予算が事業計画や年間計画と一体となっていたように，決算についても，事業報告とともに行うことになる。決算を作成する作業は単なる数値を合わせることのみならず，一年間の活動を振りかえりつつ，次年度への改善につなげていく大事な評価作業であることを意識すべきである。決算は，報告と承認の作業を学校の担当委員会や職員会議で得ることで，公的な側面が完結し，学校全体で学校図書館が当該年度で提供したサービスを確認することにもつながる。

5. 運営とサービスの評価

⑴ **教育活動の評価はそもそも難しいことを理解する**

　目標に応じた計画的な運営の意義や価値を見極めるために行われるのが評価活動である。学校教育法第42条では，「小学校の教育活動その他の学校運営の状況について評価を行い，その結果に基づき学校運営の改善を図るため必要な措置を講ずることにより，その教育水準の向上に努めなければならない」と定めている（中学校は第49条，高校は第62条で準用）。これを受け，文部科学省が公表している『学校評価ガイドライン』

において，教育課程等の状況，および，第三者評価に関して「学校図書館の計画的利用や，読書活動の推進の取組状況」が示され，それに向けて「学校図書館等の整備・活用状況」についての情報提供が想定されている。したがって，学校図書館独自の評価についても，学校全体の評価と関連付けながら，校長のリーダーシップの下で，学校内の関係者と協力しながら実施していくことが必要となる。

　およそ学校評価に関して，文部科学省が2010（平成22）年に公表した『学校評価　好事例集』では，「手間・労力がかかるわりには，活用できていない。評価することだけで疲れてしまう」，「教職員の理解がなかなか得られない。学校評価よりももっと大事なことがある（生徒と向き合うことや教材開発など）と言われてしまう」といった問題現象が示されている。また，典型的な停滞事例の特徴として，目標の共有不足（目標が抽象的で不明確・重点化せず多方面に力を割こうとして結局は多くのことが進まない。目標を立てても教職員は本気でやろうという気持ちになっていない），プロセスの設計不足（児童生徒の姿は書いてあるが学校の取組はあいまいなまま。日常的な活動と結び付いておらず評価のための評価になっている。学校のみで頑張ろうとしている），組織のチーム力不足（キーパーソンが異動すると組織が後退してしまう。教職員が相互不干渉になっている。アンケート結果や統計を学校は受け取るだけになっている）の3点が示されている。

⑵　量と質の両面で，学校内外で協力して評価する

　このような課題を克服し，学校評価を有意義なものにするためには，学校の目指すビジョンや目標について，教職員が共通認識を持つことと，目指す成果への道筋が明確に描かれていること，教職員がチームとして十分に議論し知恵を出し合うなかで，保護者・地域とのコミュニケー

ションツールとして活用していくことで，評価活動は有意義になっていく。

　このことは学校図書館の評価においても同様に妥当する。そうだからこそ，評価活動を支援する取り組みが重要になってくる。量的な側面においては，蔵書冊数，蔵書構成，更新状況などの図書館資料の状況や，利用状況，貸出冊数などの児童生徒の状況を提供していく。質的な面では，授業での活用状況，開館状況などの学校図書館の利活用の状況，読書に対する関心・意欲・態度，学力の状況などの児童生徒の状況を，目標の項目に応じて整理する。評価の立案のみならず，学校外の意見を反映させつつ公表していくことを支援する。また，サービス提供に必要な資源（インプット）に対して，提供サービス（アウトプット）を最大化し，受けたサービス（アウトカム）の満足度を高めることを目指し続けることになる。

(3)　サービス品質を評価する際に SERVQUAL モデルの視点を使う

　学校図書館の運営への評価には，学校図書館サービスの評価も含まれていく。サービスの評価は，量的に計測することが難しい。また，サービスの受け手の期待感によって左右される面も大きい。すなわち，標準的なサービスを提供できている場合，思っていたよりもよいサービスを受けられたと思った者の評価は高く，期待が裏切られたと感じた者の評価が低くなる難しさがある。

　期待を上回る満足についてのサービス品質を評価する手法としてSERVQUAL モデル（サーブクオル・サービスとクオリティの造語）が参考になる。SERVQUAL では，信頼性（Reliability），確実性（Assurance），有形性（Tangibles），共感性（Empathy），応答性（Responsiveness）の5つの領域でサービス品質を評価していく。この

点，信頼性に関しては，学校図書館が願いを叶えてくれると期待できる存在であるとともに，サービス内容をあらかじめ示しそれを守ってサービスを提供することが評価されるだろう。確実性としては，要望を真に理解し，余計な心配をしなくても安心して正確な知識・情報をもとにした的確な対応をしてもらえることが，有形性については資料や設備が古くなく魅力的な外観を有していることや常にアクセスできる状況であるかが問われるだろう。共感性については，学校図書館が児童や教職員への理解に向けて常に注意を払っており，そのことが学校図書館への関心を高め，活用を続けたいと感じさせていること，応答性については，たとえ忙しくてもいつでも素早く要求に対応して柔軟に援助することが求められる。

6. 学校図書館ガイドラインと学校図書館の運営

　学校図書館ガイドラインでは，校長が学校図書館の館長としての役割を担うとしている。学校図書館は，全児童生徒，教職員にとっての居場所であるが，管理職に関しても積極的に来館してもらえるように，日常的に働きかけていく。学校経営方針のなかに，読書推進や学校図書館活用が実態を反映しつつ十分に反映されるように，記録や統計を含めた判断材料の提供を行うとともに，各種の評価活動が円滑に実施されるように支援を行っていく。

□ 校長が学校図書館の館長としてリーダーシップを発揮できるように支援する。

➡ GUIDELINES (2)

□ 学校経営方針を具現化する学校図書館全体計画の策定をサポートする。

➡ GUIDELINES (2)

72

☐ 教職員が連携した計画的・組織的な運営を支援する。 ➡ GUIDELINES (2)

☐ 学校図書館に関する校内組織などの設置と円滑な運営を支援する。
➡ GUIDELINES (2)

☐ 児童生徒や教職員が最大限自由に利活用できるよう支援する。➡ GUIDELINES (2)

☐ 一時的に学級になじめない子供の居場所づくりを支援する。 ➡ GUIDELINES (2)

☐ 児童生徒の登校時から下校時までの開館サービスを行う。 ➡ GUIDELINES (2)

☐ 登校日等の土曜日や長期休業日等にも学校図書館を開館して児童生徒に読書や学
習の場を提供するサービスを行う。 ➡ GUIDELINES (2)

☐ 学校図書館の利用指導・読書指導・情報活用に関する各種指導計画の作成支援と
継続的な利活用の支援。 ➡ GUIDELINES (3)

☐ 校長が学校図書館の利活用を学校経営方針・計画に盛り込み方針を教職員に明示
することを支援する。 ➡ GUIDELINES (4)

☐ 校長が学校図書館の運営・活用・評価に関してリーダーシップを強く発揮するこ
とを支援する。 ➡ GUIDELINES (4)

☐ 司書教諭の専門的職務（運営総括，学校図書館活用教育の企画・実施，年間読書
指導計画・年間情報活用指導計画の立案，学校図書館に関する業務の連絡調整）
を支援する。 ➡ GUIDELINES (4)

☐ 統計を提供するサービスを行う。 ➡ GUIDELINES (5)-3

☐ 学校図書館の評価を校長が組織的に行い運営改善を図ることを支援する。
➡ GUIDELINES (7)

☐ 評価に外部の視点を入れることを支援する。 ➡ GUIDELINES (7)

☐ 評価結果と改善案の公表を支援する。 ➡ GUIDELINES (7)

☐ コミュニティ・スクールで評価に学校運営協議会を活用することを支援する。
➡ GUIDELINES (7)

☐ 図書館資料の状況（蔵書冊数，蔵書構成，更新状況等），学校図書館の利活用の
状況（授業での活用状況，開館状況等），児童生徒の状況（利用状況，貸出冊数，
読書に対する関心・意欲・態度，学力の状況等）等の評価を支援する。
➡ GUIDELINES (7)

☐ アウトプット（学校目線の成果）・アウトカム（児童生徒目線の成果），学校図書
館のインプット（施設・設備，予算，人員等）の観点からの評価を支援する。
➡ GUIDELINES (7)

先生のための
授業に役立つ

学校図書館　活用データベース

SELECT

埼玉県立新座高等学校図書館訪問記

　新座高校は，1973年に創立された，生徒数553名（H24.4月現在）の全日制普通科高校です。司書の宮崎健太郎氏は，「みんなで使おう！学校図書館　Vol.1」の報告会での実践発表，データベースへの事例提供，そして資料エトセトラのコーナーに「教職員向け図書館利用の手引き」もアップしていただき，日ごろから大変お世話になっています。今回，初めて勤務校の図書館を見学させていただきました。写真を織り交ぜながら，専門性の高いその仕事ぶりの一端をお伝えできたらと思います。

その1　マイナスをプラスに転ずる発想法！

みはらし図書館へようこそ

　管理棟から生徒棟へ通じる3階の渡り廊下の途中で立ち止まり，宮崎さんが，指さしました。「向こうに見えるのがこれから行く生徒棟で，最上階（5階）が図書館で，その下の1階～3階が生徒の教室です。」ということは，管理棟2階にある教員室からは，はるかに離れた場所に位置する図書館。（きっと，開校当時，図書館は静かな場所がいいと考えての設計だったのでしょう。）そして生徒棟にあるとはいえ，1階に入る学年から見たら，図書館は遠い存在。でも，最上階からのみはらしは最高！そこで，命名したのが「みはらし図書館」。晴れた日には富士山が，冬至の前後にはダイヤモンド富士も見ることができるそうです。とはいうものの，5階は遠い。そこで図書館の随所には，生徒の目線で楽しいコーナーが工夫されています。

　右下の畳のあるスペースは，新座高生のお気に入りの場所のひとつだそうです。このスペースの周りには，コミックやケータイ小説など，身近な読み物が並んでい

るので，気分転換には持ってこいです。

その2 「授業を積極的に支援する図書館」にシフト

　赴任当時は，授業利用がそれほど多くなかったそうです。そこで戦略的に動きました。まずは，授業で図書館を使ってもいいんだ，と先生方に思ってもらえるよう，図書館からの働きかけを始めていきました。ぜひ，「教職員向け利用の手引き」をご覧ください。このマニュアルは，年度初めの職員会議で必ず配布します。また，新しく着任した先生向けにオリエンテーションを実施します。その時に役立つのが，この日見せてくださったポートフォリオです。これは，図書館を活用して行われた授業について，その打ち合わせの段階のメモにはじまり，用意した資料，ワークシートはもちろん，具体的な授業の様子が伝わる資料をファイルしたものです。このようなファイルは，翌年度司書にも役立つものですが，新任の先生はもちろん，異動

してきた先生方に見せることで，学校図書館の司書がどのような支援をしてくれるか，そして生徒がどのような学びを展開していくのかが，とてもよくわかります。初めての生徒に向かい合う新任の先生にとっては，図書館が強い味方となり，司書の宮崎さんを頼りにするようになるのも当然…という気がしました。

　新座高校は「学力向上推進校」の指定をうけ，平成20年に「授業改善プロジェクトチーム」を組織しました。司書である宮崎さんもその一員となっています。コミュニケーションを重視する授業のひとつの方法として，図書館を活用して，調べて，発表する授業に先生方も関心を持ち始めています。しかし，教科の専門家である先生方は，図書館を使った授業の経験は少ない。そこで①授業利用の相談に丁寧に応じる。②授業で図書館を使う目的を共有する。③生徒の調査をシュミレーションする。という対応をとっているとのこと。生徒の取り組みは予想以上で先生たちも手ごたえを十分感じており，学年末のまとめや3年生の選択授業などを中心に利用が定着しているそうです。

出典：『今月の学校図書館—埼玉県立新座高等学校』（村上恭子，2014年
　　4月11日）

5 | 学校図書館利用のガイダンス

前田稔

《**目標**》 新入生へのガイダンスの成否はその後の学校図書館活用に大きく影響する。ガイダンス提供に必要な要素と準備について考えていく。

《**ポイント**》
- ガイダンスとオリエンテーションは区別しなくてもよい
- 方針を明確にする：「広く浅く」か「狭く深く」か
- 発見を喜びとして感じられるように支援する
- ガイダンス導入を工夫し，学校図書館の役割も伝える
- 実演を交えて利用方法やサービスについて伝える
- ガイダンスの段階でルールやマナーを確実に伝える
- 分類と配架を教科書や資料を参照しながら紹介する
- 全員が閲覧・貸出体験をできるように企画する
- 図書館クイズや調べる課題を通じて有用性を実感させる
- ガイダンス実施に向けて念入りに準備する
- 利用指導・情報活用能力育成とガイダンスを関連させる
- 保護者・教員・学校図書館ボランティアへのガイダンスも実施する

《**キーワード**》 ガイダンス，利用指導，情報活用能力

1. 新入生ガイダンスの考え方

⑴ ガイダンスとオリエンテーションは区別しなくてもよい

　期待と不安の入り混じった表情で，図書館に入ってきた初々しい新入生には，ようこそという気持ちでもてなししたい。初対面の第一印象で失敗すると，その後近寄ってくれなくなるかもしれないが，それでも教

育の場としての学校図書館の使い方を知ってほしい。うまく使いこなせるのとそうでないのとでは，卒業までの学校生活の豊かさが全く変わってくることについて，ガイダンスを通じて伝えることになる。

　ガイダンスと類似の用語としてオリエンテーションという言葉が使われることがある。オリエンテーションとガイダンスは何も知らない人への最初の案内であるというニュアンスで両者を同じ意味で使うこともあれば，全く初めての者に対するガイダンスと対比して，オリエンテーションはある程度の予備知識を持っている対象に対する詳細な事項説明である点が違うとされることがある。また，オリエンテーションについては随時行っていく説明会や特別な指導の機会など，方向性を定めること全般を指す場合もある。学校図書館で新学期に行う説明会については，オリエンテーションと呼ばれることのほうが多い。本書では，学校司書のモデルカリキュラムに準じて，ガイダンスという用語で統一していく。

(2)　方針を明確にする：「広く浅く」か「狭く深く」か

　学校図書館のサービスは，学校におけるあらゆる学習内容の基礎を担っている。どの授業でも，わからないことは授業時間内外に自分で調べる主体性が期待されるため，ガイダンスは入学した後，あまり間をおかない時期に実施することが望ましい。新入生が，学校図書館の使い方やきまりがわからないために，必要な図書を借りることができないのを避けるべきである。ガイダンスを受ける前には，図書の貸出などの図書館利用を1年生が行えない場合は，いっそう，早期実施の必要性が高い。

　ガイダンスの企画は，前年度中に立案しておくことになる。学校全体における図書館活用が進展している場合は，新入生に対して，最低限伝えておいたほうがよい事項に内容を絞り込みつつ，今後の学習生活でど

のように学校図書館を使いこなしていくのかという展望を示す。学校図書館の利用があまり行われていない学校の場合は，学校図書館ガイダンスが貴重な持ち時間になるため，広く浅く伝えるのか，狭く深い内容を目指すのかという方針を明確にしながら，念入りに企画を練っていく必要がある。学校図書館に対するイメージをおおまかにでもつかむことを目指す場合は，配付資料やプレゼンテーションソフトウェアを多用した，広く浅い展開になるだろうし，学校図書館への愛着と期待感を高め心に強く残るようなインパクトのある経験を演習の時間を十分にとりながら実施するならば，狭く深いことを重視することになる。どちらの方針をとるのかは，全校における学校図書館活用の計画的実現のなかで，ガイダンスをどのように位置付けるのかで変わってくるため，関係者で十分に議論をしていくことが必要になる。

⑶　発見を喜びとして感じられるように支援する

　新入生に対するガイダンスは，各クラス1時間を使って学校図書館内で行うことが一般的である。大規模校であるといった理由で，各教室内や講堂で行われる学校生活に関する一斉ガイダンスのなかに，部分的に図書館ガイダンスを含めていくこともありうる。ただし，記憶すべき知識として学校図書館の使用ルールを教えればすむのではなく，実際の利用につなげていくことを目指したい。そのためには，可能な限り学校図書館内で実際に歩き回ってみる演習的な活動も含めたガイダンスを行うように努力すべきである。学校図書館が，単に図書が並んでいる場所であるという認識を刷新できるように意識して説明する。普段の教室のなかでの授業と異なった雰囲気のなかで，児童・生徒同士が積極的に対話しながら調べ，まとめていくことに最適な空間であることを，子供たち自身にも意識させる。例年の内容を踏襲することに注力するのではなく，

前年度の記録と照らし合わせながら，教育制度の変化や自校における当該年度の重点研究，教員の変化に応じて改善をしながら企画をし，実施後は担任などから感想や評価の聞き取りを行う。ただし，使用方法を確実に覚えさせる教育という堅いイメージなのではなく，はじめての海外旅行で得られたような，わくわく感，どきどき感のなかで，ほんの少しの発見でも喜びとして感じられるようなツアーガイドとなることを心掛けたい。

2. ガイダンス前半部分：基本事項の伝達

(1) ガイダンスの導入を工夫し，学校図書館の役割も伝える

　ガイダンス内容の冒頭では，図書館担当者を紹介した上で，学校図書館とはどのような場であるのかという点について簡潔に説明する。説明者の子供の頃の経験や，学校図書館に託す想いという形で，参加者の注意を引き付ける導入に工夫してもよいだろう。

　小学校一年生の場合は，入学以前における公共図書館の利用経験の有無や，保護者から受けた読み聞かせの経験量に，子供によって大きな差がある。なかには，図書とほとんど接したことのない子供もいる可能性がある。そこで，冒頭ではこの場所は図書館という名前であるということや，本を読んだり借りたりすることができることに触れることにとどめる場合も多いだろう。中学1年生や高校1年生に対しては，例えば，読書センター・学習センター・情報センターであることを伝えるなど，学校図書館が複合的な要素を持つ点の基礎知識を説明する。最近では卒業論文を課する中高一貫校も増えてきている。そのような場合は，論文やレポートづくりに，学校図書館がどのように役立つのかに触れていく。進学校など，勉強を重視する校風の場合は，学校図書館では，本を読ま

なくても使えるカジュアルで息抜きのできる居場所であることを伝えるとよいだろう。

　学校図書館の役割や得られるサービスについての説明の後に，小学校の場合は絵本の読み聞かせを行うことが多い。どのような絵本を選ぶのかについては，新しい場所に入り散漫になっている意識を集中させることを目指すのか，読むことは楽しいことを体験させるのを重視するのか，図書館の場面が描かれている絵本を選び利用指導へと連続的に展開するのか，の諸点を考慮しながら決めていくことになる。読み聞かせの経験不足の子供が多いようであれば，紙芝居を実演したり，貼り絵を使ったパネルシアター，エプロンシアター，うちわ型の人形劇であるペープサート，ぬいぐるみを使ったパペットのような動きのある手法を取り入れたりするのもよいだろう。これらはお楽しみの時間としてガイダンスの締めくくりに実施してもよい。ガイダンスの冒頭で絵本の読み聞かせをすることは，中学生や高校生に対しても有効な手法である。その場合は，絵本は幼児しか楽しめないという先入観念を覆すような本選びを心掛けたい。また，ブックトークの実演を行うことで，学習活動とのつながりを実感させたり，新入生に関心の高い事項について図書を使って紹介したりするといった工夫をすることも考えられる。

🔍パネルシアター　やり方

⑵　実演を交えて利用方法やサービスについて伝える

　学校図書館ガイダンスで最も基本的な部分は，自校の学校図書館の利用方法である。最近では教科書に学校図書館利用がふんだんに含まれるようになっているが，学校ごとの利用方法までは書かれていないからである。

　まず触れておきたいのは，図書館には何があるかという，施設・設備

についての説明である。小学校１年生に対しては，借りたり返したりするカウンターと，本を読んだり調べたりする閲覧席があることを伝えることになるが，畳や絨毯敷きのごろ寝コーナーがある場合は，その使い方についても説明するとよいだろう。中学校や高校の場合は，コンピュータによる検索システムやインターネット閲覧コーナー，視聴覚資料鑑賞コーナーの説明が含まれる場合もある。非常扉や避難経路についても確認をしておく。

　開館・閉館時間，貸出冊数や期間については，十分に確認する。通常時には何を見れば確認できるのかを，利用案内や掲示，インターネットのホームページなどの例とともに示し，長期休業中の例外扱いについて知る手段についても案内する。年間貸出冊数の目標がある場合は，その点も示しておく。また，一般的に，入り口の外に，開館中か否かを知らせるサインや目印を設置しているが，公共図書館と異なり学校図書館では自由に出入りできる運用が変則的になりがちである。子供たちには入館時にサインを必ず確認する習慣をつけるように伝えておく。

　貸出・返却方法については，実演を含めることが効果的である。子供たちから代表を一人選んだ上で演じてもらうと，ガイダンス参加者の共感を得やすくなる。返却手続きの後，実際に本棚に戻すことも含めて実演し，元の場所に正確に戻さないと，迷惑をかけてしまうことが理解できるように工夫する。

　学校図書館が提供するサービスについても，活用方法を交えながら説明していく。予約サービスを実施している場合は，読みたい図書を確実に入手できる利点とすぐには読めない欠点を伝えるとともに，予約の方法と到着を知る手段についても説明をする。リクエストサービスを実施している場合は，積極的に購入希望を寄せてもらうように働きかけることで期待感を高める。ただし，必ずしも願いがかなえられない場合があ

ることも示し，その例についても説明する。レファレンスサービスについては，中高生であってもそのようなサービスの存在を意識したことのない子供も多い。このような子供に対しては，過去の問い合わせと回答の事例についても言及しながら，調べることのサポートをいつでも気軽に受けられることを伝えることになる。地域の図書館サービスの利用についても，実情に合わせて案内する。

(3)　ガイダンスの段階でルールやマナーを確実に伝える

　利用上のルールやマナーについては「○○してはいけない」といった形で，禁止事項に念を押すことに注力しすぎることは避ける。子供たちが萎縮して図書館が窮屈で堅苦しい場所であるというイメージが形作られないように，なぜそのようなきまりが必要であるかを納得できるように示す。図書館はみんなで利用するところであり，そのなかではみんなが気持ちよく使うためのマナーが必要であるという点や，図書館の目的に沿った行動が必要であるといった理由を踏まえて行う必要がある。一方で，ルールやマナーについてガイダンス以外で子供たちに伝える機会はあまりないことから，守ってもらいたい事項については，あいまいにせずに，正確かつ的確に伝達することで，普段の注意・指導や苦情受付が少なくてすむようになる。無断で本を持ち出さないこと，貸出期間を守ることや，図書を必ず元に戻すこと，切り抜きや落書きはせずに常に本を大切にすること，大声でしゃべったり騒いだりしないこと，机や椅子の後片づけやごみの後始末をすることといった点を伝える。本の破損やページの破れについては，セロハンテープを使って自分で補修をしてはならず，申し出てもらえれば専用の用具で修理することも知らせておく。

(4) 分類と配架を教科書や資料を参照しながら紹介する

　日本十進分類法については，ガイダンスの時間内で完全に理解させることは難しく，上級学年までの間に繰り返し理解を深めていくことになるため，理論については簡略な説明にとどめつつ，図書館内で実際に書架から本を抜き出す実演を行いながら示していく。むしろガイダンスではラベルの読み方や，それがどのような順番で本棚に実際に並んでいるのかという配架の説明に重点を置く。ガイダンスが，教科外の時間で行われている場合であっても，日本十進分類法のしくみが掲載されている教科書を持参してもらう。説明の際には該当ページを開くように指示した上で，教科書内容に沿って説明すると，わかりやすくなる。

　配架については館内の本の配置図を交えながら，新書・文庫・雑誌・新聞・絵本といった，ほかの本と分けられたところにある，別置図書があることと，置かれている場所についても案内する。禁帯出ラベルの貼ってある図書の扱いについても，説明する。

3. ガイダンス後半部分：演習活動

(1) 全員が閲覧・貸出体験をできるように企画する

　ガイダンスの後半は子供たちが自主的に活動する演習活動にあてることになる。最終的には，貸し出し手続きを参加者全員がガイダンス時間中に実際に体験してみることが望ましい。ガイダンス時間中に貸し出された本を返すために，後日必ず学校図書館に来ることになり，読書習慣づけの第一歩となる。時間の兼ね合いで難しいときには，4月中に必ず1冊借りる宿題を出す。

　演習活動として自由に図書館内を散策させて，1冊を必ず時間中に借り受けるようにする方式をとる場合は，最後まで何を借りるか迷う子供

が生じがちである。ここでの目的は本を借りる体験である点や，どのような本でも読み方次第で楽しめるので気軽に借りてよいことを積極的に話しかけていく。また，一覧しただけでも楽しめる本や，手軽な本を集めて最初の一冊コーナーの展示を予め用意しておくことで対処がしやすくなる。

(2)　図書館クイズや調べる課題を通じて有用性を実感させる

　ワークシートを使った具体的な課題を与える方式をとることも，多く行われている。図書館クイズのように図書館利用のリテラシーと関連させる課題を出すのか，あるいは，教科の学習形態に近い形で図鑑の虫クイズや絵本の花当てなど，調べる形式をとるのかについては，ガイダンスの時間単独で考えるのではなく，学校全体の教育計画との関連で決定していく。生活に密着し役立つ発見が本棚から得られるようなテーマ設定をすると子供にとって図書館の有効性を実感できる。全員が単独でワークシートに取り組むのではなく，グループ活動とすることで，うまく進められない子供がそのままになってしまうことを防ぎ，また，答え合わせを子供たち同士で効率的に実施することができる。ただし，ガイダンスのなかでの取り組みなので，答え探しをさせるよりも，調べ方についてグループで相談することを重視させる。なるべく複数の図書にあたるように指示することは，ほかの調べ学習と同じである。調べた結果や図書リストを発表し合うことまでの時間を確保することは難しい面もあるが，少なくとも，将来いろいろな授業で，実際に発表することまで行うことを予告しておくとよいだろう。また，子供たちが自分でクイズをつくる作業を含ませると，問いをたてることの初歩的な練習になる。

(3) ガイダンス実施に向けて念入りに準備する

ガイダンスの企画案が固まった段階で，新年度開始前に学年主任や教務担当と十分に相談して，実施の日程と分担をあらかじめ決定した上で，職員会議にかける。新1年生の担任とはさらに念入りに打ち合わせを行う。学級活動やホームルームの時間で行うのが原則であるが，担任の授業時間内で実施することもある。全体の日程が確定した段階で，ガイダンスの時間割を作成し，配布・掲示を行う。

図書館カードやコンピュータ登録の年次更新を事前に済ませ，図書館利用カードや読書通帳を使用する学校の場合は，ガイダンスまでに必要な枚数を揃えておく。ガイダンスの時間中に名前を呼びながら配布をすることで一人一人の顔や様子を把握することが可能になるが，全体の流れのなかで時間の節約をする必要がある場合は，図書館利用カードと利用案内を氏名別に事前に図書館内の机の上に配しておき，着席とともに手に取れるようにしておく。これを発展させて年間を通じて一人一人の着席位置を固定させておくと，図書館を使った授業をスムーズに展開できるようになり，各教科・科目の授業担当者が学校図書館を気軽に利用しやすくなる。

利用案内を配布する場合は印刷作業を済ませておく。ガイダンス後も子供が見返すことができるように，ガイダンス用のプリントを別途作成し配布することも考えられるが，プレゼンテーションソフトウェアを使った説明が可能であれば，写真や動画を交えながら視覚的に伝えていくとよい。模造紙や大型の用紙を使った図解を示しながらガイダンスをする場合は，ガイダンス終了後も館内に掲示しておく。

読みたい本や，図書館に今後入れて欲しい本を含めたアンケートを実施することも有効である。入学前の読書経験や図書館利用スキル，意欲について，把握をしておき，学校図書館に入学当初に持っていた期待を

個々具体的なレベルで裏切らないようにしていく。

4.　上級生ガイダンスや保護者・教員へのガイダンス

⑴　利用指導・情報活用能力育成とガイダンスを関連させる

　ガイダンスないしオリエンテーションは，入学時に行うものばかりで
はない。児童生徒の学校図書館活用スキルの高まりに応じて，年度始め
に各学年で行っていくことが望ましい。上級生になるにしたがって分類
や配架の案内をより詳細にしていく。例えば，百科事典や年鑑が置いて
ある場所の案内や，目次・索引を使用して効率的に目的の内容にたどり
着くことを指導する。上位の学年には発達段階に応じた内容で，ガイダ
ンスを行っていくことになる。新入生の場合と異なり，未知への領域へ
の期待感を高めるというニュアンスは薄まるとはいえ，学校図書館の活
用を行うことで，学習活動が豊かになることを児童生徒に実感させるこ
とで，気持ちを新たに学校図書館の利用をさらに進めていくきっかけづ
くりになるようにしたい。

　また，ガイダンスは年度当初の同時期に行うものであるのに対して，
利用教育ないし情報活用能力育成は，年間を通じてあらゆる機会を捉え
ながら行うものである。すなわち，ガイダンスについて，学校における
様々な営みのなかに位置付ける試みが進展していくと，結果として，年
度当初のみの案内だけでは足りず，年間を通じて要所要所で学校図書館
の活用について，児童生徒の意識を高めていく機運が高まる。図書館に
おけるマナーや公共物の利用に際する意識の向上，学習活動における利
用方法の習得に重点を置きつつ，児童生徒による学校図書館利用を活性
化させることに向けて，日常的に働きかけていくことになる。

⑵ 保護者・教員・学校図書館ボランティアへのガイダンスも実施する

　ガイダンスは児童生徒にのみ行うものではなく，学校図書館をとりまく様々な関係者に対して行っていく側面を有する。例えば，保護者に対するガイダンスについても可能な限り実施する。学校図書館の場所内における教育活動ばかりが注目されがちであるが，子供たちの主体的な学習ないし自学自習の場は1日24時間でみると，むしろ学校外の時間帯の方が多い。保護者への学校図書館への理解を高め，子供の日常生活全体のなかで，学校図書館活動と連動させていくことで，学習指導要領が目指す「社会に開かれた教育課程」の実質化が可能になる。また，教職員，特に新任教員や転任してきた教員へのガイダンスは積極的に行っていきたい。図書館の使い方だけではなく自校の子供たちの読書に関する現状や，授業実践事例，公共図書館との連携状況など，学校図書館を使いこなすための情報提供を行うことになる。そのためには，各年度の当初に管理職とも十分に相談した上で，新任教員へのガイダンスのための時間を特別にとることで，学校全体の公式的な一連の流れに組み込まれるようにしていく必要がある。同様に，教育実習にくる大学生たちに対するガイダンスを短時間でも行う。学校図書館の資料を利用しながら実習の準備を行えるように配慮するとともに，ガイダンスを生かせるような課題を与えたりする工夫を行う。

　学校図書館ボランティアが提供する学校教育サービスは，業務（実務）補助に関連するものと，読書活動への協力に関わるものに分かれる。業務補助に関しては学校ボランティアとして校内で結成・活動している場合が多く，カウンター業務をはじめ，展示・掲示・飾り付け・小物作りといった環境整備から，図書の受入（データ入力）・目録作成・装備（ラベル・フィルム貼り）・保存整理（書架の乱れを正す）・修理・除籍・館内清掃まで，幅広い学校図書館サービスと関わることになる。読書活動

への協力に関しては，学校外のボランティア団体が複数の学校や文庫，公民館活動も含む横断的な活動を展開している場合もあり，読み聞かせ・ブックトーク・ストーリーテリングの実演，点字や布絵本などの特別支援で使用する資料づくり，ミニイベントや行事・広報の支援を含む，読書推進に資するあらゆる活動を支えていく。

　ガイダンスの際には，ボランティア活動の社会的な意味と役割に関する説明について，例えば，おおむね，自主性・自発性，社会性・連帯性，無償性・無給性・非営利性，創造性・開拓性・先駆性によって分けられるボランティア活動 4 原則について言及した上で，規律を含む，学校や学校図書館における特殊性について解説する。また，活動内容・時間・場所・完全に無償とするか否か・プライバシーと人権の保護・ボランティア保険・名札・連絡帳といった点について順次説明していく。

　第二次世界大戦終結後間もない混乱期には，本・本棚・資金などの物資が乏しく，保護者や地域の住民が学校図書館を充実させていく原動力であった学校も多い。親子20分間読書を象徴とする PTA 活動と学校図書館運営との関わりを経て，学校ボランティアが制度化されていくなかで，現在では学校図書館ボランティアが定着している状況である。文部科学省による2016（平成28）年の『学校図書館の現状に関する調査』結果では，全国でボランティアを活用している学校の割合は，小学校81％，中学校30％，高校 3 ％となっている。学校全体の読書環境が充実することで結果として自らの家庭の読書教育に反映することを期待している保護者や，子育てを通じて読書の大切さを認識し子供の卒業後も関わり続けている地域住民もおり，動機や経験について多岐にわたる側面があることから，ガイダンスを実施する前には，職務内容や各人の担当について，教職員同士で十分に話し合って作業マニュアル類も含め準備して臨むことが必要である。

5. 学校図書館ガイドラインとガイダンス

　学校図書館ガイドラインでは，ガイダンスについて直接的には定めていないが，学校図書館活用教育の一部分として当然に想定しているためであると思われる。これには，学習活動との関わりで学校図書館をどのように解釈していくかによって左右される面もある。もし，教科指導の一環として図書館資料を利用していくことを目標とするならば，利用指導というよりも，教科そのものの指導であると言える。学校図書館ガイダンスとしてのねらいを設定するというよりも，単元のねらいを実現するための手段として学校図書館の活用方法を伝えていくことになる。これに対して，最終的には教科の枠を越えて自主的・自発的に学びを進めていくことを目標にするならば，生涯にわたり学び続けていくための指導の一段階としてガイダンスを位置付けることになるだろう。

☐ 児童生徒の興味・関心などに応じたサービスをする。　➡ GUIDELINES (3)
☐ 自発的・主体的に読書や学習を行うことを支援する。　➡ GUIDELINES (3)
☐ 読書等を介して創造的な活動を行うことを支援する。　➡ GUIDELINES (3)
☐ 知的好奇心を醸成するサービスを提供する。　➡ GUIDELINES (3)
☐ 主体的・意欲的な学習活動や読書活動を支援する。　➡ GUIDELINES (3)
☐ 教科を横断した情報活用能力の指導を全校で計画的・体系的に実現させることを
　　支援する。　➡ GUIDELINES (3)
☐ 学校図書館を活用した授業実践や，学校図書館活用の教育指導法や情報活用能力
　　の育成を司書教諭がほかの教員に助言することを支援する。　➡ GUIDELINES (4)
☐ ボランティアの方々と協力して支援する。　➡ GUIDELINES (4)

ケース
スタディ
4

先生のための
授業に役立つ

学校図書館　活用データベース

SELECT

　小学校は，基本的なことを学び，身につけるだいじな役目を持っていると思います。その例に漏れず，図書館の使い方の基本を身につけて，図書館が上手に使える名人になってほしいと常々願っています。図書館が使えるためには様々な工夫をしていますが，その一つが毎年，年度初めに行うオリエンテーションです。

　4月，新学期が始まると間もなく，学校図書館のオリエンテーションを行っています。それは図書の時間に行うのですが，2年生から6年生まで，少しずつバージョンアップしたものを行っています。

　オリエンテーションでは，各学年用のパワーポイントを使って説明をしています。以前はプリントを配っていましたが，しょっちゅう忘れていったり，なくしたりしていました。毎年覚えてほしい必要なことは繰り返して伝えるので，パワーポイントで充分対応できていると思います。

　2年生には，まず類の話をします。これまでにも，だいたいは分かっていて，自分で表示を見ながら，本を探すことが出来るようになっていますが，あらためて，ラベルの大きい数字は色別になっていて0から9までわけられていることを確認します。

　「これは本の住所のようなものなので間違えるとたいへんです。みんなのお家にちゃんと郵便物が届くように，間違えたところに本を置いてしまうと，探せなくなってしまいます。」という話をします。その後，本の読み聞かせを行います。『としょかんへいくピープちゃん』クレシッダ・コーウェル作／佐藤見果夢訳（評論社），『ビバリーとしょかんへいく』アレクサンダースタッドラー作／まえざわあきえ訳（文化出版局），『がちょうのペチューニア』ロジャー・デュボワザン作／松岡享子訳（冨山房），『としょかんライオン』ミシェル・ヌードセン作／ケビン・ホークス絵／橋本友美子訳（岩崎書店），『コアラとお花』メアリ・マーフィー作／ひだみよこ訳（ポプラ社）などです。これらの本の中から2冊の読み聞かせを行います。『としょかんへいくピープちゃん』は，ヒツジを探すのに，料理の本？それとも事件？小説？科学？と，ヒツジの何を探すかによって図書館のどこへ行ったらいいか，本の内容で分類されていることが分かる絵本です。『ビバリーとしょかんへいく』は，借りてきた本がおもしろくてうっかり返却期限が過ぎてしまってどうしようと悩む女の子の話です。牢屋に入れられるかな？高い罰金を払わされるか？とびくびくして返しに行くお話です。『がちょうのペチューニア』は，

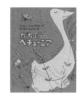

ペチューニアが本を拾いました。そういえば，本を持ちそれに親し
むものはかしこくなるっていっていたことを思い出し，自分はかし
こくなったと思い，どこにでも本を持ち歩きます。ところが，本は
もっているだけではだめだということに気がつくお話です。『としょ
かんライオン』は，中学などでも購入されている学校が多いのでご
存じの方も多いと思います。図書館は来る人を拒まずだれでも受け
入れてくれる所だというおはなしです。そして，『コアラとお花』
は残念ながら現在絶版です。コアラがだいじな花を枯らしてしまい
ました。だれに聞いたらいいかと思いロバに相談しました。ロバは
コアラを図書館に連れて行ってくれました。コアラは，分からない
ことはここで調べることが出来ることが分かりました。

　どの本も，それぞれオリエンテーション向きだと思っています。

　高学年のオリエンテーションでは，分類のことを詳しく説明します。その時，日
本十進分類法が出来た経緯を話し，デューイ十進分類法のことを示し，この体系を
もとにして作られた話をします。高学年のオリエンテーションでは『図書館ねこ
デューイ』ヴィッキー・マイロン作／羽田詩津子訳／早川書房（又は『図書館ねこ
デューイ』角川つばさ文庫　ヴィッキー・マイロン作／岡田好恵訳／霜田あゆ美絵
／KADOKAWA）のあらすじを話し，紹介します。

　アメリカ，アイオワ州の小さな町スペンサーの公共図書館で飼われていた1匹の
ねこ「デューイ・リードモア・ブックス（DeweyReadmoreBooks）」の生涯の
物語です。このネコは度々マスコミで取り上げられました。デューイは，厳寒の朝
ブックポストから聞こえてくるネコの声に気がついて開けてみると，子ネコが捨て
られていました。そのネコにデューイという名前をつけて図書館で飼うようになり
ました。毎朝，開館する時に入り口でデューイは待っています。その後は自分の好
きな場所で寝ているという生活をしていたようです。そんな話をしたからでしょう
か，この本はこの日以来，良く借りられますし，予約までして借りていく子どもも
います。

　本校の図書館では，色々な場面で本を紹介しますが，オリエンテーションは，毎
年こんな本を使っています。

「学図研ニュース」No.360　2016.2.1号（学校図書館問題研究会・発行）に掲
載した文章を，学校図書館問題研究会の承諾を得て転載しました。

出典：『読書・情報リテラシー——東京学芸大学附属世田谷小学校』（吉岡
　　　裕子，2016年3月18日）

6 | 資料・情報の提供（1）

前田稔

《**目標**》 閲覧と貸出で本のなかの心と子供の心の出会う機会を増やして新しいハートを誕生させる。

《**ポイント**》
- 知的な欲求を早く確実に満たすように資料の案内をする
- 学校図書館では閲覧中も積極的に案内を行う
- いつでも定位置の図書にアクセスできるように注意を払う
- パンフレット類を有効活用できるように提供する
- 図書を宝物のようにしまい込まない
- 貸出冊数の目標は慎重に定めて運用する
- 閑散と繁忙の両方に対処する
- 読書履歴を個人情報として慎重に取り扱う
- 返却が次の貸出に繋がるように工夫する
- 借りたものを適切に返す生活習慣や自己管理力を支援する
- 必要な図書を確実に入手する保証を予約サービスで提供する
- リクエストサービスによって購入の希望を実現する

《**キーワード**》 利用指導，閲覧サービス，貸出サービス

1. 資料・情報の利用案内と閲覧サービス

(1) 知的な欲求を早く確実に満たすように資料の案内をする

　第6章から第8章までは，資料・情報の提供について述べていく。学校図書館学における「情報メディア」という用語とほぼ同義である。すなわち，学校図書館サービスが提供する，図書・雑誌・CD・DVD・イ

ンターネットなどの情報をすべて含めた総称として用いられる。

　利用の案内について，資料・情報の提供の観点からすると，子供が知りたいと思ったときに，その知的な欲求を早く確実に満たすことが優先すべき事項となる。ここでいう即時性については，インターネットで検索したほうが求める情報にたどりつけそうな錯覚に陥ってしまうかもしれない。確かに，富士山の高さや東京都の面積といった形式的な事実や，問いと答えの組み合わせが確立している領域についてはインターネットが得意な面も多いだろう。しかし，一義的ではない概念を深めることや，問いの解決に向けたプロセスを教育的に重視するのであれば，いわば機械まかせのインターネットよりも，図書を使いつつ，図書を利用する教育的効果を可能な限り高めることに向けた支援が，学校図書館サービスの内容となる。なかでも，日本十進分類法は極めて合理的なしくみである。すべての図書が10のカテゴリーに分けられ，さらに10のカテゴリーに細分化され続ける美しい世界のなかで，子供たちが自由自在に行き来できるようになることが理想である。

　学校図書館に来れば，どんな知りたいことでも解決できる実感を積み重ねつつ，目次や索引を参照しながら短時間で内容を把握し，求める図書に直感的にたどりつく技能を身につけられるように，手助けしていくことになる。

(2)　学校図書館では閲覧中も積極的に案内を行う

　閲覧サービスは，あらゆる種類の図書館において最も基本的な機能であるが，学校図書館では利用の案内や声がけとの一体性が強くなる。公共図書館の場合，比較的調べたい内容が定まった上で来館しており，利用者は専ら単独で本棚を巡っていく。カウンター外におけるコミュニケーションはフロアワークと呼ばれるが，教育的な作用というよりも，

利用者から話しかけられて応答することや，迷っている際への手助けをするなど，基本的には受動的なサービスとなる。これに対して，学校図書館では特に調べ学習ないし探究型学習の一環として利用する際には，一人一人が，個性的な問いを立てていく積極的な側面も強い。グループ活動の際には特に互いの動き方を確認しながら調べ学習を進めていくことも必要になる。問いをうまく立てられなかったり，調べ方が未熟なために求める情報に近づけず，たちすくんでいたりする子供のサポートや，正解のある問題を早く解いたかのごとく終わったと言って休んでいる子供に，さらなる探究心を喚起することなど，学校図書館が提供するサービスは，公共図書館よりもいっそう積極的な働きかけを伴うものである。限られた授業時間内で学校図書館を利用する際には，閲覧に対する適切な補助こそが，授業の成否に大いに影響を与える。

　タブレットパソコンを使った調べ学習に比べて，図書を使えば，何に子供が関心を持っているのか，どのような道筋で思考を進めているのかを把握しやすく，積極的な声がけをしていくことで，学習の質が飛躍的に高まっていく。ときには，書架で調べる時間を単なる自由時間としておしゃべりに費やしてしまう子供や，マナーに反する行為をする子供に対する適切な働きかけとして，瞬時に注意・指導することが有効なこともあれば，関連する図書を具体的に見せることで団らんを中断させ図書へ誘導することもありうる。

　学校図書館における閲覧には，他者とのコミュニケーションをとるアクティブな場であるという側面も含まれ，物音ひとつたててはいけないという閲覧のイメージからの意識改革が求められる。コンテンツというものは，消費されればされるほど，ニーズを支援者が予測しやすくなる性質を持つ点にも配慮するとよいだろう。

⑶　いつでも定位置の図書にアクセスできるように注意を払う

　ところで，読書活動や学習活動のために有効な閲覧環境となるためには，魅力的な図書が揃っていることが絶対条件であることは言うまでもないが，図書館に鍵がかかっている時間が長いのであれば，閲覧サービスを十分に提供していることにはならない。図書への抵抗感がある子供であっても意欲が増すような，明るく親しみやすく快適なサービスへ，常にアクセスできる運営を目指すべきである。特に高校では，子供自身が授業を選択できる幅が広いため，空き時間を図書館で過ごせるように一日中いつでも閲覧サービスを提供する必要性が高い。書架については，可能な限り開架式を採用することが望ましい。スペースの都合で閉架を設ける場合であっても，児童・生徒が必要に応じて出入りできるようにしたいところである。

　学校図書館でしばしば困難をもたらすのは，図書の乱れである。公共図書館や大学図書館といった大規模な図書館では，本棚への返却を利用者自身が行わないようにしている場合も見受けられる。しかし，学校図書館ではそれぞれの図書の定位置への理解をすすめていくという利用指導の側面もあり，閲覧した際に元に戻す指導を徹底させていくことに教育的意義が認められる。以前は，「代本板」といって，子供の氏名が書かれた板を，図書を取り出した空間に差し込むことが広く行われており，図書の乱れが防止できていた側面もある。しかし，1冊ずつしか取り出せない欠点や，近年はプライバシーを重視する流れもあり，ほとんど使用されていない状況である。また，代本板を使うと，子供があまり考えずに本を戻すことができるため，情報活用能力の育成という観点からすると，必ずしも合理的な方法であるとは言えない面もある。

⑷　パンフレット類を有効活用できるように提供する

　閲覧を前提とした資料として，パンフレット類がある。パンフレット
類は非定型的であるため，整理・保存することが難しい。一方，社会に
開かれた教育課程を，子供たちの興味関心を出発点にしながら展開する
ことに，パンフレットは長けている。無料であることがほとんどであり，
入手しやすい資料である。視覚に訴えるデザインが多いため，図書館の
なかに彩りを与える存在として，面出しをして表紙を一覧できる態勢を
整え，気軽に手に取れるようにしておきたい。子供たちや教職員に日常
生活や旅行の際に目についたパンフレット収集を依頼することで，参加
型で主体性を生かした多様な資料収集が可能になる。近隣の博物館や美
術館の特別展パンフレットのような旬のパンフレットについては，時期
が過ぎたら適宜入れ替えていく。小学校・中学校の英語の学習指導要領
でも重視されている。中学校では，「日常的な話題について，簡単な表
現が用いられている広告やパンフレット，予定表，手紙，電子メール，
短い文章などから，自分が必要とする情報を読み取る活動」が求められ
ている。英語の授業と連動させていくとともに，複数の言語が記載され
ている観光パンフレットについても収集・提供していくことで，英語以
外における表現にも親しみを持つことが可能になる。

2.　貸出サービス

⑴　図書を宝物のようにしまい込まない

　およそ図書館の歴史のなかで，貸出サービスを提供することは画期的
な出来事であった。パピルスや羊皮紙，木簡・竹簡のように，文字がメ
ディアに記録されることは，同時に，蓄積された情報を整理し利用する
ことを必然的に伴うものであったが，たとえ写本を行っていたとしても

なお貴重な宝物として，鎖でつないだ図書を閲覧させる制限的な方法が長らくとられてきた（鎖付図書）。印刷技術の発展に伴う廉価化や，耐久性のある製本・装備技術の発展に伴い，利用されてこそ図書の存在意義があるという思想的背景も相まって，図書館外への貸出サービスが一般化してきた。このことは，公共図書館・大学図書館・学校図書館すべてに大きな影響を与えながら，現在の図書館像を形づくっている。ところで，商業施設によっては，お客様の目線に立つために「売り場」ではなく「お買場」と呼ぶそうである。その点からすると，「貸出サービスを受ける」という言い方に少し違和感を覚えるほうがちょうどよいのかもしれない。

　学校図書館における主たる貸出対象は児童生徒ではあるものの，教職員や他校，保護者への貸出，さらには学校図書館の地域開放を行っている場合は市民に対する貸出まで視野に入れることになる。知的財産を気軽に共有していくという視点で，学校図書館の資源を可能な限り有効活用していく。また，通常の貸出のほかに，禁帯出図書の一夜貸出や，クラブ活動や委員会活動への組織貸出サービスなど，柔軟な貸出形態について，自校の実態に合わせて実施するとよい。

🔍鎖付図書

(2)　貸出冊数の目標は慎重に定めて運用する

　学校図書館ではしばしば貸出冊数を重視しすぎる，いわゆる貸出冊数至上主義と批判される場面に遭遇する。冊数の目標達成ばかりに気をとられたり，子供たち同士で冊数をむやみに競わせたりするだけでは，読書を通じて，学校教育において求められる資質能力を高めていくことには繋がらない。1冊の本を，時間をかけて丁寧に読むことの価値を没却する要因にもなる。一方，閲覧と異なり貸出冊数は数値で表すことが可能であるため，統計により算出された貸出冊数は学校図書館が活性化で

きているかのバロメーターのひとつになる。また，分類ごとの貸出実数
や増減数に注意をはらうことで，行った施策の検証や今後の改善に向け
た基礎資料となりうる。ほかに苦手なことが多くても読書が好きな子供
にとって自己の存在意義を確認できる手立てとして自信を得られるよさ
もあろう。学校図書館を重視した学校教育へと変革していこうとする管
理者にとっては，教職員全体が共通認識を深め，目標に向かって一丸と
なっていくための客観的な指標のひとつとして有効な面もある。筆者は
沖縄県にある離島のいちばんはずれにある小学校・中学校の併設校の学
校図書館を見学しにいったことがある。全校生徒がわずか数名であった
にも関わらず，豊かな本と学校司書の配置がなされていて，数多い貸出
冊数の目標を設けていた。そこで，校長に理由を聞いたところ，高校生
になったら必ず島を出なければならない子供たちに読書を通じて幅広い
視点を身につけさせ，中学校卒業の時点で大人として送り出すためであ
るとのことであった。貸出冊数については形式的に考えることなく数値
に託した思いや目的を，十分に斟酌していくべきであると強く感じると
ころである。

(3)　閑散と繁忙の両方に対処する

　学校図書館における貸出は，対象者の数や層が限定されているため貸
出の態様や傾向を予想しやすく，しくみを整えやすい点がある。例えば，
公共図書館であると，貸出方式の変更があった際には，幼児からお年寄
りまで理解できるような周知方法と説明対応が随時求められるが，学校
の場合は利用教育の一環として組み込むことで，短期間に全校の一定理
解を得ることが可能である。また，公共図書館と異なり，あまり人のい
ない閑散時と，大勢でにぎわう繁忙時の差が大きいことへの対処が必要
となる。長期休業前後は，特別貸出による大量の図書が集中する。一日

のなかでは，始業前と昼休みの手続が間に合わなければ次の授業開始に子供たちが遅れてしまう。学校図書館が活性化して，多くの子供たちが頻繁に貸出・返却手続きを行うようになると，迅速・確実にサービスできるようにいっそう改善していく必要に迫られる。例えば，学校図書館のなかで社会科の調べ学習を行ったときに，子供たちが手に取った図書を借り受けて持ち帰ることができなければ，図書を読み込むことを通じた授業時間外の主体的な学びに導くことができない。授業時間内であっても，短時間に必ず貸出処理が完了する安定性があれば，学校図書館のなかで各教科の授業を安心して行ってもらうことが可能になる。

(4) 読書履歴を個人情報として慎重に取り扱う

バーコードや IC タグによるコンピュータを使用した貸出が望ましいとはいえ，公立学校では紙製のカードによる貸出方式が使われていることも多い。児童生徒の氏名が残るカード式はとくに貸出履歴（読書履歴）のプライバシーとの関連で難しい問題をもたらす。これは我々のスマートフォンにおけるウェブサイトの閲覧履歴をほかの人に見られたくないという感覚と同様の意味があり，ともすると借りることをためらってしまう原因にもなる。一方で読書傾向を把握して読書推進に関する指導に役立てたり，自分より前の借受者を見て親しみを感じて読書空間を間接的に共有する効果，卒業時までの蓄積が記念と自信，振り返るきっかけづくりを持たす側面もある。貸出に関する記録は重要な個人情報のひとつであることの認識と，もし貸出の履歴を返却後も残すとしても，生活指導に過度に使用したり思想傾向を調査するために使ったりするなどの，学校図書館サービスの本旨に反することは避けるべきである。

また，貸出履歴はタイトルの羅列であるにすぎず，極めて限定された情報しか見いだせない点に配慮する。図書のタイトルは著者や出版社側

からすると確実に売るために少ない語数のなかで強めの言葉遣いで工夫してタイトル名を設定しているのであり，読むことで得られる様々な体験を必ずしも表してはいない。子供がその本を手に取った動機までは推測できないことからすると，実際にその本を最初から最後まで読んだことがないにも関わらず，貸出履歴に記されたタイトルだけを見て一方的に子供の内面を決めつけていくことは避けたいところである。いわば推理小説を読んでいる者をすべて犯罪者予備軍とみなしてしまうようなものであり，自由への侵害の危険が生ずる。その反面，貸出履歴を通じて読書の奥底から垣間見える表面上はわからない子供の本質的欲求や葛藤に寄り添いながら，閉塞感から安らぎへと自力で抜け出すことを支援することは，自由への助力である。自由に関するこの紙一重のパターナリスティックな部分に学校図書館サービスの持つ高度な専門性が現れていると言えるだろう。

　また，貸出履歴の秘匿性を重視する運用を行っている場合であったとしても，読書内容や読書相談を通じて結果的に深刻な心の悩みや家庭生活上の重大な問題を知ることで児童生徒の生命身体に関して差し迫った危険を感じた場合は，例外的に，学校内の心理の専門家らと相談する対処が必要になってくる場面も生じうる。また，公共図書館のように職員が貸出を担当する場合とは異なり，貸出手続について，図書委員が行う場合も多く，そのこと自体への教育効果も高いとはいえ，担当する図書委員に対してプライバシーに関する配慮が必要である点を認識してもらうことも忘れてはならないだろう。

⑸　返却が次の貸出に繋がるように工夫する

　貸出と対になるのが返却である。貸出手続の際に返却期限を知らせることになるが，返却期限票をつくりダイアル式でセットする日付スタン

プを押したり，図書に貼り付けられたマス目状の用紙に子供自身が記入したりする。コンピュータのプリンタで印字することもある。返却期限票の場合には，イラストや標語，学習クイズを付するなど読書推進・学習への補助を兼ねた工夫を行うことも考えられる。返却が次の貸出に繋がるように工夫する。

　図書返却箱や返却スペースを校内における図書館外の場所に設けることで，閉館中でも返すことが可能になるが，離れた場所であると運搬の手間がかかるほか，図書館内の書架への再来訪を促すねらいからは，閉館中の返却は認めず，延滞については柔軟に対処していくということも考えられる。

⑹　借りたものを適切に返す生活習慣や自己管理力を支援する

　返却期限の延長を認めるか，認める場合の条件や方法については，貸出手続と同様に十分に周知しておく必要がある。大人になると消費貸借（お金を借りる）や賃貸借（有償で借りる），使用貸借（無償で借りる）といった，様々な貸し借りが日常的に行われる。にも関わらず，学校教育のなかで，学校図書館ほど借りたものは適切に返すという基本的な生活習慣・自己管理能力を頻繁に問われる場はほかにはないだろう。その意味で，返却期限を過ぎても返されない場合の督促については，生活習慣の指導を直接的な使命とはしていない学校図書館担当者が出向いて督促するのではなく，一人一人の子供のことを十分に把握している存在である担任を通じて通知するといった間接的な方法をとることが望ましい。その際も，返却期限に関するルールを破ったということを責めるのではなく，皆の共有物との接し方を子供自身に考えさせる機会として捉えたいところである。

　未返却図書の有無と量を確認する作業手順が前提となることから，近

年は貸出・返却管理をコンピュータで行うことが多くなってきているが，それでも延滞状況については定期的にチェックしていく必要がある。これは規範意識の醸成についての問題でもある。返却の遅れについてたまには大目にみることがありうるとしても，いつまでも借りていても大丈夫であると子供が認識してしまい例外が常態化することのないように配慮する。長期休暇の後には未返却が生じがちであるので，年間運営計画のなかに点検時期を明記しておくとよいだろう。同様に紛失の際の手続きについてもあらかじめ明確な手順を定めておく。弁償すればよいというものではなく，あくまでも教育的な配慮の視点から，対応していくことが大事になる。

3．予約サービス

(1)　必要な図書を確実に入手する保証を予約サービスで提供する

　ほかの誰かが借りている本の順番待ちを登録し，自分の順番がきたら連絡してもらうサービスを予約サービスと言う。公共図書館の場合は，豊富な資料数，コンピュータによる管理，図書館への住民のアクセスの際に距離があるといった特性があることから，予約サービスが実施されている図書館がほとんどであろう。最近では，予約済み資料の到着を電子メールで受け取ったり，順番をインターネットで確認できたりする公共図書館も多くなってきた。人気のある本は本棚に戻される間もなく，本館・分館間での移送により市民の間を回転してばかりである状況も生じている。数多くの予約を集める図書は数カ月から数年待ちとなる。

　学校図書館の場合，コンピュータによる自動化システムが校内に整っていないときには，運用に手間がかかるため，必ずしも予約サービスを実施しているわけではない。返却された本をいったんは本棚に戻すこと

を通じて人気のある図書も本棚に豊富に揃えつつ，知的好奇心と学びに向かう力を融合させる教育，すなわち，知りたいという気持ちが沸き上がった瞬間を大事にしながら，即時に知的探究心を育てるという教育上の観点から，サービスのなかで優先順位はあまり高くない面もある。それでも，必要とする図書を手に入れられる保証と安心を児童生徒が得ることができることから，手順や通知の出し方を工夫しながら，実施を検討してみるのもよいだろう。

　予約がなされた時点で，コンピュータを使わない場合は貸出記録に印をつけるか，予約中の図書リストに加えていく。予約済みの本が返却されたら，予約図書の掲示コーナーで到着を知らせたり，担任を通じて図書の到着を通知するといった対応を行う。子供たちは急速に成長していくので，半年や一年も順番を待っていたら関心がほかに移ってしまう。待ち時間が長くなりすぎるようなら，予約を停止するしくみにしたり，公共図書館への案内を行ったりすることも必要になる。

(2)　リクエストサービスによって購入の希望を実現する

　予約サービスと類似したサービスとして，購入希望に応じるリクエストサービスがある。購入希望図書のアンケートを募ることも，リクエストサービスに含まれる。リクエストがあった場合は，必ず購入するわけではなく，図書選定委員会で検討することになる。全体の蔵書構成との兼ね合いや，特定の子供の要望ばかりに応じていないかという点も考慮していくことになる。シリーズ物のなかの1冊を要望に応じて購入する場合は，シリーズ内の残りのすべての図書も併せて購入するのか否かとの兼ね合いにも配慮する。全く読まれることのない図書と比べると，リクエストに応じて購入した図書は一度でも借りられることが保証されているという側面もある。また，購入して欲しい本のアンケートを各クラ

スでとったり，児童・生徒・職員に積極的に話しかけてリクエストをしてもらったりすることで，学校図書館の運営に積極的に関わるきっかけづくりにもなる。

4. 学校図書館ガイドラインと資料・情報の提供（1）

　本章では，図書館の基本的なサービスである，閲覧サービスと貸出サービスについて概観してきた。このことは，サービスの提供を受ける子供の立場からすると，その場で読むことと，借りて図書館の外で読むことの違いでもある。閲覧も貸出しもできないならば，読むことを否定することであり，それではもはや学校図書館とは呼べない。学校図書館を本の倉庫とせず，読書材を通じた居心地のよい環境を形づくるための必要不可欠な基本要素であると言えよう。

□ 学校図書館を児童生徒及び教職員の利用に供する。　　　➡ GUIDELINES (1)

□ 図書などの館内・館外貸出しなど資料の提供サービスを行う。➡ GUIDELINES (3)

□ 児童生徒や教員が相談できる，声をかけてもらえる「直接的支援」を行う。

　　　　　　　　　　　　　　　　　　　　　　　　　➡ GUIDELINES (4)

□ 図書資料の提供サービスを実施する。　　　　　　　　➡ GUIDELINES (5)-1

□ 貸出し・返却手続を円滑にサービスする。　　　　　　➡ GUIDELINES (5)-3

先生のための
授業に役立つ

ケース
スタディ
5

学校図書館　活用データベース

SELECT

●授業実践「保健課題学習」

（校種：高校，教科・領域等：保健体育，対象学年：高2）

活用・支援の種類

資料提供・パスファインダー提供・レファレンス

図書館とのかかわり

保健に関わる課題について，グループで調べて発表する授業を図書館でおこないたい。

授業のねらい・協働にあたっての確認事項

保健に関わる課題について，グループで調べ，発表する授業を行う際に，図書館を利用したいということだった。課題の設定から，個人レポートの作成，グループ発表準備までの約5回を図書館で行われた。学年の全クラスが同じ授業を行うということで，資料は貸出しをしないで，館内利用とした。

提示資料

テーマの設定や調べ始めでは児童書を含めたわかりやすい資料が多く使われ，調べていくにしたがって，一般書や雑誌，白書などが使われていた。「身体に良い食べ物」をテーマに選んだ班でよく使われた本を紹介する。

・『ポプラディア情報館　食と健康』ポプラ社　豊川裕之監修　2006年
　食生活，食文化について幅広く，基本的なことがわかりやすく解説されている。
　調べるトピックを考える際にも参考になる。
・『目で見る栄養』ドーリング・キンダースリー編　大塚道子訳　さ・え・ら書房
　2016年

栄養についての様々なトピックがビジュアルに見やすい。栄養素についての解説を生徒はよく利用していた。
・『なにをどれだけ食べたらいいの？』第 3 版　香川芳子監修　女子栄養大学出版部　2016年
食品のバランスを考えて食事を組み立てるためにわかりやすい一冊。

授業者コメント

　資料が分野別に分類されてピックアップされていたので，生徒は探しやすかったと思う。すぐによさそうな本などを見つけることはできていたが，ネットで簡単に何でもピンポイントで探すことに慣れているためか，資料を読み込む，必要な情報を集める，ひろう，などの作業がなかなか難しいようだった。しかし，時間をとって資料を読んだり，必要なところをまとめたり，探したりと生徒たちはよく集中してやっていたように思う。

　ついでに他の項目も読んだり，違った角度から見ることも本だとゆっくりできるように思う。インターネットは今後いろいろ使ってやることも多くあると思うので，他の方法を学ぶためにもとても有意義であったと思う。

　今後，新しい情報を得るためにも，本の更新はこれからも続けてほしい。

司書・司書教諭コメント

　図書館からは，調べ方の説明のプリント（パスファインダー）と授業前のガイダンスを行った。資料は，先生から提示された30の課題のテーマごとに，約500冊をブックトラックにまとめておいた。

　資料は個人レポート作成時だけではなく，テーマを選ぶときや，発表用のペープサートの絵を描くときに使うなど，様々な場面で活用されていた。

　テーマの設定からレポート作成，発表までを一通りおこなっていたので，2 年次の後半から 3 年次にかけて探究の時間におこなう卒業論文の作成にも役立たせることができると思った。

出典：『授業実践事例―東京都立町田総合高等学校』（授業者：根立浩司，
　　　大木直子，竹中康雄，事例作成：千田つばさ（2020年3月））

7 | 資料・情報の提供（2）

前田稔

《**目標**》 図書館には様々な種類の資料・情報がある。それらの特性に合わせた活用ができるように子供たちを支援する。

《**ポイント**》
- 資料紹介では提供可能な全資料を分類や媒体の種類別に示す
- 実態を反映した正確な資料紹介サービスに蔵書点検を役立たせる
- 図書とは49ページ以上の非定期刊行物であることを意識する
- 図書だけでは古くなりがちな情報を逐次刊行物で補う
- 新聞を複数紙配備して，新聞を活用した教育をサポートする
- 印刷資料以外にも非印刷資料を積極的に提供する
- 学校図書館で所蔵する資料の特色を生かして案内する
- パスファインダーは道しるべ。子供たちにも作成させる
- ブックトークで多様な見方・考え方をテーマに沿って紹介する
- レファレンスサービスを通じて主体的・対話的で深い学びを提供する
- 子供とともに資料を知り・学ぶ意識でサービスラーニング化する
- 即答できないときも子供の期待感を裏切らないようにベストを尽くす
- カウンター付近の百科事典・国語辞典・インターネットを役立たせる
- 授業中の資料相談にはねらいに応じて瞬時かつ的確に対応する

《**キーワード**》 資料紹介，資料相談

1．資料紹介

⑴ 資料紹介では提供可能な全資料を分類や媒体の種類別に示す

　学校図書館において何があるのかを伝えるのが資料紹介と資料案内で

ある。学校図書館の場合は公共図書館に比べて規模が小さいため，それ
ほど多彩な資料を有しているわけではないが，両者を区別するとしたら，
資料紹介はおよそ図書館で提供可能な全資料を分類や媒体の種類別に示
すことであり，資料案内は，利用目的に合わせて提供可能な資料を内容
別に整理して示すことを意味する。

　資料紹介は，利用案内冊子で行うことのほか，校外向けの学校図書館
の要覧，学校全体の要覧，学校図書館のホームページに記載する事項と
なる。最も基本的なものは蔵書構成であり，0類○○冊，1類○○冊，
2類○○冊・・・計○○冊といった要領で分類別に冊数を記載し，併せ
て総数に対する蔵書の比率をそれぞれの類ごとに示す。近年ではコン
ピュータによる管理を導入している学校も多く，その場合はコンピュー
タ目録で集計された数字を転記する。

(2)　実態を反映した正確な資料紹介サービスに蔵書点検を役立たせる

　正確な資料紹介サービスを行うには，自館の図書の冊数実態を正確に
把握していることが前提条件になるため，コンピュータ利用の有無に関
わらず毎年計画的に蔵書点検作業を行うことが不可欠となる。蔵書点検
は長期休業中に図書館ボランティアや短期雇用・委託の者とともに一斉
に行うことが多いが，子供の自主的な管理能力を育むことを兼ねて図書
委員と一緒に通常の時期に実施する場合もある。登録に誤りや漏れがな
いか所在確認をしながら，日常的な書架整理作業と同じく，あるべき場
所に戻されていない書架の乱れを正して所在記号の位置に並べ直す。蔵
書点検の結果，所在不明の本や破損が激しい本が見つかった場合は，払
出しの対象とし，破損が軽微であれば修理に回す。

　コンピュータ管理がなされていない場合は，蔵書点検は大がかりな一
大イベントとなるが，コンピュータを使用しているときも，プリンタで

打ち出した図書リストをもとに所在を照会・確認する方法と，一冊ずつバーコードを読み取っていく方法がある。無線 IC タグを利用したシステムの場合は，ハンディターミナルで本の背表紙をなぞっていくだけで所在の点検ができ，図書の有無に限って言えば，短時間で館内の全冊数をチェック可能である。

⑶　図書とは49ページ以上の非定期刊行物であることを意識する

　資料紹介の際には分類別の蔵書数のほかに，媒体の種類別に，どのような資料を所蔵・提供しているのかを示していくことが必要になる。内容面では，一次資料（原典）と二次資料（辞書・事典，書誌，抄録誌）を区別したり，和書と洋書に分けたりする。資料の形態では，図書と図書以外の資料であったり，文字系・非文字系の資料，図書館が購入した資料とファイル資料のように校内で作成された資料，印刷資料と非印刷資料の区分がなされる。

　印刷資料のなかでも代表的な資料は「図書」である。ユネスコの定義によれば，国内で出版され，かつ，公衆の利用に供される少なくとも49ページ（表紙を除く。）以上の印刷された非定期刊行物であるとされる（A book is a non-periodic publication of at least 49 pages exclusive of the cover pages, published in the country and made available to the public.）。国際機関のなかで図書館関連を担っているユネスコが1985年の『図書，新聞及び定期刊行物の出版及び配付についての統計の国際的な標準化に関する改正勧告』で示したものであり，資料紹介における図書冊数（統計冊数）についても基本的には妥当する。

　学校図書館の場合は比較的少ないページの冊子も図書として扱われる実態もあり，49ページ以上であることを厳密に遵守する必要まではない。とはいえ，全蔵書冊数は文部科学省が，校種や規模に応じて学校図書館

に整備すべき蔵書数の標準として定める『学校図書館図書標準』との関連で，自校の状況が客観的に比較される重要な意味を持つことは意識しておくべきである。

🔍学校図書館図書標準

⑷ 図書だけでは古くなりがちな情報を逐次刊行物で補う

　雑誌・新聞・年鑑・研究紀要のように，出版終了時期を予定せず定期・不定期に発行し続ける出版物を逐次刊行物と言う。雑誌については，小学校の場合，そもそも小学生を対象とした出版物が多くない。しかし，調べ学習において図書のみでは古くなりがちな情報を補う役割を担うほか，理科や社会における時事的なトピックへの入り口になったり，趣味を楽しむ満足感を得る切り口になる。そのことが教科への関心を深めていくきっかけづくりに役立つ。中学校・高校になるに従って，多くの雑誌タイトルが置かれるのが通常であり，図書館の魅力をアピールする要素として特に高校の図書館では，提供している具体的な雑誌タイトル名を利用案内の冊子やウェブサイトで列挙することが見受けられる。雑誌は消耗品に近い性質を持ち，年間購読の形態もあるため，図書とは別発注・別会計・別登録になっている学校もあり，貸出サービスを行う場合であっても，直近の号は貸さない傾向がある。標準的なタイトル数については，全国学校図書館協議会による『学校図書館メディア基準』を参照するとよい。

🔍学校図書館メディア基準

⑸ 新聞を複数紙配備して，新聞を活用した教育をサポートする

　逐次刊行物のなかでは，最近では新聞の提供サービスは急速に充実してきている領域である。新聞は学校図書館の資料群のなかでは，社会に開かれた教育課程という学習指導要領の理念に最も近い存在である。各家庭が必ずしも日刊新聞を購読しない状況もあり，子供が現実社会の諸

課題を多面的に考察し，公正に判断する力を身につけることに向けて，2017（平成29）年度からの『学校図書館図書整備等5か年計画』で地方財政措置が行われている。各市町村での予算化が必要ではあるものの，図書整備1,100億円，学校司書の配置1,100億円に加えて，新聞配備は150億円（小学校1紙，中学校2紙，高校4紙を想定）となっている。資料紹介には，購読している新聞の種類数をまず示し，それに続いて，例えば○○新聞・××新聞といった形式で具体的な新聞紙の名前を記載していく。

　新聞を活用した教育はNIE（Newspaper in Education）と呼ばれている。学校図書館は，配備された新聞の提供を通じてNIEをサポートする。読み比べ用に複数紙を提供するだけでなく，1カ月分程度は蓄積することで，時間軸を前後させた調べ学習や，様々な表現の発見や批判的検討に役立てることが可能になる。各新聞社は学校の教材使用に限定して低廉な紙面提供価格を設定している。図書館でクラス人数分の新聞を購入し館内でのNIEの授業をサポートする。また，日常的にクリッピング（切り抜き・スクラップ）を行うことによって，例えば研究校指定を受けている領域，地域や自校に関わる記事を集めて再構成するといったサービスを提供していくことになる。　🔍 NIE

⑹　印刷資料以外にも非印刷資料を積極的に提供する

　そのほかに資料紹介に含まれる代表例として，視聴覚資料がある。CD・DVD・ブルーレイといったメディアの種類ごとに，所蔵タイトル数を示していく。オンラインデータベースの契約がある場合は，新聞，参考資料（辞書・事典），データ集，電子書籍に分けてそれぞれの数を記載する。また，それぞれのデータベースで何が得られるかを推測できるように，契約タイトル名も併せて示す。また，小学校の場合は，特大

絵本や大型紙芝居，パネルシアター，エプロンシアター，ペープサート，指人形，パペットといった，多様な資料を明示することで利用が促進される面もある。その際は特大絵本用スタンドや紙芝居用舞台といった補助用具の用意状況も併せて記載する。

2. 資料案内

(1) 学校図書館で所蔵する資料の特色を生かして案内する

　利用目的に合わせて提供可能な資料を内容別に整理して示すのが資料案内である。資料紹介は包括的であるのに対して，資料案内は場面に応じた限定性を有する。同一カテゴリの資料の説明と活用方法を記していく場合のほか，ブックリストを示す場合がある。また，両者を複合した性質を有する資料の例としてパスファインダーや，複数の資料を使って口頭で資料を案内するブックトークの手法がある。資料案内サービスの対象は子供たちだけでなく，教職員や保護者，学校外の不特定多数の人になる場合がある。その人たちが図書をどのように利用するのかを想定しながら，それに合わせて柔軟に案内できるように事前に準備をしておく。

　案内される例としては，保護者などから寄贈された図書類，特定の人から寄贈された一群の文庫，地域と関わる郷土資料，貴重資料，学校にゆかりのある卒業生などに関わる特別コレクション，在籍教員の著作や関連書，卒業生の関連著作，地図，楽譜，博物館的資料，洋書・洋雑誌・英語多読用図書・語学学習図書，指定図書・推薦図書，課題図書，各種試験関係図書，キャリア教育図書，入門書，新着資料一覧，予約の多い本リストといったものを挙げられるだろう。これらは，特色ある学校図書館づくりを推進することへも役立てたい。また，図書館内の資料だけ

でなく，図書館外だが学校内の職員室・教科準備室・学年室・研究室などに存在している資料についても案内することが望ましい。

⑵ パスファインダーは道しるべ。子供たちにも作成させる

　パスファインダーとは，図書館が提供できる複数の種類の資料・情報源に関して，特定の主題を軸に解説を加えた案内手法である。情報探索への道しるべとも言われ，公共図書館を中心にパンフレット・リーフレット形態で数多く作成・設置されてきた。多くが非教育的な作用である公共図書館の営みのなかでも，利用者教育的な側面を強く帯びており，気軽に手に取ることができるように，入り口付近の目につく場所のラックに並べてあることが多い。わかりやすい読み物の体裁でトピックへの興味を喚起しながら，自館の資料の特徴や資料の種類や内容に応じた具体的な調べ方を，来館者が自然に学べるように工夫されている。インターネットやオンラインデータベースも情報源として示され，図書・事典・年鑑を含め媒体ごとの特性について結果として実感できる。トピックには広すぎず狭すぎない，適度に横断的に資料を概観できる領域が設定される。感覚的には，直線的に延長・発展していく「探究」というよりも，広がりのある平面領域を多層的に重ね合わせる「探求」のイメージに近いだろう。

　このような学習支援の要素があるため，学校図書館においても高校の図書館から小中学校へとパスファインダーは広がってきている。学校図書館が資料案内として作成するほかにも，調べ学習活動の一環としてワークシートを使って子供たち自身が作成することもある。

🔍パスファインダー　図書館

(3) ブックトークで多様な見方・考え方をテーマに沿って紹介する

　ブックトークとは，特定のテーマに関連した一連の本について，一冊ずつ紹介していくことで，多様な視点を提示する手法のことを言う。子供たちがまだ認識していない資料の存在を気付かせたり，すでに読んだことのある資料について，異なる角度からの見方・考え方を紹介したりすることに向けて，ブックトークは行われる。図書の魅力を伝え，読みたい気持ちを喚起する。紹介の順番や時間配分について事前に十分に練習を行うべきであるが，実施当日の状況や，子供たちの反応を観察しながら，想定した流れを変更することもありうる。

　ブックトークが教科の単元と結び付いたとき，単元自体の理解が促進されるほか，教科横断的な側面を補い，探究心を高めること，図書の読み込み方の例を伝えることに有効に働く。このため，各クラスへの出前授業の際にもしばしば用いられる。単元のはじめに問題提起的にブックトークを行うことが多い。

　体験教育や探究的な学習方法により子供の興味関心や問題意識が拡散しすぎることもある。そのようなときに，頭のなかを整理するために，単元の途中やおわりにブックトークを行う場合もある。

　紹介する本を，ブックスタンドを使って順番に机の上にあらかじめ立てておくことのほかに，黒板に立てかけておくことも行われる。あらすじを知って満足して終ってしまわないように，それぞれの図書の内容をすべて種明かしすることは避ける。読書意欲を喚起するための方法を事前に練りあげ，受け手の気持ちの盛り上がりにも配慮しながら，紹介する順序を工夫する。時間配分については，各図書について平均的に使用するのではなく，メリハリをつける。特に最初と最後の本は長めに設定し，一言程度に短く紹介する本については表紙をしっかりと見せる。終了後も子供が本を手に取ることができる時間を用意するほか，可能であ

れば紹介した図書のブックリストを配布する。　　🔍ブックトーク　やり方

3.　資料相談（レファレンスサービス）

⑴　レファレンスサービスを通じて主体的・対話的で深い学びを提供する

　資料相談のなかには，読書相談も広い意味では含まれるが，狭い意味ではレファレンスサービスに位置付けられる。レファレンスサービスとは利用者の質問に応じて資料を結び付ける活動である。子供たちからすると，調べることが課題として教員より出題されたとしても，何から調べたらよいのか途方に暮れることがあり，レファレンスサービスを通じて補助することで，そのようなストレスから解放され自由を得て，学校図書館がいままでよりも身近に感じられる存在になりうる。学習指導要領が中核的に位置づける主体的・対話的で深い学びを支援者の資料に対する高度な専門性を通じて具現化したサービスであると言えよう。

　公共図書館におけるレファレンスサービスは，専用のカウンターにおいてじっくりと対話しながら行うものであるが，学校図書館においては，フロアの子供たちへ語りかける事から始まる場合もあり，まずは子供たちの目線で質問しやすい雰囲気をつくることからはじまる。また，質問者自身が，何を調べたいのかという問い自体が定まっていない面もみうけられるため，問いをたてること自体にも学校図書館の資料が役立つことを意識させる。児童・生徒と対話しながら，書架から何冊かの例を抜き出して示すことも含め，漠然とした質問内容をより具体化していく。また，授業における指示と関連した質問に有効に対応するためには，あらかじめ授業者とよく相談し，いつどのような単元で何を調べにくる可能性があるのかについて，予想しておく。このような準備を事前に行う

ことで，学び方自体を試行錯誤させる授業のねらいに反して最短距離を示してしまうことや，宿題や課題の答えを教えてしまうことを避けることができる。

⑵　子供とともに資料を知り・学ぶ意識でサービスラーニング化する

　子供たちのなかには資料相談の形式をとりつつ実際はコミュニケーションを楽しむために話しかけてくることもあり，ときには困らせようと難解な問いや社会的に不適切な質問をすることもある。その点はしっかり見極め，心の奥底では何を求めているのかを察しながら対話をしていく。要求を受けた資料を的確に提供しても，そのこと自体で完全な満足に達しないとはいえ，あくまでも資料を通じた対話を行うことが学校図書館サービスの役割である。子供たちは学校図書館のなかで他者と様々な関わり方をしている時間や空間を思いのほか楽しんでいるものである。学習活動や生活上の悩みが少しでも解消される気持ちよさを何度も味わいたくて質問を投げかけてくる子供に誠実に答えていくことは，学校図書館ならではの教育的営みの源泉にもなりうる。

　レファレンスサービスの実施後は，回答プロセスの記録をした上で，正確な情報を提供できたか否かを検証し，成果を再利用する。『レファレンス協同データベース』や本書で紹介している『先生のための授業に役立つ学校図書館活用データベース』などのインターネット上で公開されている事例集やレファレンスサービスを解説している図書を参照しながら，質問に応えられる幅を常に広げていくことも必要である。サービスを提供する側も学ぶという意味で，協働学習的なサービスラーニングである側面が強い。教えてあげているという意識ではなく，子供と一緒に探しながら知ることを喜び，発見を楽しむ姿を間近で見せながら共感し合うことこそ，最大の教育活動になる。

　公共図書館を含めレファレンスサービスは正解や解答に相当する情報を提供するのではなく，資料の案内を通じて情報にたどりつく方法について支援する謙抑的で控え目な側面を持つ。学校図書館のように学び方を学ばせることが目指される場合はなおさら，それぞれの子供の発達段階に応じて，あともう一歩自分自身の力で努力してみようという気持ちを喚起することを目指すことになる。そのためには，子供たちの立場で，どのようなときに課題解決の喜びを得られるようになるかを日常的に意識する。

🔍レファレンス協同データベース

(3)　即答できないときも子供の期待感を裏切らないようにベストを尽くす

　始業前・昼休み・放課後・授業中など時間が限られていて，質問に即答できない場合であっても，後日，声がけをしたり紙に要点を書いて手渡すなど，子供の期待感を裏切らないようにする。また，必ず学校図書館内に実在する資料を案内しなければならないわけではない。有益な指導ができる校内にいるほかの教職員との仲立ちをしたり，レフェラルサービス（類縁機関の案内）として地域の図書館・博物館などの公共施設の紹介や子供の代わりに問い合わせて回答することも子供から学校図書館サービスへの信頼につながる。

　レファレンスサービスの提供態勢が整っていることを知らない子供への周知を図書委員へも含め徹底していくべきである。最終的な目標は，子供が自分自身で調べられるようになることである。辞書や事典類などの二次資料を使って調べる，学び方の指導を徹底し，過去のレファレンス事例を参考にしながら練り上げたり，ガイダンスを充実させたりすることと組み合わせながら，一人でも多くの子供が知る喜びを得る体験ができるようにしていく。図書館内の環境整備においても，案内やサイン

類を充実させ，探しやすくする工夫を行っていく。

⑷ カウンター付近の百科事典・国語辞典・インターネットを役立たせる

　資料を案内するための百科事典や国語辞典などの二次資料は，カウンターの近くの書架におくことで，案内の際に利用しやすくなる。また，ウェブサイトを使った検索もできるように，カウンターにはインターネットに接続できるコンピュータを用意することが望ましい。ただし，貸出返却作業を行うコンピュータと兼用にすることは，インターネットを通じて情報が漏洩したり改ざんされたりする危険があるため，セキュリティには十分に注意する必要がある。

　コンピュータによる目録検索システム（OPAC: Online Public Access Catalog とも呼ばれる）を利用できる場合であっても，決して万能ではないことを意識し，検索の際におけるキーワードの選択を慎重に行い，複合的な検索手法で対象を絞り込んでいきながら，資料を案内する。また，案内を行った際には，その内容の記録をとることで，後日，同種の案内を行う際に参考になる。

⑸ 授業中の資料相談にはねらいに応じて瞬時かつ的確に対応する

　公共図書館のレファレンスサービスと決定的に異なるのは，学校図書館内で行われる授業中における資料相談への対応である。短時間に大量に寄せられる資料相談へ瞬時に対応することで，授業全体の流れを阻害しないように配慮していくことが求められる。そのためには，前述のように，あらかじめ実施教員と授業のねらいについて十分に話し合っておくほか，資料相談のありうる図書について予想しておく。

　学校図書館を利用して行う授業は，普段の教室内における定型的な枠

組みから解放され，正解のない問いが教員より発せられることが多く，ときには児童・生徒自身が問いを組み立てることを要求される。もし，子供が授業の意図を理解しないまま資料相談をしてきていると感じたときは，具体例を示したり，教員の説明を復唱してもらったりといった手法を用いながら，資料を調べていく前提となる問題意識にぶれが生じないようにする。また，子供が迷っている原因が教員から出題された授業中の課題で使われる用語への理解不足や，つかんだイメージが不十分な点であると感じた場合は，辞書・事典などの参考図書類をその場で一緒に見ながら，全体の進行からの遅れを取り戻せるように対処する。

4. 学校図書館ガイドラインと資料・情報の提供（2）

　本章では資料紹介，資料案内，資料相談の3点を軸に論じてきたが，学校図書館で提供する資料の種類と特性についても，学校図書館サービスの観点から幅広く盛り込むことを試みた。学校図書館ガイドラインを参照する際にも，学校図書館ではどのような資料・情報が得られるのか，そのために必要なサービスは何であるかという視点を併せて考えていくとよいだろう。

☐ 図書館資料を収集・整理・保存するサービスを提供する。　　➡ GUIDELINES (1)

☐ 児童生徒の情報ニーズに対応するサービスを提供する。　　➡ GUIDELINES (1)

☐ 読書活動や授業で使われる図書館資料を日常的に整え提供する「間接的支援」を行う。　　➡ GUIDELINES (4)

☐ 雑誌，新聞，視聴覚資料（CD, DVD 等），電子資料（CD-ROM, ネットワーク情報資源（ネットワークを介して得られる情報コンテンツ）等），ファイル資料，パンフレット，自校独自の資料，模型等の図書以外の資料提供サービスを行う。　　➡ GUIDELINES (5)-1

120

□「読書センター」「学習センター」「情報センター」としての機能と発達段階を踏まえた資料構成と資料規模を構築するサービスを行う。　➡ GUIDELINES (5)-1

□現実社会の諸課題について多面的・多角的に考察し，公正に判断する力などを身につけることの支援に向けた新聞の複数紙配備サービスを行う。

➡ GUIDELINES (5)-1

先生のための
授業に役立つ

ケース
スタディ
6

学校図書館　活用データベース
SELECT

　1年生の女子生徒から「グリム童話はありますか」との
レファレンスを受けました。最初はドイツ文学の棚の前で
相談を受けていましたが，話し合ううちに質問の内容が変
化してきました。この事は生徒のレファレンスを受けてい
てよくある事ですので，常日頃から学校図書館では細心の
注意を払う点です。生徒から慎重に話を聞くと「童話の中
の森のイメージやヨーロッパと日本の森の違いについて調
べてみたい」との事でした。必ずしも童話を読みたいので
はなく「森」を通してそれの意味する文化的な違いを論文
のテーマに選びたいと聞き取り調査で判明しました。

『初版グリム童話集』
グリム兄弟著　吉原高
志・吉原素子訳　1997
白水社

　このような時には，具体的に資料の違いを示す事で生徒
はテーマにより近づく事ができます。高校生の論文には先にテーマが必ずしもある
のではなく，身近にある学校図書館資料によってテーマを固めていくケースが往々
にしてあります。生徒には，以下のように選書の視点を変える必要性がある事を指
導しました。書籍以外にも「もののけ姫」のような自然をテーマにした映画作品も
参考資料となります。

（左）『グリム童話と森』森涼子著
2016　築地書館
（右）『日本人はどのように自然と関わっ
てきたのか』コンラッド・タットマン著
黒沢令子訳　2018　築地書館

出典：『学校図書館の日常―東京学芸大学附属高等学校』（岡田和美，
　　2019年9月1日）

8 資料・情報の提供（3）

前田稔

《**目標**》 学校図書館に行けば何でも知ることができるという期待感に応える
ために，視聴覚資料や電子的な情報の特性を理解し，効果的に活用していく。
《**ポイント**》
- 学校図書館法に沿って視聴覚資料を提供し，鑑賞会・映写会を行う
- CD・DVD は本と違う入手・装備・配架・閲覧・貸出・著作権に配慮
- ホームページ提供の欠点を情報モラルやシティズンシップの視点で補う
- 新聞記事データベースを小論文，ディベート，キャリア形成に生かす
- 辞書・事典のデータベースを紙媒体・インターネットと組み合わせる
- 学校図書館でアプリを評価し，紹介・提供・学習支援を行っていく
- 電子書籍はオンラインジャーナルや PDF まで幅広い
- 電子書籍の編集・流通における特性を理解し，紙の図書と使い分ける
- 電子書籍でも紙の読書で培った読み方を生かす
- 図書を選ぶ際には校内で選定委員会を開催し選定基準に則る
- 発注・検収・受入・分類・装備の流れを経て配架し除籍も積極的に行う
《**キーワード**》 視聴覚資料，インターネット，アプリケーション

1. 視聴覚資料の提供

(1) 学校図書館法に沿って視聴覚資料を提供し，鑑賞会・映写会を行う

　絵画・ポスター・図表・絵はがき・紙芝居などの視覚的な印刷資料も
視聴覚資料に含まれる。なかでも小学校における設置率が高いのが紙芝
居である。紙芝居の特徴としては，場面展開に適したように絵が作り込
まれている点を挙げられよう。桃太郎で犬，猿，キジが縦の配置で並ぶ

ことは原則として紙芝居では起こりえない。このため，紙芝居を横に引き抜くときは，例えば「半分まで引き抜く」といった裏面下部に記載されている演出ノートの指示に従いながら，ぶれないように正確にスライドさせていく。日本を発祥とする紙芝居も，現在では海外にも注目されつつある。また，道徳や英語科で使える紙芝居など様々な教科で使えるような紙芝居も登場してきている。

　一方，非印刷資料の代表例は，録音資料としての CD と映像資料の DVD である。価格が高い傾向があり，再生のための機材を要し，機材の購入費用・更新費用やメンテナンスの手間がかかる上，使用方法を十分に児童・生徒に説明する必要が生ずる。このため，少ない予算のなかで，印刷資料が優先され，従来は必ずしも十分には提供できてこなかった。しかしながら，学校図書館法第二条では「図書，視覚聴覚教育の資料その他学校教育に必要な資料（以下「図書館資料」という）を収集し，整理し，及び保存し，これを児童又は生徒及び教員の利用に供する」と定めており，非印刷資料も含めたあらゆる形態の資料提供が制度として当初より想定されている。また，このことを特にサービス面から規定していると考えられるのは，第四条一項三号における「読書会，研究会，鑑賞会，映写会，資料展示会等を行うこと」という規定である。公共図書館の中央館のように，映写ホールが別途存在しているわけではなく，学校図書館のなかで鑑賞会や映写会を行う際の視聴環境はそれほど良好ではないため，館内で実施する際には短時間のものをイメージするとよいだろう。むしろ，学校図書館の機能的側面を重視しつつ，教室や講堂・体育館を含めたあらゆる場面で鑑賞会・映写会サービスを提供していくことも学校図書館サービスに含まれると考えるべきであろう。

　校内の役割分担の面では視聴覚の校務分掌と重なる部分もあるので，視聴覚の担当者とも連携して，サービスを提供する。メディア担当とい

う形式で学校図書館と視聴覚を兼務・統合する場合も増えている。視聴覚教育には放送も含まれるため，その意味では CD や DVD などの媒体の存在を前提とする図書館資料と完全に一致するわけではない。

　視聴覚資料の提供サービスと密接なのは，子供たちだけではなく，教職員についても同様である。これまで，視聴覚メディアは，視聴覚室や各教科の準備室に散在してきている面が強く，これらを学習・情報センターとしての視点から一元的に管理することで，重複の排除や相互利用の便をはかることが可能になる。

(2)　CD・DVD は本と違う入手・装備・配架・閲覧・貸出・著作権に配慮

　視聴覚資料の貸出を単体で行う場合もあるが，図書に付属している CD を，図書とともに貸し出すことも多いだろう。この場合，資料の受入作業と，分類作業は，本体である図書について行えばすむことから，特別な手順が不要であるという利点がある。ただし，分類・装備と配架については別個の考慮が必要である。分類の際には必ずしも日本十進分類法になじまない場合もある。また，図書資料よりもデリケートであるため，CD 用のケースやジャケットに入れて，図書館カウンターの内側に保管する。CD が付属していることや，貸出のためにはカウンターに申し出ることを記載したラベルを表紙に貼る。また，館外で返却ボックスを運用している場合には，傷や汚れをチェックできない可能性があるため，返却ボックスではなくカウンターに返すように注意書きをつける。

　高校や私立中学校の場合は，CD 単体で貸し出すサービスを行っていることも多い。流通ルートが図書とは違い，CD 用の目録整備が必要になるため，受入の手順が異なる。DVD などの映像資料は印刷資料や音

声資料とは著作権保護の扱いが法律上および実務運用上において，図書やCDとは別のカテゴリに属する。このため，付録であったとしても貸出の可否を出版社に問い合わせる必要がある。公共図書館では館外貸出をしないタイトル用に視聴専用のエリアないし机を設けることがしばしば見受けられるが，学校図書館ではそのような場所を確保することが難しかった。今後はタブレットパソコンの館内貸出により補われていくことも増えていくだろう。

　視聴覚サービスにおいて，最大の障害となるのは，機材提供を円滑に行うことであろう。図書の場合は単体で閲覧することができるが，視聴覚資料の場合は，何らかの機器を通さないと再生することができない。このため，機器を準備・整備することも学校図書館の役割の一部分となる。

2.　コンピュータ情報の提供

⑴　ホームページ提供の欠点を情報モラルやシティズンシップの視点で補う

　図書館内にコンピュータを設置する際には，貸出返却を含む業務目的の場合のほかに，児童・生徒が利用するためにおく場合がある。インターネットが登場した初期の頃は，電子図書館としてのインターネットが図書館の役割を終わらせるものであるとも危惧されていた。しかし，インターネット登場前よりも現在の方がはるかに日常的に文字を使ったコミュニケーションが盛んになっている。ホームページを読むだけでなく，電子メール，ブログやSNS（ソーシャルネットワーキングサービス）を使って，多数の人たちと意見のやりとりをしている。もはや我々の生活になくてはならない道具として，インターネットが存在している。そ

して，インターネット上の情報だけでは飽きたらない状況のなかで，むしろ質の高い情報を求めて，読書活動を通じて，紙の図書とインターネットとを適材適所で使い分けることが脚光を浴びているのではないだろうか。

　学校現場にインターネット端末を導入する際には，教育上の難しい問題を多く生じさせる。インターネットの広大な空間に対して，無防備な子供たちをそのまま触れさせてよいかは，長年の課題である。加害者にもなり得る側面からすると，学校から無制限にどのような内容を発信してもよいという運用はできないだろう。世界中の情報に瞬時にアクセスできるインターネットは，教育のなかでは気が散りすぎて使いにくい面もある。有害な情報を制限するフィルターソフトを入れればすべて解決できるわけでもない。学校のなかでいかに制限されていたとしても，公的な場で自分自身を律していけるようなモラルがないと，結局のところ学校外で子供たちは問題を起こしたり危険にさらされたりしてしまう。このため，情報モラル教育の一拠点として学校図書館が位置付けられる点にも配慮が必要である。情報モラルに関するわかりやすい図書を揃えたり，図書館内の端末使用時に教育的な声がけをしたりすることが考えられる。また，海外ではインターネットを単に怖いものであるとするのではなく，積極的な社会参加の手段として教育する，デジタル・シティズンシップ教育が進んでおり，子供たちを主体的市民として成熟させていくことが目指されていることも参考になる。

　学校図書館での授業時間中におけるインターネット利用を成功させる秘訣は，紙媒体と電子媒体の主従を明確にすることにある。例えば，紙媒体の年鑑に反映されていない最新情報を補うためにインターネットを使う場合のほか，インターネットだけではあいまいで，不正確な内容しか得られないときに紙媒体で補足する場合もあるだろう。これは，それ

れの特性を理解しながら使いこなしていくことにほかならないが，図書館内で行われる授業の組み立てないし授業づくりによっても左右される。

　多くの子供たちは，「何か調べよう」となると，インターネットを使って情報を集める。キーワードを入力して，"検索"のボタンをクリックすれば，数多くの情報を手にすることができる。しかし，大切なのは集まった情報の量ではなく，「情報を集めて，何を明らかにするのか」という問題意識である。「どんなことを疑問に感じたのか」「どんなことを明らかにしたいのか」という問いを，一人一人の子供に明確に持たせてから，調べる活動に入らせていきたい。また，調べて終わりではなく，調べたことを持ち寄り，仲間と考え，話し合う時間を設けていく。自分が調べたことを聞いてくれる仲間がいる，調べたことを基に仲間と考える時間があることを大切にしたい。そのように見方・考え方を持ち寄り，共感をし合いながらすすめることによって，一人で調べるときよりも予想外の発見や発展を得られることになる。

(2) **新聞記事データベースを小論文，ディベート，キャリア形成に生かす**

　データベースとは，情報を蓄積・検索・共有するコンピュータサービスである。図書館で使用するデータベースは，新聞記事，辞書・事典などの参考資料，データ集に分けられる。無償で広く公開されているデータベースも多いが，最近では，ほかのインターネットコンテンツと同一視される傾向がある。それらは，図書館の職員が何らかの専門性を生かしてほかでは得られない情報を特別に提供しているわけではなく，館内にインターネット端末を設置すれば自動的に含まれるものである。したがって，図書館でデータベースサービスと呼ばれるのは有償契約した商

用データベースのみを指すことが多い。データ集については，大学図書館や公共図書館においてオンラインジャーナルをはじめ，企業情報・判例情報・統計情報などの専門性の高いオンラインデータベースが提供される傾向があるものの，学校図書館で主に利用されるのは，新聞記事と辞書・事典である。

　新聞記事データベースは，コンピュータを使って過去の新聞記事をキーワードで検索できるサービスであり新聞社がオンラインで提供している。一般向け，大学図書館・公共図書館向け・学校向けのものがあり，学校図書館では低廉な価格体系を持つ学校向けの契約をした上で提供することになる。紙の新聞の場合は，保管の際の置き場所，折り目の部分をまたいだコピーや，複数人による同時閲覧が難しいが，それを補うことが可能である。とはいえ，そもそも新聞を知らない子供にとっては単なるホームページと見栄えは変わらないので，紙の新聞とともに複合的に使いこなすリテラシー教育が不可欠である。

　データベースによる新聞記事検索の場合は，小論文の準備の際にキーワード検索でアイディアの幅を広げたり，ディベート大会に向けて賛成と反対の両方の根拠を見つけ出したりすることや，子供が夢見るキャリアや人と関連する記事を抽出する際にも便利に使える。最近はわかりやすい図表も多く，新聞社によって選び抜かれた写真にはメッセージ性があるので，教育で使いやすい。レファレンスの際，瞬時に一定水準以上の回答を行える利点もある。新聞社によっては，地域版ごとの比較ができる機能や，関連の週刊誌を検索する機能，英字新聞提供機能，広告検索機能も提供している。

⑶ **辞書・事典のデータベースを紙媒体・インターネットと組み合わせる**

　辞書・事典のデータベースについては，かつてはパソコン用の CD-ROM として1枚ずつ提供されることが多かった。また，ポケットタイプの電子辞書も最近では多種の辞書・事典を内蔵するようになってきており，子供や高齢者にも使い勝手がよいように設計されているため，館内に常備しておくと手軽なツールとなる。

　最近ではインターネット上で利用できるオンライン辞書・事典の契約形態も増えてきている。公共図書館や大学図書館で電子資料の検索コーナーが用意されているのと同じように，特に論文やレポート作成を重視している高校や中高一貫校の図書館を中心に，子供が気軽に調べられる環境を整えている場面が見受けられる。紙媒体の場合よりも更新の頻度が高く，比較的最新の情報を得ることができる。動画の再生に対応している百科事典もある。また，数多くの辞書・事典類を一同に集めたデータベースでは，串刺し検索と呼ばれる横断型の検索が用意されており，小論文や卒業論文の作成の際に生命線となる信頼できる複数の情報を手軽に得ることが可能になる。「覚えるから考えるへ」という教育の転換からすると，答えを早く見つけるために利用するのではなく，正解のない問いに対して少しでも真理に近づくことへの補助道具として使いこなすことが期待される。そして，このようなオンラインの辞書や事典を利用する場合でも，紙の場合と同じく，検索リテラシーや活用スキルの度合いによって，得られる成果が大きく左右される。例えば，論文やレポートのテーマがおおよそ決まったとしても，あいまいな状況でいきなり本棚に向かっても思うような内容に出会えないが，電子媒体でもそれは同様である。まずは頭に浮かんだ言葉について，学習に適した分量と質の解説のある辞書・事典で探してみたあとで，情報探索の対象を広げ

ていく方法が効率的で効果的である。

　一方，辞書・事典を電子的に提供することの特性は，学校図書館内で探究型の授業を一斉に行う際に顕著にあらわれる。元来，辞書・事典類は，様々な教科・科目のあらゆる単元に役立たせることが可能な万能性を有している。個別的・発展的な授業づくりをしやすい情報源である。しかしながら，紙媒体の場合は通常１セットしかなく数が限られていることから，皆にいきわたらず，子供同士のテーマをある程度分散させるなどの工夫が必要であった。これに対して，一人一台，あるいはグループに１台のタブレットパソコンなどのコンピュータで同時に閲覧できることで，授業づくりの幅が拡大し，学校図書館における授業を実施しやすくなる。

　小学生の場合，インターネットのホームページを検索させても，語彙が少ないため検索するための適切なキーワードを選択できなかったり，検索順位の上位から見ていくことしかせずに思うような情報がなかなか得られなくて投げ出してしまったりすることがある。これに対して，小学生向きの辞書・事典データベースでは，ひらがなでの検索や対象別のメニュー検索があったり，ふりがなが完備されていたりすることで，低学年でも使いこなすことが可能である。ただし，前提条件として，紙媒体の辞書・事典の基本形に慣れて，じっくり何度も読む経験を積みながら，辞書・事典に対するイメージがある程度確立されていることが不可欠であり，デジタルを導入したから紙が不要であるという理解は誤りである。

⑷　**学校図書館でアプリを評価し，紹介・提供・学習支援を行っていく**
　以前のデスクトップパソコンでは，ソフトウェア（アプリケーション・アプリ）はCD-ROMなどのメディアを使って導入するのが普通で

あった。なかでも，最もよく使われていたのはオフィスソフトウェアである。学校図書館が情報を摂取する場所から，何かを生み出す場所へと転換するなかで，ワードプロセッサや印刷装置を提供するサービスの重要性が増してきている。また，特に中学や高校の学校図書館ではプレゼンテーションソフトウェアを使ってグループ内ないしクラス内で成果を発表しあうことによって互いの考えを共有し，さらに発展させていくことが，学校図書館でも当たり前のこととなってきている。

　タブレットパソコンやスマートフォンを使うことの日常化に伴い，特にタブレットパソコンについては，アプリを十分に使いこなしていくことが重要になってくる。今後の学校図書館は，無数の紙媒体のなかから教育にふさわしいコンテンツを選択してきたノウハウを生かして，学校教育のなかにおける豊かなコンテンツの拠点として実質化していくものと思われる。

　しかしながら本と違ってアプリの場合は全体を一覧することが難しい。また頻繁に改訂（アップデート）されるため，授業で使う時点で内容が変わっている可能性がある。図書のような物理的媒体の売買と異なり，サービス（役務）を受ける契約になるため，図書とは契約方法や受入ルートが異なり，無償のものは広告が入ることがある。このように，学校教育における導入が難しい面があることから，パソコンのサポート会社（システムインテグレーター，SIer）の側で，故障・誤りなく使える環境を構築し，なにかあればICT支援員がサポートするという体勢をとっている場合は，アプリを自由に入れることができない。

　一方で，教員の個人的なスマートフォンにアプリを入れ，それをプロジェクターで投影するという方法をとるほうが簡便な場合もあり，子供たちが私生活も含めてスマートフォンやタブレットパソコンを活用する教育はますます進展している。今後は学習に適したアプリをコンテンツ

の特性をよく知る学校図書館が紹介していくことも有益である。紙の本や新聞・雑誌の多くは，学校の授業で教材として使われる目的でつくられたわけではない。学校図書館には長年にわたりそれらを教育活動に生かせるような工夫を提案してきた経験がある。学校向けの教育アプリだけではなく，様々なアプリを教育で活用していくことの提案は，学校図書館サービスの重要な役割となっていくであろう。

3. 電子書籍提供サービス

⑴　電子書籍はオンラインジャーナルや PDF まで幅広い

　電子書籍とは，スマートフォン，タブレットパソコン，電子書籍専用端末，パソコンなどのコンピュータの画面で読む本や雑誌のことである。電子書籍と称するか否かは技術動向や社会情勢によって大きく変化する領域であるため便宜的な面が大きい。おおむね，紙の本として出版されたことがある情報に関しては，電子書籍と言われることが多い。紙で出版されていない電子的な情報に仮想的に紙をめくるアニメーション（flipbook）を加えただけのコンテンツも，電子書籍と言われる。最近ではプロの編集者や執筆者によって構成された新聞記事や雑誌記事が，紙媒体とニュースサイト，ポータルサイト，電子書籍リーダーなどに同時に掲載されることもあり，そのようなときは電子書籍とも言われない傾向がある。大学図書館で頻繁に利用される学術雑誌の領域では，オンラインジャーナルに移行し紙媒体が発行されなくなりつつある。かつては，PDF（Portable Document Format）が電子書籍の代表格だったが，現在では特に電子書籍と意識されることはなくなってきている。

　インターネット登場時の当初の理想は，無料で共有可能な誰にでも開かれた知的資源の蓄積と提供であった。このため，ホームページからは

課金をしにくい構造となっており，広告により収益を得る方式が主流になっている。一方，電子配信が容易なアプリケーションプラットフォームの登場で，メディアを不要とする通信課金モデルとして，CD が音楽配信に転換し，DVD・ブルーレイが映像配信へと変化してきた。その流れで，文字情報に関してもコンテンツビジネスとして成立する余地が生まれてきた。その結果，マーケティングのターゲットとして，電子書籍が注目を集めているのである。

　表示方法として，文字の大きさや行間に合わせて1ページごとに画面に文字を流し込んでいくリフロー型と，編集時から決定されている紙面を表示させるフィックス型（固定レイアウト型）がある。リフロー型は，図や写真の配置に関して細かい指定ができないため，文字中心の電子書籍で使用される。フィックス型は，漫画や雑誌記事で多用される。ただし，リフロー型の電子書籍よりも HTML 5 技術を多用した一般のホームページのほうが遥かに豊かな表現を持ち，フィックス型の電子書籍は紙媒体の緻密さにかなわない。

　電子書籍の利点として考えられているのは，インターネットの特性でもあることが多い。まず挙げられるのは，かさばらない点である。何冊あっても場所をとらない。とはいえ，読みかけの本を何冊もカバンにいれることはそれほど多くはないことから，1冊だけの場合は，電子書籍を読むためにタブレットパソコンを常に持ち歩いたほうが文庫本よりも重くてかさばるとも言える。そのほかに，電子書籍はリンクや音声，動画を再生することが可能であるという利点があるが，ウェブサイトの表現力が高くなってきており，あえて手間とコストをかけて電子書籍の形態に出版社が加工するかどうかはケースバイケースになってきている。文字が拡大できることは利点であるが，スマートフォンでは子供であっても読みにくいし，保護者の立場からは視力への心配を伴う。本文をき

め細かく検索できるものの，紙のようにパラパラとめくって大要を把握したり厚みでページ位置を判別したりすることができない。

⑵　**電子書籍の編集・流通における特性を理解し，紙の図書と使い分ける**

　電子書籍にはいわゆる『青空文庫』のように無償で一般公開されているものもあるが，有償の電子書籍の流通は紙媒体と決定的に異なっており，一般書店ではなく電子書籍専門の業者を介して入手する。あくまでも，内容を見る権利があるだけであり，契約上許されない限り他者にデータを貸し出すことはできない。デジタル著作権管理技術（DRM：Digital Rights Management）によって複製や印刷を含めた著作物の利用方法を，提供者側からコントロールされる。古書店に売ることができず，提供サービスが終了したり破綻するとそれ以降は読めなくなる。電子書籍であっても流通には多くの人手が必要であり，無料の電子書籍は，登録費用・プロモーション費用が賄えないので流通しない。編集者の立場からすると，紙の本であっても，著者とは電子メールで原稿のやりとりをし，編集・組版専門ソフトウェアであるDTP（Desktop Publishing）ソフトウェアによってコンピュータ上で流し込み・配置しているのであり，電子書籍だからといって作業工程が簡略化されるわけではない。出版社の立場からすると，初版の部数を多く刷らなくてもよいが，売れない内容は電子書籍であっても利益はでない。電子的な目次や索引作成に相当する単調なタグ付け作業が必要である。印刷会社とコンピュータ会社に支払う金額にはそれほど違いはない。

　紙の本は定価販売が法律上義務付けられている（再販売価格維持制度）ため値引きができないのに対して，電子書籍は値付けはいくらでもよいため，価格競争に巻き込まれてしまう。電子書籍単体で利益を上げるの

ではなく，キャラクターやノベルティの売り上げを主とする場合も増え
てきている。電子化された学術雑誌では流通業者の寡占化が進んでおり
価格が高騰している。漫画に関しては電子書籍が大きく伸びてきている
が，リスクの多い新作や新人の漫画よりも定評のある旧作品をスキャン
したタイトルが多く出回っている。

　図書館における電子書籍の提供で最も広く行われているのは，国立国
会図書館の図書館向けデジタル化資料送信サービスである。承認を受け
た公共図書館と大学図書館の館内にある専用端末で絶版図書などの入手
困難資料について閲覧・印刷できる。出版者，書店などの市場流通在庫
がなく，商業的に電子配信されていない資料について，一般的な著作権
保護の仕組みの例外として図書館内で閲覧・複写できるのが特徴である。
学校図書館は対象に含まれていないが，学校近辺の公共図書館で利用で
きるようであれば，連携して活用したいところである。

　電子書籍の貸出サービスも各種の図書館で広がりつつある。アメリカ
では自動車のなかで聞く用途や，多民族国家として音声を通じて英語を
マスターするニーズも多いため，オーディオブックの貸出しが普及して
いたこともあって公共図書館における電子書籍の貸出しも違和感なく受
け入れられている。日本で以前存在していたのは，窓口で申し出を受け
た電子書籍タイトルを図書館職員が電子書籍リーダーに電気的に注入
し，借り手に違和感がないように紙の書籍と同じように端末を貸し出し，
端末が返却されたら電子書籍タイトルを消去する方式である。漫画のよ
うに本棚を多く占領すると市民から苦情が寄せられがちな資料について
提供をしやすくなったという声もあった。現在では，図書館のホーム
ページから自己所有の端末に仮想的に貸出を受け，期限が到来すると自
動的に手元から消滅する方式が一般的である。図書館側の電子書籍書店
への支払い形態としては，紙の本を買うときと同じように1冊ずつ購読

契約する場合と，購読料を1年または1カ月ごとに支払うサブスクリプション方式，1回の貸出ごとに一定額を支払う契約がある。会計の面では役務として取り扱われる場合もある。

⑶　電子書籍でも紙の読書で培った読み方を生かす

　学校でタブレットパソコンを使用することが日常的になり，デジタル教科書が紙の教科書と併存するに至り，遠隔授業も普及するなかで，学校図書館でも，電子書籍を取り扱うことが増えている。有償で入手契約をした情報を在校生のみに提供するという機能面で言えば，図書館を通じたオンラインデータベースの提供と重なり合う面が多い。また，物としての実体を有しないため，電子書籍の選書，利用教育，案内といった紙の本と比べると限定された場面において関わることになる。電子書籍が学校図書館で果たす役割は，CDやDVDのような視聴覚資料と同じく資料や教材の幅を広げる面である。例えば，難易度段階別の英語の絵本や読み物（GR: Graded Readers）では音声の再生や辞書引きが可能な場合もあり紙の絵本だけでは難しい側面を補える。同じことは，デイジー図書に関しての特別支援の領域でも言えるだろう。

　ただし，ページの厚みの感触，指との摩擦，めくる音といった五感を駆使する紙の図書が電子書籍に全部置き換わっていくわけではない。なぜなら紙をめくるアニメーションなどで図書をあたかも実在するように錯覚させているにすぎない情報群が電子書籍だからである。紙の本で培うことのできる情緒的な非認知的能力をデジタルの世界で発揮するためには，まずは読書習慣の定着と活用経験の蓄積とを学校図書館サービスを通じて促進していくことが必要であるし，それは一朝一夕に成し遂げられるものではない。全体像と内容の展開を概観すること，長い文章を離脱することなく読み進められること，著者と対話しながら思考したこ

とを記憶に刻み込むことができるのであれば，たとえ電子書籍であっても，有用なツールとなりうるだろう。とはいえ，スマートフォンに最適化された現在のインターネットのホームページや各種のアプリでは，（1）多種類の刺激的な広告を見せるために短い単位で離脱させるしくみか，（2）個人の嗜好や属性，つながりをコンピュータネットワークの向こう側に取り込んでいくしくみ，（3）パソコンのマウスポインタでは起らない誤タッチを誘発して，たくみにほかの画面に導くしくみなど，紙の本を純粋に楽しむ場合とは異なる方式により支配されてしまっている。従来，消費とは他者が生産した財物を受動的に購入・使用することを主に指し示していた。しかし，近年は SNS や動画投稿などの生産行為自体も消費生活に含まれつつあり，それが表現力を重視する教育につながっている面もあろう。電子書籍を読む際には，ホームページの閲覧とは気持ちを切り替え，インターネットの世界から独立した成熟した態度で主体的に読み進められるように，支援していきたいところである。調べ学習に生かす場合であっても，狭い範囲の該当部分をピンポイントでコピーアンドペーストして終わりがちな電子書籍のみで調べさせることは避けたい。

　紙の図書の場合と異なり，電子書籍はたとえ何冊あったとしてもそれ自体が学習環境を構成することはない点にも注意が必要だろう。紙の図書と電子書籍の比較はあくまでも局所的なものにすぎない。教育活動全般と関わる学校図書館サービスの幅広さからすると，電子書籍の本棚はブックリストを少し便利にしたものにすぎない面もある。パソコンでファイルやフォルダを一度に並べられるのは30〜40個程度であり，検索エンジンでも原則として10か所のホームページしか一画面に表示されない。公共図書館や大学図書館で言えば，ほとんどが書庫にしまわれているようなものである。学校図書館では見渡せて手に届く範囲に何もかも

収まっている。その空間のなかで人のいのちが共鳴しあうことの教育的効果に，コンピュータは到底かなわない。学校図書館は銀河のようなものである。見渡しながら星座のつながりをみつけて楽しみつつ，望遠鏡をのぞき込み宇宙の果てまで想いをはせることもできる。銀河と異なるのは，学校図書館サービスをよりよきものにしていく努力によって，いくらでも変えていけるという点である。物としての実体があるからこそ，子供たちは自分の本，自分の場所であると思える。夜空に輝く星々を単に光の点の集まりだとして気にもかけないでいることもできるが，一つ一つの星の姿へいろいろな視点で思いを巡らせることで，愛着と心の豊かさが生まれる。このように，たとえ物であっても，私たちの人間性を映し出す鏡になりうる。大切に扱っていない物は，なくしてしまっても，しばらくは気付かないものである。それは電子情報でも同じである。こんなにもスマートフォンで文字をたくさん見てきているのにどうして後で覚えていないのだろうと思う経験をした人も多いに違いない。電子書籍を真に使いこなす教育は，学校図書館の統合的な環境のなかで本を読ませるよりも，はるかに困難であることを意識しつつ，多様なメディアの特性を踏まえた活用を支援していくことが必要になってくる。

4. 資料・情報のライフサイクル

(1) 図書を選ぶ際には校内で選定委員会を開催し選定基準に則る

　ここまで三章にわたって，資料・情報の提供サービスを概観してきたが，しめくくりとして資料・情報のライフサイクルについて見ていきたい。メディアの種類や，学校の事務手続き方法によって異なる面もあるが，おおむね，資料選定，発注，受入，装備，払い出しの流れになる。

　図書の場合，まずは，どの本を選ぶのか，というところから始まる。

図書を選ぶことを選定と言う。図書の選定については，学校内の様々な関係者で選定委員会を開催し，そこで選ぶ本を決めるのが望ましい。全国の状況を反映しているから安心だとして，業者の推薦する図書リストについて内容を検討せずにそのままセット購入を続けることや，たとえ選書に自信や実績があったとしても，独断ですべてを選ぶことは避け，可能な限り関係者の主体的な参加を促しながら合議制で選書を行う。なぜなら，それぞれの学校にふさわしい本が何であるかは，選ぶ人によって異なってくるし，その違いは，それぞれの専門性を生かした意見であることが望ましい場合もあるからである。また，図書の選定に際しては，学校や教育委員会が定めた選定基準（選定方針）に沿って客観的に行っていく。

(2) 発注・検収・受入・分類・装備の流れを経て配架し除籍も積極的に行う

　本が選ばれたら，書名や著者名，ISBN 番号など，発注する図書を特定する事項をリストにして，購入伺いを作成し学校内の決裁を得る。その際，課題図書・シリーズ購入・買い換えといった点で簡潔に購入事由を付しておくことで，たとえ担当者が変わっても，それぞれの図書を購入した目的を把握することが可能になる。購入伺いと発注書を兼ねている場合は，原本を学校で保存するので，控えを使って発注する。発注する書店は，確実にスピーディーに納品可能な信頼できる書店を選ぶ。1年の同じ時期に大量に発注するのではなく，計画的に発注を分散させていく。何を発注したのかは手元に記録を残しておく。

　しばらくたつと，学校に図書が届くので検収作業を行う。発注した本と同じ本かどうか，数量・金額に誤りがないか，ページ抜け（落丁）・ページの順序違い（乱丁）・汚れといった，本の品質面に関するチェッ

クも行い，不良品は交換してもらう。次に，受入作業を行う。登録番号（資料番号・通し番号）を付与し，図書原簿に追加していく。受入年月日，登録番号，著者名，書名，出版社，価格，購入先，所在記号，財源などの項目を，紙の原簿またはコンピュータ原簿に入れていく。人間でいうと，戸籍や住民票の作成にあたる作業である。『日本十進分類法』を参照しながら分類も行う。分類は，MARC（機械可読目録）を購入している場合はそれを参照し，購入していない場合であっても，公共図書館が公開しているOPACで検索した分類を参考にするとよい。とはいえ，自館の状況に合った分類番号に変更する部分が腕の見せ所である。

装備作業では，表題紙に学校名・受入日・登録番号が入った登録印を押し，図書の下の地の部分に小口印を押す。地から1センチ空間をあけて所在記号を記入した背ラベルをはる。バーコードシステムを使っている場合は，バーコードシールを貼る。本をビニールコーティングして装備が完了し，配架が行われる。

書架を新鮮で魅力的な状況に保ち，空間を確保するために，払い出し（除籍）が行われる。汚れたり壊れたりした図書や，所在不明の図書，内容が古くて学習活動に不適切な図書，利用が少ない図書，課題図書から年月がたつなど複本をおく意義を失った図書が払い出しの対象となる。学校や地域の教育委員会で定めた除籍基準（除籍方針・廃棄基準）に沿って客観的に判断していく。除籍リストを作成し，学校の承認を得た上で，図書原簿に除籍印を押すかコンピュータ上で除籍扱いの入力を行う。図書に除籍印を押した上で，リサイクル図書とするか，廃棄処分を行う。

5. 学校図書館ガイドラインと資料・情報の提供（3）

　誰がどのようにサービスを行うのかという観点からすると，学校図書館ガイドラインで示しているように，子供たちへの直接的な支援と，ワンクッションおいた間接的な支援に分けることは有益である。一方，サービスの対象は，子供だけではないと考えることも可能だろう。企業ビジネスの領域では，BtoB，BtoC という言葉が盛んに使われている。BtoB（Business to Business）とは，企業が企業に向けて商品やサービスを提供することを意味する。BtoC（Business to Consumer）とは，企業が消費者個人に商品・サービスを提供する場面である。学校図書館サービスを，子供や教職員といった個人へのサービスであると捉えるならば，サービスの領域は狭くなる。これに対して，学校図書館サービスの対象を，教育システム，学校教育，クラス運営といった，ビジネス（仕事・働き）の領域に広げるのであれば，学校図書館の幅広い営みが学校図書館サービスに含まれることになる。本書は後者の立場で整理している。つまり，例えば資料を選ぶことや，校内選定組織整備の支援を行うことは，子供への間接的な支援であると同時に，教育の働きをよりよくするための，学校への BtoB サービスとしての側面も有する。

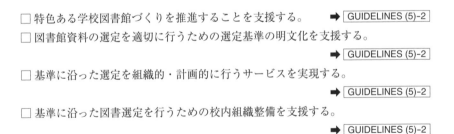

□ 特色ある学校図書館づくりを推進することを支援する。　　➡ GUIDELINES (5)-2
□ 図書館資料の選定を適切に行うための選定基準の明文化を支援する。
　　　　　　　　　　　　　　　　　　　　　　　　　　　　➡ GUIDELINES (5)-2
□ 基準に沿った選定を組織的・計画的に行うサービスを実現する。
　　　　　　　　　　　　　　　　　　　　　　　　　　　　➡ GUIDELINES (5)-2
□ 基準に沿った図書選定を行うための校内組織整備を支援する。
　　　　　　　　　　　　　　　　　　　　　　　　　　　　➡ GUIDELINES (5)-2

□「情報センター」としての機能の実現に向けたサービスを提供する。

➡ GUIDELINES (1)

□ 外国語教育への音声などのデジタル教材を提供する。　➡ GUIDELINES (5)-1

□ 理科などのほかの教科への動画などのデジタル教材を提供するサービスを行う。

➡ GUIDELINES (5)-1

□ 学校組織として選定等を行うことを支援する。　➡ GUIDELINES (5)-2

□ 児童生徒及び教職員のニーズに応じた偏りのない調和のとれた蔵書構成となる選定を支援する。　➡ GUIDELINES (5)-2

□ インターネットなども活用して資料を収集・提供することを支援する。

➡ GUIDELINES (5)-2

□ 目録を整備するサービスを提供する。　➡ GUIDELINES (5)-3

□ 蔵書をデータベース化するサービスを行う。　➡ GUIDELINES (5)-3

□ 正しい情報や図書館資料に触れる環境整備の観点や読書衛生の観点からの適切な廃棄・更新サービスを行う。　➡ GUIDELINES (5)-4

□ 明文化された廃棄の基準を定めることを支援する。　➡ GUIDELINES (5)-4

□ 基準に沿った廃棄・更新を組織的・計画的に行うサービスを提供する。

➡ GUIDELINES (5)-4

ケース
スタディ
7

先生のための
授業に役立つ

学校図書館　活用データベース

SELECT

灘中学・灘高等学校図書館見学記

　灘中学・灘高校図書館を初めて訪ねたのは，今から10年ほど前，司書教諭の狩野ゆきさんが赴任されて間もなくだったように記憶している。その時も，それまで活用されていなかった図書館を，ものすごい勢いで改革されている様子に，学校図書館をどう運営していくかというビジョンがある専任司書教諭の存在の大きさを感じたものだ。その灘校図書館が，2013年春，新たに生まれ変わった。

　改築が決定してから，完成にこぎつけるまでの，幾多の闘いについては，他紙の実践報告（特に『がくと　Vol30』（学校図書館問題研究会編　2014）や，ご本人のお話を聞く機会があり，さぞやたいへんだったのでは…と思う。それでも，学校図書館担当者の意見など顧みられず，着工される学校図書館が数多くあるなかで，司書教諭である狩野さんが，建築担当者と喧々諤々やりあいながら作ったという図書館を見学できるのは，とても楽しみだった。

　エントランスを入り，道なりに歩いていくと，全面ガラスで遠目からも図書館だとわかる建物が見えてきた。ドアを開けて全体を見渡すと，明るく近代的な，それでいて居心地のよさそうなスペースが広がる図書館だった。

　驚きだったのが，図書館へ入るドアが4つもあること！　最初の設計計画では，生徒の動線を考えるともっとも立地条件のいい場所として正門から入ってまっすぐの2階部分を考えていたそうだが，それは叶わず，その下にあたる1階の現在の位置に決まった。もともとは中学校と高校の教室だった部分をつなぐ形で新図書館が設計された。そこで，生徒の動線を考慮し，どこからでも図書館に入れるように，4つのドアを作ったという。不正持出防止システムがあるわけではないので，ある程度の紛失には目をつぶり，より多くの生徒に利用されることを目指した結果とのこと。狩野さん曰く「残念だったのは，このドアが引き戸タイプで，開けるのに結構力がいること。半自動タイプで…と業者にはお願いしたのだが，かなり背の高いドアなので，無理だった」。図書館はPCルームとも近接していて，隣接する場所に，部室や保健室もあり，生徒がよく利用するエリアに図書館が置かれている

ことがわかる。

　入って右手にあるスペースが，ブラウジングコーナー。庭に面した部分はガラス張りで，低めの展示書架が飾ってある。面展示は，外にも内にも向けられ，外に向けられて飾られた本も内部から無理なくとれるスペースが確保してある。雑誌書架は，最新号のみ面展示できて，バックナンバーは下段に背表紙を見せて置けるようになっている。写真に写っているソファのコンセプトは，「寝られること！」。館内にはあちこちにこうした居心地ならず寝心地のよいソファが置いてある。確かに，お目当ての本を読んでいるうちにふと眠気に襲われ，そのままここでまどろむなんて最高。灘中高生も，ぜいたくなひとときをここで過ごしているらしい。

　床はコルクボードで，足音が吸収されてとてもいいのだが，ネックは色のついた液体をこぼすと，染み込んでしまうこと。そのため館内は原則，飲食禁止となっている。

　続くゾーンは，調べものコーナーということで，主に0類の本と参考図書類が置いてあった。さらに，ドアを出てすぐは，自販機と，組み合わせ自在の机がある外からも入れる，ブックラウンジなる多目的スペース（飲食可）となっていた。部活や委員会活動の延長でここを使うことも多いのだろう。持ち出し可の古くなった書籍類も並んでいた。

　カウンター付近には，すべて特注でデザインや色に統一感のある，様々な展示コーナーや，DVD などを視聴できる大型 TV が設置されている。そして，ヘッドホンではなく，生徒が自分のイヤホンを複数つなげるように工夫されていた。

　図書館の自由宣言のポスターも大きく貼りだされている。カウンターの前には，リクエストされた本への回答が所狭しと貼りだされていた。購入不可だった本でも，公共図書館の所蔵状況が書きこんである。学校のすぐそばに神戸市立東灘図書館があるので，そこにつなげるのも学校図書館の役割と考えているそうだ。

　選書は，以前は司書教諭と学校司書が行っていたが，リニューアルしたことで教員側の関心も高まったことから，今は教員も含めて選書にあたっている。そのため，リクエストされてから生徒の手に本が渡る期間が以前より伸びているのは否めない。

　検索用 PC が3台設置されていたが，それとは別に，カウンターに1台の PC が。

146

あらかじめ決められたいくつかのサイトにのみ行けるように設定されているとのこと。セキュリティー設定は，情報担当の職員がしているが，IT に関しては大人以上の知識を持つ灘校生もいるゆえ，勝手な操作ができないように，検索用 PC 含め，本体は施錠付き収納としているそうだ。

　カウンターを通り過ぎると，書架と学習スペースが大きく広がっている。中央には，高窓が。図書館としては，本が痛むので天窓・高窓は正直嬉しくない。そこで，日差しよけに，某大学が開発していたフラクタクル日除けなるものを，特別仕様でお願いして，使っている。さらに奥の洋書コーナーは，階段を数段降りる形なので，穴倉をイメージして設計してもらったそうだ。

　左の写真は，9類から古典だけを抜き出した「古典の間」。重厚感のある雰囲気を醸し出しているのは，伝統ある椅子を再利用しているせいか。アンティーク感を漂わせ，木目調の机にしている。畳のコーナーがあり，冬にはここに炬燵が現れるそうだ。

　今回見学をさせていただき，自由度の高い，「自学の場」，「くつろぎの場」としての学校図書館を具現化しているように感じた。こんな素敵な図書館が毎日使えるなんて，本好きの司書からは，灘校生が羨ましい限り！　生徒はどんな感想を？とお聞きすると，「男子はあんまり自分の気持ちを言わないのよねぇ」とのこと。建て替え中でこの図書館を使えなかった卒業生は，さすがに「いいですねぇ」と言ってくるが，仮設の図書館時代を過ごしていた高2までは，古い図書館を知らないので，比較するものもないらしい。が，言葉はなくても，手ごたえは確かに感じているに違いない。

　狩野さんは，授業での活用はまだまだこれから…とおっしゃっていた。中学生の60％が利用しているこの図書館も，高校生となると，半数を切ってしまうらしい。図書館の良さを実感してもらえるためには，意図的に授業で使う…も必要なのだろう。リニューアル以来，外部からの訪問者の見学コースに必ず入るようになったという。くつろぎ感を醸し出しながら，学びを意識したこだわりのレイアウトが光る灘校図書館ゆえ，きっと先生方も授業に使わないのはもったいない！　と思い始めているのではないだろうか。

出典：『今月の学校図書館―灘中学・灘高等学校』（村上恭子，2015年
　　10月9日）

9 | 児童生徒への読書支援（1）

前田稔

《**目標**》 考えを深める読書支援サービスを多元的・横断的・多段的な教育ニーズに応じて実現する。

《**ポイント**》
- 先哲の考え方を手掛かりに対話的な学びを実現する
- 他人にものを考えてもらうだけにならないように配慮する
- 読ませること自体が読書推進の目的になることを避ける
- 多元的・横断的・多段的な教育ニーズに対応した図書を提供する
- 見ることはイメージを殺すことでもある点に留意する
- 読書を通じて得られる知的な達成感を大切にする
- 学校における読書の現状を把握する
- 日々の活動を，各種の読書推進政策との関連で位置付ける
- 小学校・中学校の学習指導要領から発達段階に応じた読書を読み解く
- 読み聞かせ・物語・考えを広げたり深めたりする読書へと展開する
- 高校の学習指導要領から目指すべき読書の最終到達目標を読み解く
- 学びと安らぎにつながるような愛情のある読み聞かせを行う
- ストーリーの展開がはっきりしている定番の本を読み聞かせに選ぶ
- ゆっくり，はっきり，丁寧に読み聞かせする

《**キーワード**》 読書状況の現状，読書支援

1．今後の教育が目指す深い学びと読書

(1) 先哲の考え方を手掛かりに対話的な学びを実現する

　読書はよいことだと誰もが一致するのに，よい読書とは何かについて

は意見が分かれる。ドイツの思想家・哲学者ショーペンハウアー（Schopenhauer）は1851年に『読書について』のなかで "Wann wir lesen, denkt ein Anderer für uns" と述べている。これを逐語的に訳すならば，私たちが読むときには，誰かほかの人が我々に向けて考えてくれる，という内容になる。思考力の育成が現在の日本の教育界における課題となっているなか，読書活動を通じた著者との対話的な学びは大きな役割を果たす。中央教育審議会答申および学習指導要領の解説においても，「子供同士の協働，教職員や地域の人との対話，先哲の考え方を手掛かりに考えること等を通じ，自己の考えを広げ深める『対話的な学び』が実現できているかという視点」が必要であると示されている。

(2) 他人にものを考えてもらうだけにならないように配慮する

　とはいえ，ペシミズム（悲観主義）で著名なショーペンハウアーの言説としては，斎藤忍随氏による「読書は，他人にものを考えてもらうことである。本を読む我々は，他人の考えた過程を反復的にたどるにすぎない」という翻訳のほうが広く知られている。ショーペンハウアーは続けてこう述べている。「習字の練習をする生徒が，先生の鉛筆書きの線をペンでたどるようなものである。だから読書の際には，ものを考える苦労はほとんどない。自分で思索する仕事をやめて読書に移るとき，ほっとした気持になるのも，そのためである。だが読書にいそしむかぎり，実は我々の頭は他人の思想の運動場にすぎない。そのため，時にはぼんやりと時間をつぶすことがあっても，ほとんどまる一日を多読に費やす勤勉な人間は，しだいに自分でものを考える力を失って行く」。「多読すればするほど，読まれたものは精神の中に，真の跡をとどめない」。「熟慮を重ねることによってのみ，読まれたものは，真に読者のものとなる」。「絶えず読むだけで，読んだことを後でさらに考えてみなければ，

精神の中に根をおろすこともなく，多くは失われてしまう」。「紙に書かれた思想は一般に，砂に残った歩行者の足跡以上のものではないのである。歩行者のたどった道は見える。だが歩行者がその途上で何を見たかを知るには，自分の目を用いなければならない」（以上，斎藤忍随訳『読書について：他二篇』岩波書店より引用）。

　このことは，哲学的な思考を子供に求めるといった大げさなことではなく，上記の読書を「スマートフォン」と読み替えるときっと腑に落ちるに違いない。ショーペンハウアーは次のようにも述べている。「いかに多量にかき集めても，自分で考えぬいた知識でなければその価値は疑問で，量では断然見劣りしても，いくども考えぬいた知識であればその価値ははるかに高い。何か一つのことを知り，一つの真理をものにするといっても，それを他のさまざまの知識や真理と結合し比較する必要があり，この手続きを経て初めて，自分自身の知識が完全な意味で獲得され，その知識を自由に駆使することができるからである。我々が徹底的に考えることができるのは自分で知っていることだけである。知るためには学ぶべきである。だが知るといっても真の意味で知られるのは，ただすでに考えぬかれたことだけである。」（斎藤忍随訳『思索』，同上書より）。

🔍 ショーペンハウアー　名言

⑶　読ませること自体が読書推進の目的になることを避ける

　このような面は，純粋に私的な読書と，学校教育として関わる読書との間に決定的な違いをもたらす。学校図書館サービスは娯楽としての読書を否定するものではなく，楽しみながら読書をすることを基本に据えているものの，決して野放しなのではない。人格の完成を目指す一助となることを願い，子供たちをとりまく学校教育におけるあらゆる要素と関連させながら積極的に関わり続け，読書活動を有意義にしていく責務

を学校図書館サービスは担っている。変化の激しい社会を生き抜くための教育が指摘されて久しいが，人間社会の本質は，ショーペンハウアーの生きた19世紀とたいした違いはないのかもしれない。インターネットが登場し，スマートフォンやタブレットパソコンが一般化するなかで，入手できる情報量が多ければよいのではないことを社会として実感してきている今だからこそ，学校教育の水準を全方面で高めることを意識すること，すなわち"denkt"（英語でいう think）を大事にした読書支援が不可欠である。それは，学習指導要領が示す狭い意味の思考力というよりも，人間性の発揮，すなわち個として自他を尊重し，人間としての尊厳ある生き方をしていくことに向けられたものである。読書推進活動に夢中になると，読ませること自体が目的になりがちであるが，それは，第一歩にすぎないことを留意し続けることが肝要である。

(4) 多元的・横断的・多段的な教育ニーズに対応した図書を提供する

そのために第一に必要なのは，日々進展する教育ニーズに応じた蔵書提供サービスの充実化である。このことは，難解な図書を増やすということでも，また全体の蔵書バランスを崩すという意味でもない。学習指導要領の刷新に伴い学校教育が新たに直面している深い学びの喚起を意識しながら購入図書の選書を吟味することが先決となる。

ただし，具体的にどのような図書がよいのかは難しい課題である。ショーペンハウアーはその答えとして，古典の重要性を説いているが，それを学校図書館におきかえてみると，長年にわたり親しまれてきた定評のある図書のなかから，自校の状況に合わせてさらに厳選することが原則となると言えるだろう。物語の世界に入り込む没入感が，結果として思考力を高めることは一般的に認められている。とはいえ，公共図書館における市民の多種多様なニーズに応じた図書選択とは目指す目標が

異なるし，学校図書館に関しても，従来にも増して，正解のない多元的・横断的・多段的な今後の学校教育を見据えた慎重な配慮が必要である。その意味では，新刊書の購入のみならず，すでに存在する図書についても新たな教育ニーズに応じた多角的な視点で読み込みと蔵書全体の把握を進めていくことが有効となる。我々に自由な発想と創造性さえあれば，新しい本を買わなくても，同じ本を何通りにでも活用することが可能となり，結果として数多くの図書を購入したことと同じサービス提供効果を持つ。

　いかなる本と接すると思考が深まるのかは，子供の性格やその時々の問題意識，発達段階によって千差万別な面もある。例えば，図書館に漫画をおくことを否定する論者と，漫画を通じて考えながら学ぶことは多いと主張する者とがしばしば対立するが，思考を深めることを重視している点では，意外と溝は存在しないものである。

　また，図書との出会いがあって初めて読書活動が進展するのであり，時宜に応じて子供が本と出会えるチャンスを増やしていくためには，図書を選択する段階から，自校の子供たちの顔を頭に浮かべながら選書するとともに，出会うチャンスの瞬間を逃さぬよう，サービス提供者自身が感性を日常的に磨いていくことも必要になる。また，数多くの冊数を読んでいるからといって，好きなジャンルや作者の本に限定して読み進めている場合は，必ずしも読書によって思考を深めているとは限らない。不読者をゼロにすることだけでなく，読書好きの子供の読みの幅を広げ深めていくための働きかけも併せて行っていくことになる。

(5)　見ることはイメージを殺すことでもある点に留意する

　第二に，教科・科目で培われる見方・考え方に関するイメージを全校で共有していくことが大事になってくる。今後ますます重視されていく

深い学びに向けた学校教育における様々な営みと，読書活動とを連動を
させ，読書経験を学習活動に生かす経験や実感を，相乗的に積み重ねて
いけるよう支援する。考えてばかりいて立ち止まってばかりいる子供に
対しても，アクティブな教育と連携させていくことが有効となる。たと
えランダムであっても動き回ってぶつかり合ってこそ新たな何かが生ま
れるのは，原子や分子の世界と同じである。

　近年，フィクション作品（読み物）だけでなく，教科・科目と関わる
ノンフィクション（知識の本）を十分に揃えていくことが学校図書館の
トレンドになっている。従来型の読み物中心主義の学校図書館からの大
きな転換である。わかりやすさや，子供の興味関心の面で，優れた図書
が相次いで登場し，それが学校図書館の変革に結び付いている。しかし，
ビジュアル面で優れ直接的に学習活動に役立つ教材がありさえすれば，
教室での授業内容との相乗作用が有効に機能するわけではない。今後の
学校教育で重視されていくのは，表面的な理解ではなく，それぞれの教
科・科目の特質を抽象的に媒介する見方・考え方の浸透である。

　なかでも，見方とは心のなかの目で見定めること，すなわち，実在し
ないイメージを概念として実感することであると言える。鷲山恭彦はド
イツの劇作家であるハイナーミュラーの「見ることはイメージを殺すこ
と」という言葉を引用しながら，「人間のイメージ力や想像力は『読む』
『聞く』『見る』の順番で明らかに低下していく」「想像力と創造力に裏
打ちされたイメージがあればこそ，長期的な視野や大局観も生まれてく
る。豊かな感覚や情緒も生まれてくる」と述べている（『学校図書館』
2013年5月号64頁）。学校教育が，覚えることから，見方・考え方を通
じて概念を深めていくことへと転換していくなかで，概念をイメージす
る力＝イマジネーション（imagination：想像力）を求める教科教育の
ニーズが高まっている。それをうまくキャッチアップしながら，フィク

ション・ノンフィクションの垣根を設けずに読書習慣の形成を支援して
いくことが要となる。

⑹　読書を通じて得られる知的な達成感を大切にする

　第三に，子供たちが自分自身で学習活動をデザインしていく枠組みの
なかで，読書活動を位置付けていくことが挙げられる。今後の学校教育
では，ますます子供の主体性が重視される。学ぶ目標・内容・方法を自
己決定し，そのプランニングを第三者的なメタ認知により現状を評価し
ながら，臨機応変にセルフマネジメントしていくことになる。人間は本
来学ぶことの大好きな生き物であるが，自分にあった学び方を見つける
ことは容易ではない。学校図書館はしばしば学び方を学ぶ場であると言
われる。勉強の楽しさは自分しか知らない，と思えるような図書との出
会いを促進していくサービスを提供する。

　学校教育が提供する楽しさには，例えば，運動の楽しさ，給食の楽し
さのように，様々な種類があるが，学校図書館における楽しさは，知的，
英語でいうと，インテレクチュアル（intellectual）なものを目指したい。
この言葉からは，かしこまった印象を持つかもしれないが，インテレク
チュアルは人間固有のはたらきであり，人間と動物を区別する分岐点と
して人間の考えるという作用を総称するものである。日本で「図書館の
自由」と呼ばれている内容と，アメリカ図書館協会が推進している知的
自由（Intellectual Freedom）がほぼ同義であることからもわかるよう
に，思想と情報のひろばとしての図書館（all libraries are forums for
information and ideas）の機能を発揮させること，すなわち，読書を通
じて得られる知的な達成感を大切にしていくことで，子供たちが自分自
身で学習活動をデザインできるようになっていくのが理想である。変化
の激しい幕末の動乱期に，高杉晋作は「おもしろきこともなき世をおも

しろく」といったそうである。勉強をおもしろくしていくための工夫の
ひとつとして，子供が自分自身の読書を獲得できるように，援助してい
くべきである。

2. 統計調査結果や政策動向の概観

⑴　学校における読書の現状を把握する

　『読書調査』（全国学校図書館協議会・毎日新聞社実施・第65回（2019
（令和元）年））を参照すると，1カ月の読書冊数について，小学生は
11.3冊，中学生は4.7冊，高校生は1.7冊であった。読書の入門時期にあ
たる小学生の場合は，ページ数が少なくて内容が平易である絵本や児童
書が中心となることから，冊数自体は多くなる傾向にある。2006年頃か
ら急に冊数が多くなっている小学生の状況に対して，中学生については
徐々に上がってきている。高校生については横ばいの状況である。

　不読者（調査月1カ月間に読んだ本が0冊の児童生徒）の割合につい
ては，小学生が6.8％，中学生が12.5％，高校生が55.3％である。この点
からも高校生が読書をあまり行っていない状況がわかってくる。小学生
の場合は2000年前後，中学生は2002年から2007年にかけて，急激に不読
者が減少している。

⑵　日々の活動を，各種の読書推進政策との関連で位置付ける

　このように不読者が減少してきている要因として，政策的な要因がま
ず考えらえる。2001（平成13）年に議員立法で成立した『子どもの読書
活動の推進に関する法律』では，第2条で基本理念として，「子どもが，
言葉を学び，感性を磨き，表現力を高め，創造力を豊かなものにし，人
生をより深く生きる力を身に付けていく上で欠くことのできないもので

あることにかんがみ，すべての子どもがあらゆる機会とあらゆる場所において自主的に読書活動を行うことができるよう，積極的にそのための環境の整備が推進されなければならない」ことを定め，附帯決議において「子どもがあらゆる機会とあらゆる場所において，本と親しみ，本を楽しむことができる環境づくりのため，学校図書館，公共図書館等の整備充実に努めること」を求めている。

　この法律では同時に，国および自治体に読書推進の施策の策定・実施の責務を定めており（第3条・第4条），4月23日が「子ども読書の日」となったことも相まって，全国の読書推進活動が公的な枠組みのなかで動き始めた。2002（平成14）年以降の『子どもの読書活動の推進に関する基本的な計画』，2005（平成17）年の『文字・活字文化振興法』が，読書推進に与えた影響も大きい。また2006（平成18）年の教育基本法改正に伴った学校教育法改正では，第21条5号で「読書に親しませ，生活に必要な国語を正しく理解し，使用する基礎的な能力を養うこと」を義務教育の目標のなかに定めた。このことで，読書をするか否かが個人の趣向の違いであり学校教育が積極的に関わっていくものではないという意識の段階から，教育のなかの義務へと大きく転換した。いわば，理科や社会を子供たち全員に教えるのと同じように，読書を推進することが義務となったのである。

　従来は，読書によって健全な教養と教育課程を補助的に豊かにするという外在的な傾向があったが，現在では，教育課程に内在的に不可分一体化した読書活動の展開が求められている。

(3) 小学校・中学校の学習指導要領から発達段階に応じた読書を読み解く

　読書と最も密接であるのは，国語科であることは間違いない。学習指

導要領の改訂（小学校：2020（令和2）年度実施，中学校：2021（令和3）年度実施，高校：2022（令和4）年度実施）にともない，数多くの営みにおいて読書活動に配慮していくことが必要になった。以下のように学習指導要領をみることで，一般的にはひとくくりにされがちな読書という用語が，発達段階に応じてどのように学校教育のなかで展開されていくのかが理解できるだろう。

　小学校の学習指導要領の国語科の目標では，言語能力に関して，「言葉がもつよさを感じるとともに，楽しんで読書をし，国語を大切にして，思いや考えを伝え合おうとする態度を養う」（小1・小2，以下「読書」に下線），「言葉がもつよさに気付くとともに，幅広く読書をし，国語を大切にして，思いや考えを伝え合おうとする態度を養う」（小3・小4），「言葉がもつよさを認識するとともに，進んで読書をし，国語の大切さを自覚して，思いや考えを伝え合おうとする態度を養う」（小5・小6）と示されている。中学校の国語科の目標においても「言葉がもつ価値に気付くとともに，進んで読書をし，我が国の言語文化を大切にして，思いや考えを伝え合おうとする態度を養う」（中1），「言葉がもつ価値を認識するとともに，読書を生活に役立て，我が国の言語文化を大切にして，思いや考えを伝え合おうとする態度を養う」（中2），「言葉がもつ価値を認識するとともに，読書を通して自己を向上させ，我が国の言語文化に関わり，思いや考えを伝え合おうとする態度を養う」（中3）となっている。詳しくは第12章・第14章で言及していくがそれぞれの読書に関する発達段階の見方に応じて，学校図書館の資料提供サービスを行っていくことが望ましい。

⑷　読み聞かせ・物語・考えを広げたり深めたりする読書へと展開する

　国語科ではそのほかにも言語文化に関して，「昔話や神話・伝承など

の読み聞かせを聞く」，「読書に親しみ，いろいろな本があることを知る」，「読み聞かせを聞いたり物語などを読んだりして，内容や感想などを伝え合ったり，演じたりする活動」（小 1・小 2），「幅広く読書に親しみ，読書が，必要な知識や情報を得ることに役立つことに気付くこと」（小 3・小 4），「日常的に読書に親しみ，読書が，自分の考えを広げることに役立つことに気付くこと」（小 5・小 6），「読書が，知識や情報を得たり，自分の考えを広げたりすることに役立つことを理解すること」（中 1），「本や文章などには，様々な立場や考え方が書かれていることを知り，自分の考えを広げたり深めたりする読書に生かすこと」（中 2），「自分の生き方や社会との関わり方を支える読書の意義と効用について理解すること」（中 3）となっている。読み聞かせから物語，そして一般的な読書への変化と，自己の確立を重視した展開を見て取ることができよう。

⑸　高校の学習指導要領から目指すべき読書の最終到達目標を読み解く

　高等学校の学習指導要領（国語）では，「生涯にわたって読書に親しみ自己を向上させ」ることや，科目内容の取扱いに当たって「生徒の読書意欲を喚起し，読書の幅を一層広げ，読書の習慣を養うとともに，文字・活字文化に対する理解が深まるようにすること」，「教材は，各科目の内容の〔知識及び技能〕及び〔思考力，判断力，表現力等〕に示す資質・能力を偏りなく養うことや読書に親しむ態度を育成することをねらいとし，生徒の発達の段階に即して適切な話題や題材を精選して調和的に取り上げること」が必要である。

　今回の学習指導要領の改訂において，科目編成に大きな変化があったのが高校であるが，小学校・中学校の関係者にとってみても，読書活動が将来どのように発展していくのかがよくわかる記述となっている。す

なわち，「実社会との関わりを考えるための読書の意義と効用について
理解を深めること」（現代の国語），「我が国の言語文化への理解につな
がる読書の意義と効用について理解を深めること」（言語文化），「新た
な考えの構築に資する読書の意義と効用について理解を深めること（論
理国語），「人間，社会，自然などに対するものの見方，感じ方，考え方
を豊かにする読書の意義と効用について理解を深めること」（文学国語），
「自分の思いや考えを伝える際の言語表現を豊かにする読書の意義と効
用について理解を深めること」（国語表現），「先人のものの見方，感じ方，
考え方に親しみ，自分のものの見方，感じ方，考え方を豊かにする読書
の意義と効用について理解を深めること」（古典探究）となっている。

　以上のように，国語科を通じた読書教育は，単に義務教育段階で終わ
るものではなく，小・中・高の長い年月をかけながら，間断なく学校教
育で取り組み続けることが想定されている。このことから，充実した学
校図書館サービス抜きには成り立たないことが同時にわかる。

3. 読み聞かせを通じた本との出会いの支援

(1) 学びと安らぎにつながるような愛情のある読み聞かせを行う

　本と出会うチャンスを増やす営みとして代表的なのが読み聞かせであ
る。読み聞かせという用語自体が，自由な読書を阻害する強制的なニュ
アンスが強いという批判を浴びていた時代も長かった。しかし，今や，
乳児に対する検診の際に絵本を配布するブックスタート事業が一般化
し，読み聞かせは子供への愛情を持ったまなざしを伴うコミュニケー
ション手段であるとする認知が進むなかで，読み聞かせという呼び方が
違和感なく社会に定着してきている。したがって，特に小学校１年生へ
の読み聞かせは，国語科教育としての意味合いよりもむしろ，学校にま

だ慣れない子供との心のふれあいの側面が大きい。読み聞かせを通じて，楽しいという気持ちを味わった子供たちは，教室や学校という場が，おもしろい空間であるという印象を受けることにつながる。学びと安らぎの両方を得られた子供たちが，その後にいっそう高度な学習を展開していくための導入として，1年生に対する読み聞かせの成否は，学校教育全体のなかでも極めて重要な要素であると言えよう。

　教科などと綿密に関連付けながら図書の紹介をするブックトークと異なり，読み聞かせは，内容に対する前提知識が少なくても実施できることから，学校教育の様々な場面において連携的に組み入れやすい。例えば，学校図書館内のガイダンスにおいて，読み聞かせを担任とともにティームティーチング（チームティーチング）で行うことが考えられる。また，教員と子供の心が通い合う学級づくりのために教室内で行う読み聞かせが充実するように，魅力的な図書を学級担任になる予定の教員にあらかじめ提案するのもよいだろう。学級文庫への貸出も行いつつ，担任と積極的に相談しながら支援していく。とはいえ，単発的な読み聞かせだけではなく，学校教育の様々な場面で読み聞かせを継続的に行っていく必要があり，学年が進むにつれて，学習活動との兼ね合いを強くしていくことになる。

　読み聞かせは読み手からの一方的な営みであると捉えられがちであるが，聞き手の主体性を最大限発揮させ，まるでハーモニーを奏でるように，互いに想像力を無言で広げ合うことを意識的に取り組みたい。また，読み聞かせはしばしば，普段は騒がしい子供たちが一点に向けて集中する魔法のような存在であると学校内で実感されている。上級学年になったので絵本は卒業するという意識ではなく，学習への興味関心を高める手法として活用し続けるのを支援していくべきである。

(2)　**ストーリーの展開がはっきりしている定番の本を読み聞かせに選ぶ**

　絵本だけでも毎年かなりの数が出版され，それぞれが異なる魅力を持つことから，読み聞かせを行うのに適した図書の選択は難しく，なおかつやりがいのある作業となる。長く読み継がれてきていて，ストーリーの展開がはっきりしている定番の本を選ぶのが基本である。クラス全体がおもわず口ずさんでしまいたくなるようなリズム感のある内容の本を選ぶことで，共感を通じた対話的な学びの一形態となりうる。担任や授業担当者と協力しながら，学校行事や学習活動と関連する内容を選ぶことも有効である。子供たちに言葉の力がついてくるにしたがって，平易な絵本から文字と挿絵のある読み物へと変化していくことになるが，絵による補助的な要素がないことから，一文が長すぎるものを避けるなど耳で聞くだけでも内容を把握できる図書を選ぶとよい。

(3)　**ゆっくり，はっきり，丁寧に読み聞かせする**

　開始時や終了時に適宜，表紙や裏表紙，最初の見返しの部分についても提示するとともに，著者や画家名も伝える。読み聞かせは，聞き手との関係性にのみ成り立つ営みであるため，上手，下手という客観的な評価になじまず低い敷居で気軽に行えることが大きな魅力である。感情移入ポイントは子供たち一人一人で異なっていたとしても，最終的に読み手も含め，心と心が共鳴しあえる結果が得られることが，演じる側にとっても満足感につながる。そのためには，読み間違えた際に慌てて大げさに訂正することで流れが中断することは避けるべきであり，また，上手く読むことに集中しすぎて子供たちの表情や視線の動き，息遣いについて見落とさないようにしつつ，ゆっくり，はっきり，丁寧に読み，状況に合わせて長短の「間」をおく。親指と 4 本の指とで本の下部を強く挟み込みながら，可能な限り本が揺れ動かないようにしつつも読み進

めていく。手のひらや腕がページの上にかぶって妨害しないように慎重にページをめくる必要もある。いきなり本番を迎えるのではなく，必ず事前に練習をし，新しい本は開きぐせをつけておく。その際に，平板に読むとわかりにくい文章に抑揚をつける箇所や，言葉の持つ音を大切にする部分をリズミカルに読むことを想定するなど，子供たちの立場にたって準備をする。

4. 学校図書館ガイドラインと児童生徒への読書支援（1）

　学校図書館法は第2条で学校図書館の目的を（A）「教育課程の展開に寄与する」とともに（B）「児童又は生徒の健全な教養を育成する」ことであると定めている。これまで読書活動については（A）よりも（B）のほうが親和性が高いものと思われてきた。しかし，教科学習に役立つノンフィクション作品も重視される流れを反映し，（A）と（B）が渾然一体となってきているのが近年の学校教育である。このため，学校図書館ガイドラインを参照する際にも，読書について学習支援の視点を持つことが今後は大事になってくる。一方で，（A）に配慮しすぎると，既存の教科・科目体系からの影響を受けがちになる。真理に向けた探究と正解を求める読書は紙一重の関係にあり，言語力や情報活用能力の育成が，いつの間にか正解や最短手順・適正時間か否かへの学習評価へとすり替わってしまう。特定の単元に関する図書ばかりが増えて，全体の蔵書構成の中で偏ってきていると感じた場合には，むしろ（B）を重視して，子供の興味関心を拡散させる配慮も必要になってくるだろう。

□ 児童生徒の健全な教養を育成することを目的としたサービスを行う。

➡ GUIDELINES (1)

□ 児童生徒の読書活動や児童生徒への読書指導を支援する。　➡ GUIDELINES (1)

□ 「読書センター」としての機能の実現に向けたサービスを提供する。

➡ GUIDELINES (1)

ケース
スタディ
8

先生のための
授業に役立つ

学校図書館　活用データベース

SELECT

●授業実践「読書会（ブックカフェ）」

（校種：中学校，教科・領域等：国語，対象学年：中2）

活用・支援の種類

読書会課題本の選定，話し合うテーマの絞り込み

図書館とのかかわり

読書会（ブックカフェ）を授業で行うので，一緒に本を選んでほしい（中1・中2・中3で実施予定）

授業のねらい・協働にあたっての確認事項

中1（2016年）中学1年生が無理なく読める本から上級向けまで，日本文学と外国文学，ファンタジーとリアリズムなど多様に，かつ読書が苦手な男子が，思わず手に取りそうな本も選ぶ。文庫本に限る。

中2（2017年）　昨年度よりもバージョンアップした本

中3（2018年）　生き方について考える本

本は教員個人の研究費で複本で購入（5〜20冊）

提示資料

・『穴　HOLES』ルイス・サッカー作　幸田敦子訳　講談社　2006

無実の罪で矯正キャンプに送られたスタンリーは，他の少年たちとともに，ひたすら地面に穴を掘らされる。いったい何の目的で？運から見放されたスタンリーに起死回生のチャンスはあるのか。伏線が多く，大どんでん返しの結末が待っている。

・『影との戦い　ゲド戦記１』アーシュラ・Ｋ．ル＝グウィン作　清水真砂子訳　岩波書店　2009
　　真の魔法使いになるために，学院に入ったゲドは，おごりとねたみの心から禁じられた魔法で，死の国から自らの影を呼び出してしまう。影に追われることになったゲドは，逃げずに影と対決することを選ぶ。非日常の言葉，オジオンのたたずまい，真の名などに生徒は魅了された。

・『あと少し，もう少し』瀬尾まいこ作　新潮社　2015
　　中学生の駅伝チームの出場選手決めから大会当日までを部長の桝井を中心とした６人の奮闘を描く。６章は語り手が変わって，同じ場面を各人の視点から描いている。その手法が，読みなれていない生徒にもわかりやすいと好評だった。

授業者コメント

　　１年時にはじめて取り組んだときは，グループ編成，話し合うテーマなどをすべて生徒に丸投げ状態で取り組ませたために，話し合いが十分に深まらないグループがあった。

　　その反省を生かし，２年時にはグループは四人以内に調整し，話し合う前に基本的な設定の確認を済ませておくようにした。また，２回の読書会で必ず触れる話題（レギュラーメニュー）も決め，その上で，各グループで話し合いたいテーマを「スペシャルメニュー」として深められるようにした。（参考資料参照）

　　このように，話し合う土台の地ならしを丁寧に行った結果，話し合いが上手く絡み合い，活発に読書会での交流に取り組むことができるようになった。また，司会者，記録者を輪番し，「司会のワザカード」などで支援しながら，どの生徒も話し合いに参加できるように配慮することができた。

　　読書会で一番のカギとなるのはなんと言っても課題本の選択だ。やはり深まる本と，なかなか深まりにくい本がある。年齢や発達段階の兼ね合いも大きい。司書と一緒に課題本を選ぶことはとても大変だったが，うまく生徒に受け入れられ，楽しんで読んでもらえると，とても嬉しかった。

司書・司書教諭コメント

　　国語の授業でクラス全員が１冊の同じ本を読んで読書会を行う事例は他に実践があるだろう。本校の実践は，読書会の本を，約８種の本から各自の希望で選べるところに特色がある。

　　一人の読書では，１冊の本の深くて広い世界を充分味わうことは難しい。同じ本を読んでも，感銘を受ける部分が違ったり，感じるところはそれぞれ違うと，読書会で気づけたところが素晴らしい。それが読書の醍醐味だと思う。

　なかなか手に取られない『影との戦い』も課題本にしたところ，各クラス数人が読んだ。そして，シリーズに手を伸ばす生徒がいて，「ゲド戦記」が読まれたことは司書としてとても嬉しいことだった。

　授業のブックカフェを経験した生徒が数人，放課後のブックカフェ（司書担当）に参加してくれたのも思いがけない成果であった。

出典：『**授業実践事例―お茶の水女子大学附属中学校**』（授業者：渡邊光輝
　　　（2017年2月，2017年10月，2018年10月），事例作成：奥山文子
　　　（2018年9月））

10 児童生徒への読書支援（２）

前田稔

《**目標**》図書を介した交流活動を増やして読書を日常生活に定着させていく。
《**ポイント**》
● ストーリーテリングでは情景がイメージしきれるまで練習を重ねる
● 間の取り方で感情移入を促し集中力が途切れないようにする
● 外国語では歌や人形を組み合わせたストーリータイムを行う
● 公共図書館をはじめ地域と連携して読書推進活動を行う
● 知的欲求の充足と安らぎの実感を得られるように支援する
● 不読者をなくすことに向けて積極的かつ的確に関わっていく
● 全校一斉読書が円滑に実施できるように支援する
● 行事を通じて読書へのチャンスづくりを計画的に行っていく
● 講演会・発表会・読書会・ビブリオバトルなどの集会行事を推進する
● 読書相談で子供たちとゆったりと談話しながら資料と結び付けていく
● 人格のデリケートな部分と慎重に関わりながら子供を理解する
● ねらいを十分に明確に定めながら，図書リストを作成する
● 探究型学習のなかで子供自身による図書リストの作成を支援する
《**キーワード**》
図書館行事，読書推進活動，読書相談

1. ストーリーテリング

⑴　**ストーリーテリングでは情景がイメージしきれるまで練習を重ねる**
　前章では，読み聞かせについて言及してきた。読み聞かせは，比較的年齢の低い子供が対象層となるものの，実際に学校図書館の蔵書を提示

しながら行う営みであることから，学校図書館利用の動機づけを行う手法のなかでも特に強い効果が認められる。絵本の持つ強い訴求力を妨げることがないように，読み手の個性を排して可能な限り透過的に子供たちに伝えることが重視され，誰が行っても一定のクオリティを維持できる万能性も有している。とはいえ，読書と親しむことに向けて，読み聞かせ以外の手法についても，適材適所で組み合わせていくことが望ましい。

なかでも代表的なのは，ストーリーテリングである。読み聞かせと異なり，あらかじめお話を覚えておき語っていく手法である。暗記を必要とし，話者が自分自身の言葉として語りかけていくことが必要になるため，専門的で難易度が高い反面，成功したときには，子供の心との距離が近づく手応えが大きい。古来の語り部の延長線上で，お話し，素話，語り，語り聞かせといった別の言い方で呼ばれることもある。

ビジネスの世界では，商品やサービスを顧客に説明する際に，物語形式や経験談を取り入れて，心に強く訴えることを指し示すが，それとは異なる。とはいえ，顧客に対して事実や統計を基にした客観的な根拠や論理性を示すだけでは競合に打ち勝つには不十分であり，それらをストーリーテリングに織り込んだ場合に初めて真の説得力を持つと考えられている点は参考になるだろう。

読み聞かせとストーリーテリングには，学校図書館サービスの本質的要素が凝縮されている。ただし，ストーリーテリング自体は本を携えずに記憶にそって話していく営みであるため，子供にとって，図書と直接的に関係する度合いは少なくなる。読書とどのように結び付けるのか，つまり，一般教室など学校図書館の外で行う場合は，読書活動の核となる本質部分をどれだけ重ね合わせられるかが問われる。一方，学校図書館内で行うときは図書に囲まれているため，読書活動と結び付ける工夫

に注力することよりもむしろ，心の居場所として安心して落ち着ける空間であることを感じられる雰囲気づくりを優先したい。

　物語を覚えることが前提になるものの一言一句を正確に再現しようとするあまり気持ちのこもらない話し方になってしまっては本末転倒である。語り手の頭のなかで情景が具体的にイメージしきれるまで，事前に要点をメモするなどしながら物語の構成を理解することに努め，練習を重ねる。その意味では，ストーリーテリングには読み聞かせよりもむしろ舞台で観客に演じる演劇活動と性質が類似する芸術的な側面がある。言葉からイメージへ，イメージから言葉へと自在に行き来ができる能力を育みたい。

⑵　間の取り方で感情移入を促し集中力が途切れないようにする

　元になる本を選択する際には，登場人物や話の展開が明快である昔話を選んだり，ストーリーテリング用の図書を使ったりすることで，覚えやすく，聞き手にも効果的な語りを行うことができる。抑揚をつけすぎないようにしつつ，ゆっくりと明瞭に語ることで，お話の世界と子供たちの距離が近づく。場面への感情移入を促し，登場人物とともに考え，ことばの余韻を楽しめるように，間の取り方については，細心の注意を払う。読み聞かせの場合は図書を直接見ながら話すことになるが，ストーリーテリングでは，子供たちの様子や表情を眺め続けることになる。そこからは，読み聞かせのときよりもはるかに多いインフォメーションを得ることができる。ほとんどの場合は語り手の直感力次第になるものの，例えば，集中力が低下してきていると感じたら無音の時間を調整するなど，状況に合わせた即興性も大事にしていきたい。

　ほかの話題に気をとられて感情移入が遅れてしまうことを避けるために，お話には単刀直入に入ったほうがよく，また，広がった想像の余韻

を大事にした終了を心がけるのがよいだろう。語っている途中で，内容を思い出せなくなったり誤ってしまったりした場合でも，立ち止まることは極力避け，子供の集中力が途切れないようにつなげる機転をきかせる。舞台でセリフを思い出せなくなって，どうにかつないでいく役者と同じさりげなさが必要である。同様に，聞いている子供から質問などの発言があった場合も，終わった後で答えることを告げて，中断しないようにする。

このように高度な側面があるため，ストーリーテリングに対して苦手意識を持って尻込みしてしまうかもしれないが，公共図書館におけるストーリーテリングと異なり，学校では対象者となる集団が確実に毎年変化していくので，得意とするお話しを定番として身につけることが有効である。例えば，毎年同じ時期に小学校2年生の各クラスの子供に対して，同じ内容のお話しをすることが可能であり，暗記が苦手な場合でも，語りの習熟度が飛躍的に高まっていく。

(3) 外国語では歌や人形を組み合わせたストーリータイムを行う

ストーリーテリングは，アメリカにおける活動を参考にしながら，日本で独自の発展を遂げてきているが，そもそも言語の構造が異なることにも注意が必要だろう。アルファベットは26文字しかなく，漢字を覚えながら読書をするよりもアメリカ人の方が楽そうに見えるが，実際には文字同士を複雑に組み合わせた単語と文で成り立っており，それらと話し言葉とを結び付けること自体に高い障壁がある。ようやく簡単な本が読めるようになるのは7〜8歳であるとも言われている。レベル分けをしたGR（Graded Readers － 日本では多読用に使われている）や，音声再生を伴う電子書籍，オーディオブックの提供がアメリカの図書館の役割として重視されている。図書館サービスの役割も自ずと異なり，図

書という物理的形態をとるか否かに関わらず，ストーリータイム（storytime）の提供を通じて，歌・ギターの弾き語りや，パペットを手にはめたりし，人形劇，紙芝居的な要素と組み合わせた一連のショーを構成している。まずは物語を楽しむことや，チャンツ（chants）やライム（rime）を通じて英語のリズムや韻になじむことを丁寧に行っていく。日本の小学校において，外国語教育が今後求められるなかで，学校図書館サービスにおいても，ストーリーテリングとは異なる，外国語を使ったストーリータイムの提供が今後は有用になってくるだろう。

🔍 storytime　library

2. 読書推進活動の展開と図書館行事

⑴　公共図書館をはじめ地域と連携して読書推進活動を行う

　読書推進とは，すべての子供があらゆる機会とあらゆる場所において自主的に読書活動を行うことができるよう環境を整備することを言う（『子どもの読書活動の推進に関する法律』第2条）。読書推進活動は学校図書館のみで行われているのではなく，全国レベル・地域レベル・学校レベルなどの様々な領域での複合的な取り組みとしての性質が強い。また，かつては行政内において学校教育系，青少年育成系，社会教育系，厚生系で，子供と読書に関する取り組みが分かれがちであったが，県・市町村における読書推進計画の整備が進んだ結果，それぞれの役割に応じて総合化した政策が進展しつつある。したがって，学校図書館が子供の読書推進に関して全責任を負わなければならないわけではない。このため学校図書館の立場からは，読書推進のためにどのような種類のサービスを提供できるのか，学校外の組織とどのように連携できるのかという視点が必要になってくる。例えば，公共図書館において普段は児童

サービスを行っている職員を招いて学校図書館内で読み聞かせを行って
もらったり，地域の子育てサークルやボランティア活動で行われる，お
はなし会や読書会の案内を学校図書館が行ったりすることが考えられ
る。

　学校内で実施する読書推進活動についても，最終的には教育委員会を
通じて，地域に報告される性質を持つことからもわかるように，学校教
育のなかで全教職員が一丸となって体系的・計画的に行われることが望
ましい。

(2)　知的欲求の充足と安らぎの実感を得られるように支援する

　読書離れの要因としてしばしば指摘されるのは，その子にとって優先
順位が高いほかのことで精一杯になり，読書に時間を割かない点である。
中学校や高校へ進むにつれて，受験勉強やクラブ活動に時間が取られ，
読書から離れていってしまう。公共図書館では，幼児・小学生まで利用
していた子供が，中高生になると離れていき，大学生や社会人になると
戻ってくることから，ヤングアダルトサービス（YA）の領域が発達し
ているが，それでもなかなか呼び込むことが難しいのが，悩みとなって
いる。

　しかし，目指す姿が生涯を通じて読書と親しむことであるならば，読
書がほかのことと優先順位を競い合うことには，あまり意味がない。読
まない理由を他に転嫁しているだけの面もある。例えば，高校生が部活
動や塾を優先してスマートフォンをいじらないといったことは，あまり
想像できない。同じように，読書と生活は共存できるはずである。常に
本を携えながら，空いた時間が少しでもあれば，読書を進めていく姿を
理想としたい。そのためには，読書の習慣ないし日常性を重視するとと
もに，読書はしなければならないことというよりも，知的欲求が満たさ

れ，安らぎがもたらされることの実感を一人一人の子供が得られるような支援を行っていくことが大事になってくる。資料の魅力が原動力であり，おもしろいと思える本が学校図書館に存在することが第一条件となる。古典的な教養や，各教科で教えたい内容を優先しすぎて本を選んだり，いわゆる思想善導を重視しすぎたりしても，結果として読まれなければ読書推進の意義が薄れてしまう。また，こまめに中断できるように，しおりを使いこなすことを促したり，発達段階に応じた文章の読み取り方・楽しみ方があることを伝えたりすることが有効になってくる。

⑶　不読者をなくすことに向けて積極的かつ的確に関わっていく

　学力観の変化に伴い，入学試験も「覚える」から「考える」へと大きく舵をとりつつある。従来，読書と勉強は全く別の領域を構成しており，成績を上げるためには読書は役に立たないという認識が大きかった。しかし，思考力型の試験の成績と読書習慣の有無が連動していることが世界的に統計的に証明されてきている。これまで，様々な生活習慣と資質能力との関連が調査されてきたが，読書習慣ほどには関連性が安定的に見出されてきてはいない。そのような状況のなかで，読書が受験に役立つという意識改革が徐々に浸透しつつある。塾や予備校へ通わせることに注力しがちな保護者は，子供の読書の時間を遊んでいるとして否定的に捉える傾向があったが，今後は，むしろ読書を推奨する立場に変わっていくことが予想される。

　読書経験がなく意欲のない子供に対しては，そもそも楽しんだ経験を持っていない可能性があるため，一人一人の個性や発達段階に合わせた体験場面づくりを行う。そのためには，子供の表情やしぐさを読み取りながら，知りたい，おもしろそうという瞬間を逃さない。単発的な興味関心で終わらせるのではなく，その次の読書，そしてそのまた次の読書

へとつなげていく。公共図書館のサービスと決定的に異なるのは，不読者をなくさなくてはいけないという目標であり，積極的かつ的確に子供と関わっていくことが必要になる。

　子供が読みたいと思ったときに，いつでも本を手に取れるような環境づくりの観点からは，学校図書館のなかだけでなく，学校全体の取り組みが不可欠である。全教職員の協力を得つつ，学校内の様々な場所に，場所の特質に応じた図書を置くことも，日常性を確保する方法のひとつになってくる。学級貸出を積極的に行っていくほかにも，教職員への貸出可能冊数を多くするといった工夫がありうる。

⑷　全校一斉読書が円滑に実施できるように支援する

　学校内の読書推進活動の代表例として，全校一斉読書ないし朝の読書を挙げることが可能である。教員も一緒になって読むなかで，原則として子供たちがどのような内容の本を選んでもよく，特定の内容を強制されることなく雰囲気に溶け込みながら自然に読書がなされるという自由な点や，全校一斉に短時間で実現可能であることから，またたく間に全国に広がった。平成28年度「学校図書館の現状に関する調査」によれば，小学校の97％，中学校の89％，高校の43％が全校一斉読書を実施している。実施している学校のうち，朝の始業前に行っている学校は，小学校だと69％，中学校で73％，高校で63％であった。集中とリラックスは一見すると相反するようにも思えるが，例えばヨガや座禅からもわかるように，実際には意識を集中させることでリラックスした状態がもたらされる。朝の読書を行うことにより，登校直後のざわざわした雰囲気から瞬時に落ち着いた状況へと転換し1時限目を迎えることのできる効果が各学校で実感された結果，広まってきた面もある。近年では子供の貧困問題がクローズアップされており，また，家庭の方針として読書をあま

り重視しない場合も多いことから，子供が書店で図書を買うこと以外の選択肢を十分に用意することが必要であり，学校図書館の貸出サービスは大きな役割を果たす。また，一斉読書の際の本選びに迷う子供に対して担任が声がけし働きかける際に役立つ学級文庫の充実を支援することや，公共図書館の利用促進を案内することも，学校図書館が担うことになる。

(5)　行事を通じて読書へのチャンスづくりを計画的に行っていく

　学校図書館サービスには，小規模な読書推進の行事をなるべく日常的に数多く用意することも含まれる。読書活動を推進するにあたって，いかに素晴らしい蔵書を揃え，居心地のよい空間をつくったとしても，子供たちが自らの意思で足を運ぶようなきっかけづくりがないと，学校図書館から足の遠のいている子供に，読書習慣をつけることが実際には難しい。行事という言い方をすると，大がかりなイベントを想定しがちであるが，ここでいう図書館行事とは，年間を通じた読書推進活動以外のあらゆる単発的な読書推進への工夫まで含めた，幅広い催しが含まれる。予算や時間，協力者の確保といった制約条件は多いかもしれないが，気軽に取り組める範囲のイベントを含めながら，なるべく多く，読書へのチャンスづくりを行っていきたいものである。手順の策定も含め，いつどのような図書館行事を行うのかという点について，あらかじめ想定できる範囲で年間計画のなかに位置付けておく。

(6)　講演会・発表会・読書会・ビブリオバトルなどの集会行事を推進する

　図書館行事として代表的なのは，集会をともなう行事である。作家の方や有識者を招いた講演会や，調べ学習の発表会，読書会が含まれる。

例えば読書会にも様々な方法がある。決められた本をあらかじめ参加者が読んできた上で，少人数のグループに分かれて，ひとりずつ感想を言い合うのが，読書討論会である。参加者が自分で購入した図書を読む場合もあるが，地域全体でテーマとなる本を決めておき複数の本を購入した上で相互貸出を行うことも考えられる。輪読会は，当日その場で示された本について，範囲を区切って互いに朗読を進めていき，区切りのよいところで感想を述べ合う方法である。読書発表会の場合は，自分が読んだことのある本について，ほかの参加者に紹介したり感想を言ったりする。

　読書会と類似の活動ではあるものの，従来の読書会へのイメージを刷新したものとして，ビブリオバトルを挙げることができる。制限時間内で登壇者がそれぞれ自分の選んだ本についての書評を行い観覧者が投票をする。競い合うのを楽しみながら様々な規模で実施することが可能であることから，今や全国的に一般化している。　🔍ビブリオバトル

　口頭による即時的なコミュニケーションを要素としない行事としては，読書週間や，図書の展示会，各種コンクールへの応募がある。例えば，読書感想文コンクール・読書感想画コンクール・図書館を使った調べる学習コンクールは原則として学校を通じて応募する全国的なコンクールである。コンクールに入賞すること自体を目的とすることなく，応募までのプロセスのなかで，学校図書館で可能な限り有効な資料を提供していくサービスを行っていく。

　行事はアイディアさえあれば，様々な形で実施することが可能である。実施当日のみならず，企画の議論・事前準備から後片付けまですべて含めた全体として行事を捉えながら，図書委員会が行事の企画に参加していくことで，自分たちの居場所であるという実感を高めながら，資料への理解を深めていくことが可能になる。そのことは保護者にとっても同

様であり，ほかの教科ではなかなか提供できない，保護者が主体的に活躍する機会を設定することができる。

　複数の小さな行事を一同に集めて期間を区切って行うのが，図書館まつりである。図書館まつりは，学校全体の行事計画に位置付けられる比較的規模の大きい催しであり，工夫次第では，来場者個々の興味関心に合わせた企画を提供できる。また，子供たちが学校図書館を活用するチャンスを増やすという意味では，学校図書館が主催する行事だけでなく，学校全体で執り行う行事の機会を利用していくことになる。

🔍図書館まつり　　学校

　読書推進活動には，読書週間をはじめ期間を区切った図書館行事やイベントが目立ちがちであるが，より長期的な視野では，年間を通じて継続的な読書推進活動と地道に関わっていくことも含まれる。例えば，読書記録ないし読書ノートの記録作成を支援したり，友人・担任・家庭へと自分が読んだ本の感想を手紙で伝え合う読書郵便を運営したりする。図書館クイズを通じて楽しんで学びを深めたり，読書に積極的な子供を何らかのかたちで表彰したりといった工夫も欠かせない。また，図書館だよりの発行を通じて，児童・生徒，教員，保護者への啓発を粘り強く続けていくことや，学校内で子供が集まったり通過する部分の掲示を強化したりすることで，日常性のなかで意識できるようにしていく。

🔍読書郵便　　🔍図書館クイズ　　学校

3.　読書相談と図書リスト

⑴　読書相談で子供たちとゆったりと談話しながら資料と結び付けていく

　学校図書館における読書相談サービスの基本は，子供たちとゆったり

と談話することに尽きるだろう。公共図書館や大学図書館を問わずあらゆる図書館は，利用者を知り，資料を知り，そして両者を結び付ける役割を担っている。この点，公共図書館の場合，そもそも読書に意欲的な来館者を対象とする側面が強く，読書相談は受動的な営みとしての側面が強い。利用者からの要求を待って行われるのが原則である。一方，学校図書館において読書相談コーナーをつくり，どうぞ皆さん相談しに来てくださいと言っても，自分から相談にくる子供はそれほど多くはない。読書好きの子供であったとしても，かしこまって読書相談をするよりも，何かおもしろい本はないかな，最近何が流行しているの，といった呟きを聞き逃さないようにし，積極的に答えてあげるだけで，嬉しそうな顔をする。

(2) 人格のデリケートな部分と慎重に関わりながら子供を理解する

　読書が得意ではない子供たちには，話しかけていくことから読書相談の種が芽生える。授業で学校図書館に来訪したときでもよいし，学校図書館の外や校外活動の付き添い時であったとしても，すべてが読書につながる元になる。とはいえ，何事も読書につなげようと努力しすぎても，子供も敏感に感じ取ってしまい，真に読書が好きになり習慣化する結果とはならないことがあるのは，ほかの教科教育と同じく教育活動の難しさであり，おもしろさでもある。不読者を一人でも減らすことが短期的な目標であったとしても，読書推進の本来のねらいは，豊かな生涯を送ることに向けた支援であることを忘れてはならない。まずは，子供の理解者であることが第一である。読書に対するコンプレックスを含め，読書歴や読書傾向の把握のみならず，生活上の悩みや興味の所在といった人格に関わる側面まで踏み込んでいく可能性のある，非常にデリケートなサービスであることも意識したい。その子供が求めている本を，図書

館の目立つ場所にさりげなく，置いておき，それに気づいて借りられるのであれば，読書相談にうまく答えられたようなものである。その本をほかの子が借りたとしても，子供の立場にたって用意した本は，心の奥底にある欲求を満たすものになる可能性が高い。

⑶　**ねらいを十分に明確に定めながら，図書リストを作成する**

　図書リストは，本の名称や書誌情報の単なる羅列なのではなく，特定の条件でピックアップされた性質を伴う図書の一覧表である。学校図書館が提供する場合は，子供たちの本探しや本選びを助けることに重点が置かれる。図書関連団体，教育委員会，出版社などが作成した外部から入手可能な様々な図書リストが存在する。一方，校内で図書リストをつくる際には，リストのねらいを，十分に明確に定めることが必要になってくる。複数の者で共同して作成する場合には，図書館の資料の種類や対象とする読者層などで互いにブレが生じないように，事前に十分に話し合うことが必要である。取り上げられるべきジャンルや，事典を入れるのかといった，リストアップするための規準について定めておく。リストをつくること自体に注力しがちであるが，あくまでも，学校全体の教育目標や学校図書館の経営方針，授業のねらいに向けての手段であることを意識してつくっていくことで，趣旨が明確になり児童生徒に伝わりやすくなるとともに，ほかの教職員との関係でも意識を共有していくことが可能になる。図書リストに分類記号をつけることで，所蔵している図書まで実際に誘導することが容易になる。図書リストの目的によっては，児童生徒の道標になるように一冊一冊に簡潔な説明（解題）をつける。

🔍図書リスト　学校

　図書リストの種類としては，新着図書リスト，推薦図書リスト，テーマ別図書リストといったものがある。図書リストを子供たちに周知する

ために，図書館だよりにリストを含めたり，印刷して手に取れる場所に置いたり，掲示したりする方法がある。図書リストのなかでも，推薦図書リストを指すときに，ブックリストと呼ぶ場合も多い。ブックリストと図書の実物展示を組み合わせると効果的である。例えば，各学年から50冊の推薦図書が提示された場合でも，展示は10冊ずつ行い，展示用の図書が減ったら書架から補充するといった対応が考えられる。図書リストのテーマによっては，学校図書館内の蔵書では不足しているときもある。その場合は，地域の公共図書館や，書店での購入までも視野に入れて図書リストを作成する。公共図書館でも図書リストは作成されるが，例えば中央館のように広い空間の場合は，リストに挙げられたすべての本を集めるのはかなり手間のかかる作業である。それに対して，学校図書館は比較的狭く蔵書数も少ないので，図書リストを活用して総合的な学習の授業を行ったり，複数の授業と横断的に組み合わせることで，図書リストの有効性が高まる。

　教職員向きの図書リストとしては，単元ごとにまとめた図書リストがある。各教職員に授業や探究型の学習で学校図書館を使用してもらうきっかけづくりになる。また，学校図書館側が各単元のねらいや自校における具体的な教育活動の把握することに役立つ。蔵書が足りない分野の把握にもつながるため，作成するプロセス自体も有意義なものになる。この，単元ごとの図書リストは，児童・生徒向けに提供することも有用である。このほかに，レファレンスの際の参照用にしたり，展示活動の準備・記録用にしたりするための，学校図書館運営用の内部資料としての図書リストがある。

⑷　探究型学習のなかで子供自身による図書リストの作成を支援する

　図書リストと類似したサービスとして，パスファインダーを提供する

サービスがある。パスファインダーは，特定のテーマに関連する資料の探し方をまとめたものである（第7章参照）。高校生では，多くの場合，調べるテーマをある程度自由に選ぶことが許された指導が行われる。また，タブレットパソコンや電子的な資料についても併せて十分に活用できる素地がある。このため，主体的にテーマを補助する意味合いで，多様な情報手段の使いこなし方について記載されたパスファインダーを提供することになる。一方，小学生の場合は，そもそも，むやみに本を探す傾向が強く，図書館のなかで授業をする際に，手がかりとして役立つ1枚の紙としてパスファインダーを提供する。

　図書リストを子供たちが作成することを支援する役割も学校図書館にはある。様々な情報メディアを特性に合わせて使いわけてリストにするという意味合いで，資料リストとも呼ばれる。図書リストのつくり方自体を教育内容とする場合と，調べ学習・探究型学習の際に手に取った資料をリスト化する場合に分けられる。リストを作ることが面倒であると感じているようであれば，図書リストを作成することの利点や意義を伝える時間を用意する。授業担当教員が伝えることもあるが，ティームティーチングで行う場合は，それを説明する役割を学校図書館側が担うことで，安定的，効率的に全員へ伝えることが可能になる。その際には，例えば調べた図書を蓄積することができることや，得られた知識を再利用しやすい点を伝える。また，出典としての正式な形式をとることで，第三者に調べた量や質に関する成果として示すことができる点や，ほかの人と学習プロセスを共有できることも説明する。リストを作成する練習をする場合は，例を示しながらワークシート形式で，表や空欄のなかに記入できるようにすると，何をどのように記載すべきかがわかりやすくなる。このため，出典記載の一般的なきまりごとを，自然と身につけることが可能になる。

4. 学校図書館ガイドラインと児童生徒への読書支援（2）

　本章では，子供が読書習慣を身につけるための，各種の方法について
触れてきた。いずれも，学校図書館サービスによる人の力なしには，行
えないものばかりである。

□ 教員が日々の授業等も含め，児童生徒の読書活動や学習活動などにおいて学校図
　書館を積極的に活用して教育活動を充実することを支援する。

➡ GUIDELINES (4)-2

ケース
スタディ
9

先生のための
授業に役立つ

学校図書館　活用データベース

SELECT

★ SSH「サイエンス・カフェ」＆「グローバル・カフェ」の開催

　9月17日の放課後，メディアセンターでは第2回「サイエンス・カフェ」がひらかれました。

　本校は今年度，文部科学省の SSH 校（スーパーサイエンスハイスクール）の指定を受けました。これは，将来的に国際的な科学技術人材を養成することを目的としています。

　今回の「サイエンス・カフェ」には，統計数理研究所副所長の，椿広計先生を講師に迎え「統計によるものの見方：一に聴いて十を知る」というお話を伺いました。

　理系の話と思いきや，講義の冒頭は夏目漱石の話になり，生徒たちもびっくり。漱石が，帰国後に東大で講義（文学評論第1講1903年）した，"説明的 Why ではなく，記述的 How が統計科学"という内容で，「詳しくは漱石全集を読んでみて」という椿先生の一言に，内心司書の私は大慌て。

　すぐに所蔵を確認してみますが，「夏目漱石文学全集」はあっても，「夏目漱石全集」はありません。生徒たちが

他校 SSH 校生徒の研究
報告集コーナー

興味をもったときに必要な資料を提供するのも司書の仕事。すぐに紹介された論文が掲載されている資料を手配をすることにしました。

　また10月8日の放課後には，夏休みに10日間，日本ユネスコ協会連盟主催の「カンボジア・スタディーツアー」に参加した高校2年生Kさんによる「第1回グローバル・カフェ」が開かれました。前半はカンボジアで遺跡修復の手伝いをしながら関わったカンボジアの大人や子どもたちとの交流が紹介され，後半は現地で身につけた新聞紙でのバックを，参加した生徒と作るワークショップがおこなわれました。

　発表したKさんは「先生になることをめざしていましたが，カンボジアを訪問してみて，世界で大変な思いで暮らしている子どもたちのために働きたいという思いが強くなりました」と，直接途上国の子どもたちとふれあった経験が，将来の夢にも影響をもたらしたことを熱く語っていました。話を聞いていた同世代の生徒にも大いに刺激となったことでしょう。

★無料資料の活用

　毎月，新着図書を購入しているメディアセンターですが，一方で厳しい財政事情から，授業に活用できる無料資料やパンフレット（送料のみ有料の場合もあります）も入手するようにしています。

　毎年入手しているのは，「世界子供白書」ユニセフ発行，「世界人口白書」国連人口基金発行，「EFA グローバルモニタリングレポート」ユネスコ発行。毎年，それぞれが児童労働や女性の教育，母子保健などテーマを特集し，生徒のレポートにも活用されています。

　また，この夏は都内の公共施設を訪れた際に，東京について 8 か国語（日，英，独，仏，西，伊，中，韓）の無料観光パンフレットと地図を発見！英語の授業で生徒が東京についてまとめていたことを思い出し，すべて 1 部ずつ鞄に詰め込みました。

　また，この他にも著作権情報センターや，私的録音補償金管理協会から，「生徒のための著作権教室」「学校教育と著作権」「教師のための著作権講座」など，司書の仕事でも役立てられる無料の資料を確保しています。なかなか最新のデータも得られて，無料資料，冊子は侮れません。

★読書の秋へ

　毎月館内ではテーマ展示をしていますが，今月は生徒に人気の「近未来＆タイムトラベラー小説」特集をしています。

　タイムトラベルのムードが漂うように，モノトーンの「時計」画像をたくさんちりばめた展示にしてみました。忙しい秋の行事や部活の合間に，ぜひ生徒には本を読む時間も確保してほしいものです。

★思いがけない Good！

　昨日，英語科の外国人講師の C 先生がメディアセンターを訪れました。直接話をするのは初めてです。図書館での資料の取り寄せ方や，パソコンの貸出利用についての質問でしたが，去り際に「ここの図書館はいいですね，Good！前の勤務校は館内では一切話すことが許されませんでしたが，こんなに自由に話していいのなら，今度英語の授業をメディアセンターでやりたいです！」とのこと。

　賑やかな雰囲気が授業の館内利用につながるなんて・・・司書としては少々複雑な Good！でした。

出典：『今月の学校図書館―東京学芸大学附属国際中等教育学校』（渡辺有理子，2014年9月29日）

11 | 児童生徒への学習支援（1）

前田稔

《**目標**》学校教育の転換期における学校図書館サービスを理論的に理解してい
く。
《**ポイント**》
●学校図書館を通じて教育課程を社会に開かれたものにする
●概念的知識を生涯にわたって深めていけるように支援する
●教科・科目の見方・考え方を媒介して子供と社会をつなげていく
●自校の教科書について，学校図書館と関わる内容をチェックする
●経験主義と系統主義とを架橋させるようなサービスを心がける
●一人アクティブ・ラーニングとしての図書との対話を促進する
●教室に馴染めない子供のための居場所を提供する
●図書館の自由に関する宣言を意識して図書館を運営する
●公立図書館の価値中立性とは異なる専門的な価値判断をしていく
●授業に役立つ図書や子供の学習への関心が高まる図書を選択する
●自己挑戦と革新で未来の可能性を広げていく支援をする
《**キーワード**》
教育課程，教材，図書館の自由

1. 教育課程の展開と学校図書館

⑴　**学校図書館を通じて教育課程を社会に開かれたものにする**

　学校図書館は，教育課程（カリキュラム）と密接な関連を有する。
1952年に定められた学校図書館法では，第2条で，学校図書館とは「学
校の教育課程の展開に寄与するとともに，児童又は生徒の健全な教養を

育成することを目的として設けられる学校の設備をいう」と示されている。このため，全国の学校で一定の水準を保つために文部科学省が定めた教育課程の基準である学習指導要領に対して学校図書館が注意を払っていくことが必要である。なお，この基準性に関しては2003（平成15）年ごろから明確化されてきているものである。すなわち，学習指導要領は学習内容の上限や画一性を命じるものではなく，必要な場合は「示していない内容を加えて指導することができる」と総則に記されるに至っている。これにより学校図書館の持つ多様性への注目が集まってきているのである。

　学習指導要領の中核的な理念として，「社会に開かれた教育課程」というキーワードがある。従来は閉鎖的だった学校教育を，開かれた存在に変革していき，社会の動きと連動させていくことが目指されている。その背後にあるのは，何のために勉強するのかという子供たちからの素朴な疑問に対して，教育界があまりうまく答えられてこなかったことに対する反省である。学校内のテストや，入学試験でよい点を取ったとしても，それが必ずしも社会で生かせるとは限らないことが長年の課題となってきた。学校教育を通じて子供たちが学んだ内容を，有意義な生涯を送ることや，困難を克服し生き延びていくことへ役立たせるために，生きる力を育んでいくことが重視されてきた。

　極端な例ではあるが，例えば，東日本大震災のときに，未経験の困難な状況で生き延びるためには経験や知識を総動員して自分自身で考え自律的な行動をとるほかない状況に追い込まれた。また，避難所の集団生活でリーダーシップをとりながら絆を紡いでいったのは，必ずしも従来型の優等生のタイプではなかった。学校における学びのあり方について根底から問われる出来事であったと言えよう。

　生きる力を育むことについては，以前の学習指導要領においても言及

されてきたが，抽象的な目標を具体的な施策へと展開する緻密性が不足していた。このため，個々の教育活動は前例にならったものが続き，考えることよりも覚えることが大事であるという風潮に大きな変化がないまま時が過ぎてきた。しかし，知的な生産を促進しないと発展途上国に差を縮められてしまうという知識基盤社会に関する従来型の危機意識自体が通用しない時代に急激に変化してきた。様々な産業の国際競争力が低下を続け，日本全体の構造改革が急がれるなか，子供の成長過程のすべてを背負い拡大・拡散を続ける学校の役割を，本来の機能である知識との関わりについて重点化する必要性が高まった。そして，これまで足並みが揃っていなかった教育課程，評価（試験），教員養成・研修の改革を三位一体で強力に進め，「変化の激しい社会」をキーワードに知識基盤社会と教育のあり方の変革が進められてきた。

⑵　概念的知識を生涯にわたって深めていけるように支援する

　社会的・経済的な方面からの要請があるごとに○○教育と名のつく教育が場当たり的に導入され教育現場が混乱してきている面もあり，教育の方法や内容以前に，そもそも教育を通じてどのような資質・能力を身につけるべきであるかという原点に立ち戻った検討が続けられた。根源的な資質・能力を身につけるという理想は，一を聞いて十を知る，基礎を固めて応用することに近いものであるが，答えのある問題を解くことを前提とする「応用」という言い方よりも，直面した答えのない課題の解決に近づくために，知識を「活用」する側面が重視されている。

　このことはすなわち，活用できないのであれば，それは，有用な知識として学校教育で重視されない，という理解につながる。そのような知識について，事実的知識と区別して概念的知識であると定義づけた上で，概念的知識を生涯に渡って深めていくことが目指されている。ところで，

学校教育で期待される読書においては，手当たり次第に図書を乱読することは必ずしも学習指導のねらいと相容れない面がある。教育活動のなかで期待される探究と拡散していく興味・関心との折り合いをつけるには，その時々において必要とされる概念を支援者自身が常に意識し続けることが不可欠である。段階的なカリキュラムにおいて「応用」に対応させた「基礎」は比較的容易に見出しうるのに対して，「活用」に対応させる土台が何なのかは，一律に想定することができないからである。あえて飛行機にたとえて言うならば，知識と技能が一体化したのが機体であり，思考力・判断力・表現力という探究的な操縦と，社会性を持ちつつ主体的に困難に立ち向かっていく学びに向かう力・人間性という燃料により，飛躍していくことが期待されている（巻末付録1参照）。資質・能力の育成に向けた教育の方法として，主体的・対話的で深い学びの教育が示され，その主体的・対話的で深い学びの教育の柱として，言語力・情報活用能力の育成・読書・学校図書館環境整備が，学習指導要領の総則で記されるに至っている。

(3) 教科・科目の見方・考え方を媒介して子供と社会をつなげていく

　この点，どのような資質・能力があれば，あらゆる状況に対応できる汎用性があるのかということは，期待する結果や諸外国の状況によっても異なっている。また，そもそもそのような誰にも共通した資質・能力を目指して一斉に教育することは，結局のところ，子供の個性を伸ばしていくことに反してしまう側面もある。そこで汎用的な能力と専門的な能力のバランスをとりつつ，それぞれを統合していくことに向けて，これまで人類が蓄積してきた見方・考え方を身に着けていくことが目指されるようになった。個々の得意な専門領域をアクティブに持ち寄りながら，社会や企業のなかでその時々で変わるチームの一員として協力・協

働し，成果をあげていくこと，すなわち，一人一人の高い素質を生かしたグループとしての総合力で成果を挙げていくという日本の強みを生かした社会への変革が行われつつある。

　また，それはいわば年功序列から成果主義・結果主義に移行を続ける社会情勢を反映した側面も強い。果たして，個々の教科・科目を教えることで，そのような成果を上げることが可能なのかという問いもありうる状況であり，その問いには，いつか役に立つときが来るという従来型の答えではなく，教科・科目の見方・考え方を媒介として，社会とつなげつつ，成果を現実化させるしくみになっている。そして，国語科が外国語教育と相まって言語力と関わる見方・考え方の育成に変化し，社会科が探究的な見方・考え方の育成の側面を色濃く帯びるなかで，学習指導要領の各論部分や，教科書では，国語科と社会科において，読書や学校図書館と関わる部分が飛躍的に多くなってきている。

2.　教科書の理解と学校司書による展開

(1)　自校の教科書について，学校図書館と関わる内容をチェックする

　教育課程を最もよく表す資料は，教科書である。かつては，学校図書館界で最も忌避していたのは，教科書一辺倒主義である。画一的な一斉授業の弊害を補う役割が学校図書館の存在意義であると考えられてきた。しかし，今や教育観や教育の内容自体が大きく変化しており，教科書の内容に忠実に授業を行えば行うほど，学校図書館抜きには困難である時代に変わってきた。言語活動や探究的な学習活動を重視した内容で教科書の記述は大きく刷新されてきている。例えば，教科書に「わからない場合は，図書館の司書の人にたずねる」と書いてあるのに，図書館サービスがそれに応えられないのであれば授業が成り立たない時代に

なっている。日本十進分類法の仕組みや百科事典の使い方が教科書において示される時代である。

　したがって，第4章でも述べたようにまずは自校で使われている教科書について，学校図書館と直接的に関わる内容をチェックすることからはじめたい。学校で使われているすべての教科書が学校図書館に常備されていることが理想ではあるが，多くの場合は各教科の準備室や，職員室に置かれているのが実情である。学校司書の場合は，なかなか立ち入ってゆっくりと見ることは難しいかもしれないが，教員であっても中学校・高校の場合は，自教科以外の準備室で教科書を見ることはあまりないだろうし，小学校においても専科の教科書について気軽に見ることは難しいだろう。地域の教育センターや公共図書館に教科書が集まっているようであればそれを閲覧したいところである。

　有効な学校図書館サービスを目指すためには，それぞれの教科担当者の協力を受けた上で，実際の教科書を逐一参照していくことが不可欠である。なかでも，教科担当者とコミュニケーションをとりながら単元のねらいを理解しあえるか否かで学校図書館サービスの質は大きく左右される。教科書に書かれた内容のなかで直接的に学校図書館を関係する表記だけに着目するのは片手落ちである。それぞれの単元のねらいを実現するために，どのように支援していけるのかという問題意識を持ちながら，幅広く教科書内容を参照していくべきである。

　学校図書館の役割には，学習活動をより子供にとってリアルなものにしていくことも含まれる。地層の学習に関して実際に現地を見ることができないのであれば写真が掲載されている図書を紹介したり，人口密度の学習がでてきたら学校が位置している地域の統計資料を使ってみたりするといったアイディアが，学校図書館を使用した豊かな学習活動をもたらす。

　自校で使われている教科書について，学校図書館と直接的に関わる内容を確認するにあたってのコツとしては，まずは目次を見てぱらぱらとめくってみることからはじめよう。次に，単元の最初にある学習計画の欄や，学び方コーナーないし学び方広場のコラムについてチェックしていく。本文のなかに，探しましょう，比べましょうという言葉や，紹介されている本があれば，特に注目する。ただし，一番大事なのは，教科書が実現しようとしている学習のねらいであって，その点については，指導書を見ていくことのほうが有効である面もある。ただし，指導書は分量も多く，専門的な内容にも立ち入るので，教科書内容に赤字で解説や重要ポイントを上書きしている朱書き編から見ていくこともよいだろう。

　教科書を見ながらメモをとるなどしてアイディアがたまってきたら，次は，学校図書館活動と対応した体系表をつくっていく。その際は，全国学校図書館協議会の「情報資源を活用する学びの指導体系表」と組み合わせていくことが有効である。指導の場面を想像しながら，いつ，どの時期に，誰を対象に，どのようなサービスを行うのかという点について整理できるとよいだろう。具体的には，第4章（学校図書館資料準備年間計画）および巻末付録3を参照してほしい。

3．教科などの指導への支援と教材・教材化

⑴　経験主義と系統主義とを架橋させるようなサービスを心がける

　学校図書館と関わる指導として，古くは読書指導と利用指導に分けて考えられてきた。教科・科目のなかで資料を使用することも利用指導に含まれそうではあるが，そうではなく，それはその教科自身の指導に含まれるのであり，学校図書館が教科・科目とは完全に独立して行うのが

利用指導であるとされてきた。このため利用指導の中心は，日本十進分類法の使いこなし方などの，図書館の使い方に重点が置かれていた。それでも，学校の限られた時数のなかで，それほど学校図書館サービスの意義が認められていなかった時代に十分な利用指導の時間を確保することは難しく，結果として，国語の時間内で短時間の読書指導を行うことくらいしかできていなかった。そのような状況のなかで，あえて読書センターであると定義づける必要もなかった。

　しかしながら，学校図書館法が学校図書館の目的として児童または生徒の健全な教養を育成することだけでなく，学校の教育課程の展開に寄与することを含むことに鑑みて，読書推進ばかりではなく，学習活動との繋がりを重視すべきであるという考えのもと，学習センターであることが徐々に重視されていった。第1章・第2章でも言及したように，しばしばジョン・デューイの著書に記された，図書館を中心とした学校のあり方に関する図が示され，実際に，学校図書館を建築の中心におく学校も増えてきている。ちなみに，デューイの原典を参照すると，図書館に割いているページ数の割合はとても少なく，ほとんどを経験主義的な教育の説明に費やしている点で，学校図書館界で思われているほどには，デューイは図書館を重視していなかったことがわかる。それでも，今でいう経験主義と系統主義を架橋する存在として図書館を位置付けている発想自体が後世に与えた影響は強かったものと思われる。経験主義では，豊かな経験の積み重ねを大事にする。試行錯誤をしつつ経験を積み重ね，共通点とその意味を子供自身が帰納的に紡いでいく。このような，概念の自己形成により，物事をうまく進めるコツをつかみ，自分の力で成長していけるようになる。本の世界に入り込むことで，実体験できない範囲まで，擬似的，仮想的に経験するという意味で，読書活動は経験主義的である。一方，系統主義では，予め想定された体系ないしルールを修

得し，それを演繹的に実生活にあてはめることで，むだなく洗練したふるまいができるようになることを重視する。系統とは人類が長年の試行錯誤を通じて獲得してきた法則性であり，目で見たり手で触ったりできるものではない。様々な系統的な見方・考え方を通じて自己の内面における概念を深めていくという側面において，読書は系統主義的である。下からのボトムアップとしての経験主義と，上からのトップダウンとしての系統主義が，相互に影響を与え合い相乗効果をもたらす接点ないし媒介を提供するひろばが学校図書館である。

⑵　一人アクティブ・ラーニングとしての図書との対話を促進する

　学校図書館が提供できる経験主義的な教育は，仮想的な経験にすぎない面もある。それを補うために，学校図書館内に実物や博物館的な資料を置く場合もあるし，仮想経験という意味ではかねてより視聴覚資料もおかれてきた。現在ではインターネットなどの電子的な手段も併用されている。とはいえ，インターネットのホームページは体系化されずにリンクで情報と情報が網目のように繋がり合っていることが最大の特徴であり，必ずしも体系的な理解に資する存在であるとは言い難い。これに対して，書籍はどのようなものであっても編集方針が存在しているのであり，一冊一冊の本はそれぞれ体系性を有し，それは目次を見ればわかる。小さな体系が集まって全体としての図書館コレクションが成り立っているということは，惑星が集まり太陽系になり，さらに広くは銀河系となっていて，銀河の集まりが無限の宇宙を構成しているのと，どことなく似ている。このいわば，マイクロ体系主義の場とも言えるべき存在なのが学校図書館であり，小さな体系同士のつながり合いを擬似的な経験で顕在化させる働きかけを通じて，教育を豊かな存在へと高めている。

　この擬似的な経験については，現在の学習指導要領ができあがる過程において，インタラクティブ・リーディング（能動的な読書）という用語で明記された。インタラクティブ・リーディングというのは，英米における英語教育，日本で言えば国語教育のなかで発達してきている考えであり，読書による擬似的な経験をボトムアップで積み上げていくことを重視した教育手法となっている。このインタラクティブ・リーディングが，中央教育審議会の教育課程に関する答申のなかで登場したのは，活動あって学びなしといったかたちで形式的にアクティブ・ラーニングを実施していくことへの危惧からである。人間にとっての学習活動のほとんどの時間は，グループ活動ではなく一人でするものであり，いわば一人アクティブ・ラーニングとしての，図書との対話についても，対話的な学習方法として重要であることが示されている。この流れは，学習指導要領解説のなかにおける主体的・対話的で深い学びに関する記述のなかに，「先哲の考え方や資料等を手掛かりに」という点が含まれるなかに結実していると言えるだろう。

　学校教育がこのように変化してきた要因として，OECD（経済協力開発機構）が重視するいわゆる PISA 型の読解力や，文部科学省が実施している全国学力学習状況調査の B 問題（思考力型問題）の影響がある。これらと読書習慣との関連性が統計上明らかになり，さらには読書推進活動を徹底しはじめた学校で B 問題の成績が上がるという成果が出るなかで，読書活動と思考力が連動しているという相関関係のみならず，読書活動を推進すると思考力が上がるという因果関係の領域にまで現在では高まっている状況である。すなわち，フィクション作品の世界に引き込まれながら，文字を通じてリアルな想像力を広げていくことは，単に人間性を豊かなものにするだけでなく，学習の基盤を形成する重要な要素として位置付けられるに至っている。その意味では，読書センターと

いう言葉についても，従来とは異なり，言語力を基盤とした教科指導と密接な関連を有する意義を帯びてきている。第1章において「3つのセンター機能は，個々に独立したものではなく，実際には不可分のものである」と述べられていることを参照してほしい。

⑶　教室に馴染めない子供のための居場所を提供する

　公共図書館では，自宅や職場とも異なる居心地のよいサードプレイス（第三の場）としての役割が近年注目されている。学校図書館についても，教室や学級内での雰囲気とは異なる，学校内での独特の居場所となってきた。胃袋を物理的に満たすだけであったらレストランは世の中に必要ないことと同じように，読書センター・学習センター・情報センターの機能とは別の次元において，誰にでも開かれたひろば（パブリック・フォーラム）としての意義を発揮させることが必要である。文部科学省の協議会である，子どもの読書サポーターズ会議が2009（平成21）年に公表した『これからの学校図書館の活用の在り方等について（報告）』では，「教室内の固定された人間関係から離れ，児童生徒が自分だけの時間を過ごしたり，年齢の異なる様々な人々とのかかわりを持つことができる場」として「『心の居場所』としているケースも多く見られ」ることを指摘している。「子どもたちが生き生きとした学校生活を送れるようにするため，また，子どものストレスの高まりや，生徒指導上の諸問題への対応の観点からも」，「いつでも開いている図書館，必ずだれかいる図書館」を実現することを目指している。

　一方，覚えることから考えることへの学力観の転換のなかで，必ずしもサードプレイスなのではなく，学校図書館こそがあらゆる学びを結び付ける拠点（ハブ）であるという理解も進んでおり，学校図書館のなかに子供が滞在していること自体が持つ，学習促進面にも期待が寄せられ

ている。なかでも，不登校の子供へのサポートについては，今後，重点化される政策課題のひとつになっている。児童の権利に関する条約を反映した2016（平成28）年の『教育機会確保法（義務教育の段階における普通教育に相当する教育の機会の確保等に関する法律）』を機に，教室内で授業を受けるか受けないかといった二者択一の教育からの転換がなされ，「不登校児童生徒の休養の必要性」（第13条）を肯定した上で，教育機会の確保に向けて学校内外の関係者・関係機関の協力体制の確立を求めている。同年に不登校に関する調査研究協力者会議が公表した『不登校児童生徒への支援に関する最終報告』では，「学校図書館など学校での居場所を作り，心の安定を図り，興味関心に基づく学びを行いながら，その居場所から徐々に学校生活になじませることも有効である」とし，「これらの居場所においては，教員や学習ボランティア等による学習支援やICT等を活用した個人学習のサポートなど，教室に入っても授業が理解できる程度の学力を身に付けることができるように支援を行うことが肝要である」として，環境整備と情報通信機器の整備を学校図書館に求めた。これに応じて，同年の文部科学省による『不登校児童生徒への支援の在り方について（通知）』では，「不登校児童生徒が登校してきた場合は，温かい雰囲気で迎え入れられるよう配慮するとともに，保健室，相談室及び学校図書館等を活用しつつ，徐々に学校生活への適応を図っていけるような指導上の工夫が重要であること」，および「保健室，相談室及び学校図書館等の環境整備，情報通信機器の整備等が重要であること」が示された。

　以上からわかるのは，学校図書館サービスを提供する上で，既存の学校教育に馴染めない子供に対する意識転換が必要であるという点である。一般教室内の授業に奉仕するための学習支援なのではなく，学校図書館内に滞在しているだけで必要な学習活動のすべてが得られることを

目指したいところである。そのためには，各学校における教育課程の個
性を十分に反映した資料選択を行うとともに，様々な活動で生まれた学
習成果物の展示や掲示を充実させ，何よりも学校図書館内で行う授業の
時数を増やしていくことが大事になってくる。学校図書館内に滞在する
不登校の子供は，定点観測をしているようなものである。上級生や下級
生の授業を見ながら，同級生の誰よりも学校全体の学習活動を知る存在
であってほしい。教室のなかだけが学びでないことを実感し，教室のな
かで学べることへの期待が芽生えるように，担任や心理的な専門家と協
力しながら，学びに向かう力を育んでいく。

　教室と自宅との間を主体的な学びで架橋しうる場所は，学校図書館以
外に学校内には存在しない点は，小規模校においても同様であり，すべ
ての学校図書館においていつでも開かれ人が常駐することが不可欠な状
況である。今後は，指導要録上における出席扱いとの関連でICTを活
用した不登校の子供へのサポートが充実化していく見込みである。上記
の文部科学省の通知に示されたように学校図書館内に情報通信機器を整
備することだけではなく，自宅への遠隔的な支援としての読書支援が必
要になることも予想される。また，不登校の子供に対する公的機関によ
るサポートとして，公共図書館の役割が高まっていくことになるため，
公共図書館の児童サービス担当者と十分に連携していく。

4.　コンテンツの価値判断と図書館の自由

⑴　図書館の自由に関する宣言を意識して図書館を運営する

　図書館情報学には「図書館の自由」という学問領域が存在する。日本
図書館協会は「図書館の自由に関する宣言」を1954（昭和29）年に採択
し，1979（昭和54）年の改訂を経て現在に至っている。同宣言では，「図

書館は，基本的人権のひとつとして知る自由をもつ国民に，資料と施設を提供することをもっとも重要な任務とする」としている。そして，冒頭で「国民主権の原理を維持し発展させるためには，国民一人一人が思想・意見を自由に発表し交換すること，すなわち表現の自由の保障が不可欠である。知る自由は，表現の送り手に対して保障されるべき自由と表裏一体をなすものであり，知る自由の保障があってこそ表現の自由は成立する」と示している。また，図書館の自由には公共図書館だけでなく学校図書館も含まれると理解されているのは，「『図書館の自由』に関する原則は，国民の知る自由を保障するためであって，すべての図書館に基本的に妥当するものである」とされているからである。

また，第1章でも示されているように，同宣言では「第1　図書館は資料収集の自由を有する」，「第2　図書館は資料提供の自由を有する」，「第3　図書館は利用者の秘密を守る」。「第4　図書館はすべての検閲に反対する」の4つを定めている（プライバシーの問題に関しては第4章の読書履歴に関する部分を参照）。

2005年に船橋市西図書館蔵書破棄事件判決を最高裁判所が下したことで，この図書館の自由に関する宣言は，事実上，法的に承認されるに至っている。同判決では，「公立図書館は，住民に対して思想，意見その他の種々の情報を含む図書館資料を提供してその教養を高めること等を目的とする公的な場」であり，図書館職員は「独断的な評価や個人的な好みにとらわれることなく，公正に図書館資料を取り扱うべき職務上の義務を負う」と述べている。

アメリカでも学校図書館に関わる裁判が積重ねられてきた。学校図書館の蔵書に対して，保護者や地域から異議が申し立てられ，それに対応して図書館から蔵書が除去され，裁判に至る場合が多い。人種，宗教，政治，セクシュアリティと関連して，学校図書館の図書が不適切である

として除去されたことが争われている。様々な結論の判決が生まれてきたが，おおむね学校図書館が思想の自由と密接であることを重視している。

(2)　公立図書館の価値中立性とは異なる専門的な価値判断をしていく

　学校教育においてはこれまでも，各種の教材が教科指導のなかで使用されてきたが，学校図書館が提供するのは，より幅広い範囲の教育材である。この点，図書館が提供するものは何なのか，あるいは，図書館のなかにあるのは何なのかという観点からすると，図書館という名前が表す通り，それは図書なのだという発想が出発点になる。しかし，それでは雑誌や新聞の居場所がなくなるので，幅広く資料という言い方のほうが適切になる。さらに，CD や DVD などの音声・映像資料も含めて，情報の器に着目したのが，メディアという言い方である。インターネットの普及に伴い，単に容れ物の提供だけではなく，電子情報そのものの提供も図書館の有用な役割として加わってきたことから，最近では情報メディアという呼称が使われるようになってきている（類する用語としての資料・情報については第6章を参照）。メディアを対象物とすることは図書館の領域で共通の理解であるが，学校図書館の場合は，学校教育の一部を構成しているため，その目的に合わせた特殊性を有することに注意が必要である。メディアとは器（うつわ）のことであり，器を司ることを重視する公共図書館では資料内容に関して原則として価値中立的（content neutral）な立場を徹底している。あらゆる人や思想を差別なく扱うことが公共性の重要な要素を構成するからである。

　これに対して，学校図書館では，教育における価値判断と密接な関係を有し，コンテンツ，すなわち内容にまで関わることが必要になる。資料・情報を提供するサービスに関しても，どのような内容が教育として

ふさわしいのかという点について常に判断しながらサービスを提供していく必要が生じる。

(3)　授業に役立つ図書や子供の学習への関心が高まる図書を選択する

　図書館の自由に関する宣言・第1では「2．図書館は，自らの責任において作成した収集方針にもとづき資料の選択および収集を行う」としている。学校図書館においても収集方針が必要であることは，第4章で述べた通りである。そして，「（1）多様な，対立する意見のある問題については，それぞれの観点に立つ資料を幅広く収集する。（2）著者の思想的，宗教的，党派的立場にとらわれて，その著作を排除することはしない。（3）図書館員の個人的な関心や好みによって選択をしない。（4）個人・組織・団体からの圧力や干渉によって収集の自由を放棄したり，紛糾をおそれて自己規制したりはしない。（5）寄贈資料の受入にあたっても同様である。図書館の収集した資料がどのような思想や主張をもっていようとも，それを図書館および図書館員が支持することを意味するものではない」としている。

　学校図書館を読書好きの子供のみが利用し，教育課程のなかに積極的に位置付けられることが成熟していなかった時代と異なり，現在では義務教育に不可欠な要素として，すべての子供が日常的に読書活動を行うことが教育界における大きな目標になっているとともに，教科・科目における価値判断とは不可分に連動することになる。探究的な側面を重視した学習活動に適する図書を揃えることが一般化してくるなかで，授業で使ってもらえるような図書や，子供たちが楽しみながら授業内容への関心が高まるきっかけになるような図書を選択し続けた結果として形成されたコレクションは，悪い心をとがめ皆がよいと思う心を促進するといった思想善導的なニュアンスをそれほど含まない。そうであっても，

裁量の範囲は教育者としての専門的判断によって左右される面があるのは否めない。この点，学校教員は教員免許制度や免許状更新制度，強い身分保障によって，専門的な価値判断を委ねるべき基盤が確立されているが，学校図書館サービスを提供する者は必ずしも学校教員であるとは限らない。にも関わらず，積極的に教育活動を支援していくことが益々期待されている状況である。

　この点，アメリカでは極めて日常的に，図書館の自由ないし知的自由に関するキャンペーンが，あらゆるタイプの図書館を通じて展開されてきた。そして，知的な自由を擁護することが，図書館業務に携わる者の専門性であると考えられてきた。これに対して日本の学校図書館では，これまでは図書購入数も少なく，物語中心で提供サービスがなされてきたため，特定の図書が市民からの非難対象として目立つこともなかった。文字中心の本はビジュアル的に地味であり一覧しただけでは内容を判読できない。しかし，読書好きではない子供，学習活動が苦手な子供も含めて，図書を手に取る動機を与え楽しむことを重視するあまり，刺激的な描写や不正確な内容の本を揃えていくのであれば，テレビにおける視聴率競争の弊害と同じように，図書選択の是非に関して議論が日本でも起こりうる。

　学校図書館サービスが提供するコンテンツについて適否が大論争になることは，是非について関係者全員が一致できることが稀であるため，不幸な出来事であると言える。サービス提供者の図書館に対する専門的知見の有無や，選択方針に従った合議での意思決定プロセスにより，信頼を一歩一歩積重ねていくほかない。一冊の本との出会いで人生は変わるが，心変わりさせようとして本を与えても容易には人生の方向性を変えることはできない。子供に悪影響を与えるコンテンツに近づけたくないと願う気持ちも十分に理解できるとはいえ，本により心が影響を受け

るのは，読み手が潜在的に欲していたためであり，子供の心と図書とが共鳴し合い同期したからにほかならない。

(4) 自己挑戦と革新で未来の可能性を広げていく支援をする

　アメリカの学校図書館裁判では，図書の受動的な提供を超えて，カリキュラムの一部を構成しているか否かが判断要素の一部分を構成している。日本では必ずしも同じ状況ではないとはいえ，読み聞かせやブックトークといった形で，子供たちと直接的・一斉的に関わる場面が増えているなかで，図書の持っているメッセージ性についても吟味した上で実施していくことが必要になるだろう。ティームティーチングを行う際には，授業担当者と十分に打ち合わせを事前に行うとともに，授業担当者の側も学校図書館サービスを一方的に受けるという意識ではなく，共同して授業づくりを行っていく意識で望むことが必要になる。

　自由になること，とは，妨害の排除を意味するが，読書の自由に関わる事例のように図書の内容が緊張関係を生むことは稀と言えよう。子供たちにとって，成長への最大の妨害は，自分で自身を阻んでいる状況である。また，自由獲得の歴史は所有の歴史でもある。子供が学校図書館を自分のものであると思うこと，すなわち，すべての資料とサービスを思い通りに使いこなすことができるようになることは，人生のなかでかけがえのない自由を得られたことでもある。学習支援のために学校図書館が提供するのは，学習の単元に直接的に関連する参考書的な図書ばかりではない。概念的知識を深めていくことに向けて，多元的な価値観を身に付け多様性と向き合いながら，常に自己挑戦と革新を続け，未来の可能性を広げていくことに向けた支援こそが，子供の自由に向けて図書を司る学校図書館サービスの専門性を構成する。

　およそ法律の場合は議員の議決で定めていたとしても，それに従うの

は，人からの支配ではなく，最終的には法の支配によるからだと考えられている。同じように，子供たちを司るのは人ではなく図書館であり，それはすなわち，国立国会図書館のホールに刻み込まれているように「真理がわれらを自由にする」営みであると言えよう。

5. 学校図書館ガイドラインと児童生徒への学習支援（1）

　2016年（平成28年）に学校図書館ガイドラインの公表にともなって文部科学省が発した「学校図書館の整備充実について（通知）」では，「3　学校における取組」として次のことが示されている。

　（1）学校においては，校長のリーダーシップの下，学校図書館の適切な運営や利活用など学校図書館の充実に向けた取組を推進することが重要であること。特に，学習指導要領等を踏まえ，学校図書館の機能を計画的に利活用し，児童生徒の主体的・意欲的な学習活動や読書活動を充実することが重要であること。

　（2）学校図書館を利活用した授業に関する校内研修を計画的に実施することが重要であること。その際，研修内容や研修方法の工夫を図ることが有効であること。

　（3）学校図書館の運営の改善のため，PDCA サイクルの中で，読書活動など児童生徒の状況等を含め，学校図書館の評価を学校評価の一環として組織的に行い，評価結果に基づき，運営の改善を図ることが重要であること。

　このように，学習指導要領・学習活動・授業に関する校内研修・評価といった用語が使われていることからもわかるように，学校図書館ガイドラインを文部科学省が公表したのは，学習活動への学校図書館の組織的な寄与を期待した点が大きいと言えるだろう。

□ 児童生徒の学習活動を支援する。　　　　　　　　　➡ GUIDELINES (1)

□ 学校の教育課程の展開にむけてサービスする。　　　➡ GUIDELINES (1)

□ 授業の内容を豊かにしてその理解を深めるための支援をする。➡ GUIDELINES (1)

□ 「学習センター」としての機能の実現に向けたサービス。➡ GUIDELINES (1)

□ 教育目標を達成するために「教育指導への支援」を行う。➡ GUIDELINES (4)

先生のための
授業に役立つ　**学校図書館　活用データベース**

SELECT

●授業実践「日本縦断すごろくプロジェクト」

（校種：中学校，教科・領域等：社会，対象学年：中２）

活用・支援の種類

利用指導・資料提供・レファレンス

図書館とのかかわり

「日本縦断すごろくプロジェクト」のために，47都道府県の特色や課題がわかるような本をそろえてほしい。

授業のねらい・協働にあたっての確認事項

日本の各地方について学ぶなかで，毎回その県に関する問いをつくらせたい。47都道府県に関する問いを４人で分担し，すごろくが完成したら，実際にすごろくで遊び，最後に今までの『日本』のイメージがどう変容するか振り返りを行う。新たな気づきを促すような資料も用意してほしい。図書館での授業では，資料の探し方や使い方について，司書から指導してほしい。

提示資料

47都道府県に関する様々な本を，用意した。授業時には，日本全体を扱ったものを展示コーナーに。カウンター前の棚には，地方別に関連書籍を並べた。以下は特徴的な本を紹介。

・『帝国書院地理シリーズ　日本のすがた1　九州地方』帝国書院　2013
定番のシリーズで，地方別になっているので，調べやすいということもあり，良く使われていた。

206

・『地図でめぐる神社とお寺』武光誠著　帝国書院　2012
　県別の地図が示され，各県の神社とお寺にまつわる祭りや神事がビジュアルに紹
　介されている１冊。信仰にまつわる歴史や地理的な記述も多い。
・『時空旅人別冊　北の大地，そこに生きる人々の歴史と文化，漫画「ゴールデン
　カムイ」…今こそ知りたいアイヌ』　株式会社三栄
　社会科の先生から使える資料として紹介された１冊。蔵書のアイヌ関連の本が古
　くなっていたので，新たに購入。

授業計画・指導案等
　巻末付録４参照。

授業者コメント
　「すごろくづくり」という課題は，日本の各地方ごとにすべての都道府県の「問
いづくり」を活動に入れたことで，地誌の単元を通して日本について考え続ける契
機となった。このような活動を成立させるためには日本を多角的・多面的に分析す
る必要があるため，地方別の資料はもちろんのこと，「自然・環境」「産業」「衣食住」
「伝統」のようなテーマ別の資料も必要であった。このように授業中には扱いきれ
ない情報を準備してもらっていたことに学校図書館とのコラボレーションの意義を
感じた。また，単元の目標や「問い」を授業担当者と司書が共有していたことによっ
て生徒へのレファレンスの質が向上したことも手ごたえを感じた部分である。授業
の中で学校図書館とコラボレーションをするためには，授業担当者と司書の「人の
つながり」も重要な要素であることに気づいた。そして，司書のアドバイスで単元
の学習指導計画の中に学校図書館での活動を入れたことも効果的であった。普段の
教室の雰囲気とは違う学校図書館で活動をおこなうことで，生徒同士の対話が活発
になったり，積極的に情報を調べたり，まとめたりしていたことも印象的であった。
学校図書館が醸し出すアフォーダンスにも注目していくことの重要性に気づかされ
た。また，ルーブリックという評価基準表を単元の初めに生徒に提示したことで，
単元の目標を生徒と教員・司書が共有できたことも大きかった。実際にパフォーマ
ンス課題に取り組む手順や評価の仕方を明示したことにより，評価が難しいとされ
る生徒の思考プロセスを評価することの重要性を再認識できた（アクティビティを
するだけにとどまらない配慮ができる）。

司書・司書教諭コメント
　資料は，日本全体について書かれたものと，地方別になっているもの，さらに，
今日的テーマを含んだ新書などを見出しをつけて並べた。先生からは，今回の学習
において抱いた疑問や，新たな発見を「問い」という形にするように言われている
のだが，先生が意図するところを理解できないまま問題を作っている生徒もいて，

カウンターで聞かれた時は，噛み砕いて説明をすることもあった。今回，「問い」を作成する際に適切な情報を収集し，様々なデータにアクセスし，情報を取捨選択し，適切な活用をしているかも，到達目標としてもらえたのは，司書としては，嬉しいことである。タイトなスケジュールのなかで，すごろくを完成させて，他の班のつくったすごろくで遊び，知識を増やし，振り返りまで行った。このようなパフォーマンス課題を，通常の授業のなかでやっていくことは，初めてだったし，課題の評価基準表（ルーブリック）で評価する様子も，見せていただいた。司書としては，学校図書館を活用したパフォーマンス課題の有り方について，考えるよい機会となった。

（班活動の成果物である，生徒が作成したすごろくの例）

出典：『**授業実践事例―東京学芸大学附属世田谷中学校**』（授業者：津山直樹（2017年2月），事例作成：村上恭子（2017年8月））

12 児童生徒への学習支援（２）

前田稔

《**目標**》 小学校学習指導要領の構造に沿って授業に役立つサービスを実現させる。

《**ポイント**》
- 学校図書館活用は授業のプラスアルファではない意識を共有する
- 低学年では思いを伝え合う前段階を意識して読み聞かせを行う
- いろいろな本があることを知るための図書館内の授業を支援する
- 中学年には考えの根拠のありかとしての学校図書館利用を促す
- 高学年には考えたことを論理的に報告する手立てを提供する
- 社会科の探究的な側面を多角的な資料提供でサポートする
- 算数が楽しくなる基礎的・日常的な本を案内する
- 理科の観察や実験が行いにくい活動の理解を図書資料で充実させる
- サービスラーニングの視点で図書委員会へ協働的な支援をする

《**キーワード**》 言語力，情報活用能力，特別活動

---

1. 言語力の育成に関する支援（１）（小学校低学年の国語）

⑴ 学校図書館活用は授業のプラスアルファではない意識を共有する

　ここからは，学習指導要領の記述を通じて，学校図書館サービスについてどのように提供していくべきなのかについて，小学校の国語，社会，算数，理科を例に述べていく。大まかな分け方ではあるものの，国語については言語力の育成とし，それ以外を情報活用能力の育成として区分した。

🔍学習指導要領

　総則に関しては主体的・対話的で深い学びの内容として，言語力・情報活用能力育成のために，読書や学校図書館の活用が重点的に示されている点に注目したい。各教科で明示されていなくても，すべての教科・科目において総則の事項は確実に指導しなければならない。

　一方で，本章で述べる各教科の部分においても，学校図書館サービスを提供すべき場面が数多く想定できる。読書支援のみならず学習支援を行う際には教科担当教員との連携が不可欠であるが，教育内容や方法に関する共通認識がないと授業のねらいと支援との間に食い違いが生じてしまう。授業のプラスアルファとして学校図書館を活用していくことはもちろんのこと，学習指導要領が想定する必要最低限の水準でさえも，取り組むべき事項が多いという理解を全校で共有していくべきである。とはいえ，学習指導要領本文だけでは抽象度が高すぎるため，以下では記述の意味や解釈に関して文部科学省が記した小学校学習指導要領解説のページを参照していく。段落末における括弧（〈国解 p.〉，〈社解 p.〉など）は，関連する学習指導要領解説のページである。下線は学習指導要領の本文，太字は学習指導要領解説において該当する記述について，筆者の意見と見分けがつくように，概要を示したものである。本章では小学校のみを示すが，中学・高校については第14章を参照してほしい。

(2)　低学年では思いを伝え合う前段階を意識して読み聞かせを行う

　国語全体における大枠としては，日常生活まで含めた読書活動の活性化や，国語科以外の学習での読書指導・学校図書館における指導と関連させること〈国解 p.157〉，調べる習慣を身につけ考えを表現するために資料を使うこと〈国解 p.162〜163〉，本の種類・配置・探し方を指導すること，図書の選定の際には人間形成のため偏りがないよう配慮すること〈国解 p.167〉，発達段階に即して読書に親しむ態度の育成を通じ

て読書習慣を形成すること〈国解 p.168〜169〉が求められている。

　続いて，低学年について紹介していく。小学校1年生と2年生に関しては，楽しんで読書をするということが大事になる。小学校1年生2年生にとってみて，楽しいという気持ちは，思いのほか純粋な営みである。楽しいと思える図書と出会うための支援が不可欠である。その際に，言葉の持つよさを感じることが重視される〈国解 p.11〜13〉。まだ1年生2年生なので，感じる程度でいいとも言えるが，直感的に言葉の持つよさを感じられるような図書を適切に選択していくことはむしろ難しい面もある。また，思いや考えを伝え合おうとする態度を養うことに向けて，読書活動で完結するのではなくアクティブなコミュニケーションまで視野に入れた学習活動に読書が位置付けられている〈国解 p.14〜15〉。個人的に楽しむ本とは別に，子供自身の心が溢れ出て何かをほかの人に伝えたくなる，あるいは，思わず誰かに見て見てと言いたくなる図書を揃えておく。なお，学習指導要領における「読書」とは，本を読むことだけではなく，新聞や雑誌を読むことや，何かを調べるために関係する資料を読むことを含む点に注意が必要である〈国解 p.26〜27〉。

　話や文章に含まれている情報を扱う際に，共通点や相違点，事柄の順序，情報と情報との関係について理解できるような指導が国語で行われる。複数の事柄の共通点を見出すということは，概念をつくり出すことにほかならない。一方，一見異なるもの同士にも見方によっては共通部分が見いだせる。概念の相違を感じることは，概念と概念とを分離し，輪郭を明確にする営みである。一見似たもの同士でも見方によっては異なる部分を見いだせる。そして，確立している概念に対して，具体的な事象との共通点や相違点を見出すことは，概念へのあてはめ，すなわち，思考力を発揮して判断する営みになる。例えば，生き物の影から名前を当てる絵本を案内するとよいだろう。

　また，かつては国語学の外側に位置していた，<u>情報</u>という言葉が使われていることが特徴的であり，非感情的・記号的・無機質な内容に関しても，それを活用したり言葉で伝えあったりするという文脈で，国語科の範ちゅうに入ってきている点に注目したい。<u>情報の順序</u>については，**時間，作業手順，重要度，優先度などの一定の観点に基づいて順序付けられている**ものである。インターネットが物事の順序性を否定し，網の目のように仮想的につながりあう装置であることから，ウェブページを気のおもむくままに眺めているだけでは，論理性や，他者の感情を動かす表現力は身につきにくい。情報に関する学習であるからといってコンピュータを使うことばかりを想定するのではなく，逐次性があり１ページ目から最終ページまで一方通行的に読み進める絵本や物語に慣れさせることも有効だろう。ページをめくるたびに想像力が一層膨れ上がるような図書と出会えるように工夫するとともに，お話の内容を，情報の順序の視点で分析的に学ぶきっかけづくりを行う〈国解 p.50〉。

　<u>読み聞かせ</u>は，今やどの学校でも必須的な学習形態である。ただし，その際には<u>昔話</u>や<u>神話・伝承</u>などの<u>伝統的な言語文化</u>に親しむための工夫が必要になる。このことからわかるのは，単に起承転結がはっきりしているからだとか，長年にわたって読み継がれてきているということだけではなく，海外ではなく日本における伝統や，**地域が育んできた言語文化に触れる**図書の提供が不可欠になる。その意味で，純粋に物語を楽しむということ以外の要素が，読み聞かせに附随する面が浮き彫りになってくる。子供の楽しみを第一とする読書支援者と，言語文化に関する担当教員の授業のねらいに食い違いが起こる可能性がある。例えば，漫画的なイラストと簡略化された文章によるコンパクトな『かちかち山』ではなく，口伝えで伝承されてきた雰囲気を色濃く残す『かちかち山』の絵本を授業者に提供することで，**子供が独特の語り口調や言い回しに**

気付き，親しみを感じられる。地域の方言がそのまま使われている絵本を提供することも効果的だろう〈国解 p.52〜53〉。

⑶　いろいろな本があることを知るための図書館内の授業を支援する

　小学校1・2年生では読書の量や質よりも，**新しい知識の獲得や物語の世界を疑似的に体験する楽しさやおもしろさが優先される。読み聞かせやストーリーテリングを交えながら，知識や情報を得て，考えを広げる力の育成を目指して**担任の指示で読書に親しませること自体は必ずしも難しくはないので，すべての教員が確実に実施できるようにサポートする。学校図書館で借りた本や自宅から持参した本を使って，一般教室のなかで行うことも可能である。

　これに対して，いろいろな本があることを知ることは，一般教室で成し遂げることが困難である。学校図書館のなかで，国語の授業を行うことが明らかに想定されている。「いろいろな本」として学習指導要領が示す代表的なものは，**物語，昔話，絵本，科学的な読み物，図鑑**である。

　学校図書館サービスを提供する際には，子供の意識が好きな領域の既知のジャンルのみにとどまることのないよう，学校図書館内の資料バリエーションを幅広く認識できるように紹介・支援するとともに，表紙や題名から内容への想像を広げることを補助するサイン類・展示・掲示を含め，環境を整えていくことが，教育課程の一環として求められる〈国解 p.56〉。

　読み聞かせを聞いたり，物語を読んだりする機会を設けることを，国語の授業のなかで行わなくてはならない。義務教育の目標としてすべての子供たちに対して読書の機会を設ける教育基本法の趣旨を反映している。

　特徴的なのは内容や感想を伝え合う点であり，**物語のあらすじや登場**

人物の行動などを文章にまとめ，感想を述べることが求められる。単に
感想文を書くというだけでなく，アクティブ・ラーニングの視点や，対
話的な学びの観点から，グループ活動のなかで発表し合ったり，クラス
内，学校図書館内，全校の壁の掲示を利用して図書を紹介し合ったりす
る活動も有効である。今やインターネット上では，様々な物やサービス
に関しての感想やコメントで溢れかえっており，そのような社会のなか
で生きていく基礎をつくっていく意味合いもあるだろう。とはいえ，子
供は大人による教えよりも，はるかに多くのことを子供たち同士の触れ
合いのなかから学ぶものである。おすすめの本の掲示をつくる際には，
キャッチコピーや，画用紙を多用した造形に工夫を凝らすなど，集い，
打ち解け，学び合える雰囲気づくりも重要になってくる。

　さらに，これらを基礎にして演じることが子供に求められるが，演じ
るとは芝居を披露することを意味するのではなく，**役割を決めて音読し
たり，紙芝居を行ったりすること**を意味する。音読対象の物語として教
科書を利用することもあり得るとはいえ，子供の主体性を発揮させるた
めには，学校図書館側で用意した範囲の図書から選ばせるとよいだろう。
その際は，適度な分量で，登場人物が多すぎず，音読の際に感情移入が
しやすい物語を選ぶ。紙芝居を子供が演じることに関しては，それに先
だって手本を示すとよいだろう。そのための紙芝居を選択する際に，道
徳的な内容のものよりも，言葉の響きに特徴があったり，聞き手と呼応
する展開であったりするなど，子供が自分で演じたくなる気持ちを高め
ることを優先して選ぶとよい。担任や学校図書館担当者だけでなく，一
人一人の子供が演じるチャンスを一般教室で用意するためには，紙芝居
を数多く持参する必要が生ずる。このため，可能であれば，学校図書館
に移動した上で，グループ活動形式で行うことが望ましい〈国解 p.74〉。
　学校図書館などを利用し図鑑や科学的なことについて書かれた本を読

むことも国語科で必須になっている。物語は文系，図鑑は理系といった区分けは過去のものになりつつある。教科横断型の学習形態が要請されるなかで，言語力があらゆる教科の土台となることを反映している。図鑑については，**図や絵，写真がバランスよく配置されたものや，短い解説の文を小学校低学年でも興味を持って比較できるもの**を複数揃えておく。科学的なことについて書かれた本については，図鑑的な概説書よりも狭いテーマを扱った図書，例えば，**特定の植物や生物のことを詳しく書いたものや，実験や観察の過程が描かれているもの**が想定されている。このため，学級文庫的な冊数では足りず，学校図書館におけるボリューム感が授業運営に不可欠である。また，図鑑や科学的なことについて書いた本を単に読むのだけではなくて，分かったことを説明する活動，すなわち，**何を知ったのか，知ったことに対してどう思ったのかについて，話したり書いたりすること**が必要である。このため，単に説明文的な図書を揃えるのではなく，あたかも自分で実際に見たり観察したりした気持ちで擬似体験ができる図書を充実させる。以上においては「学校図書館などを利用」することが求められているが，「など」の部分は**地域の公共図書館**を主に指し示す。そしてそのためには，種類や配置の紹介や，探し方の利用指導を十分に実施し続けることが前提となっている〈国解 p.74〜75〉。

2．言語力の育成に関する支援（2）
　　（小学校中学年と高学年の国語）

⑴　**中学年には考えの根拠のありかとしての学校図書館利用を促す**

　3年生・4年生になると，学びに向かう力・人間性を育むものとして，低学年のころよりもいっそう読書の幅を広げていくことが国語で求めら

れる。読書を通じて，言葉が持つよさに気付いていくことも期待されている〈国解 p.14〜15〉。言葉がもつよさとは，言葉が自分の考えを形成したり新しい考えを生み出したりするのに役立ち，言葉から様々なことを感じることができ，感じたことを言葉することで心が豊かになり，言葉を通じて人や社会と関わり自他の存在について理解を深められることを意味する〈国解 p.13〉。これらを支援するためには，第９章でショーペンハウアーに言及しながら紹介したように，思考を自然と喚起する図書を揃えていくことが大事になってくる。また，他者の言葉への受動的な読書に終始するのではなく，読書を通じて自分の言葉がこみ上げてきて，それが子供同士のコミュニケーションを活性化させていくしかけづくりを，学校図書館サービスを通じて積極的に行っていく。

話や文章に含まれている情報の扱い方に対しては，自己の考えで立場や主張を確立しつつ，なぜそのような考えを持つのかを説明する理由と，どのような事柄や内容でその考えを説明できるのかという具体的な事例を理解することが求められる。さらに，話や文章の全体を大づかみに捉え，要点となる中心を把握しながら考察対象の全体像を意識化させていく〈国解 p.85〉。答えが一義的に定まりうる問いには自己の考えが不要とならないように，何段階かの調査を経ることを指示するなど，結論への道筋を複数に別れさせる工夫を行う。調べる作業はともすると機械的になりがちであるが，ワークシートを準備することで，思考のプロセスを可視化でき，自己の認識を深め，子供同士で考えを共有できるようになる。

答えが一義的には定まらない問いの場合において，正解を求めるような資料相談に対しては，複数の解決案・行動案が並立するような資料や，そのどれかに賛否を子供が表明しやすい資料案内をこの授業に対しては行う必要がある。また，あやふやな考えを確実なものとすることに向け

て，関連する事例群を案内することになる。そのためには，授業のねらいの範囲に配慮しつつ，ありうる主張をそれぞれ根拠づける事例や，要点の手がかりになる事例が学校図書館内のどの図書から見いだせるかについて，あらかじめ目星ないし見当をつけておく。学校図書館内で行われた授業であれば担当教員のねらいを判別しやすいが，教室内で出された課題のために学校図書館に来た子供に適切に対処するためには，教員や教務担当・学年担当などの授業者と，十分に打ち合わせをしておくことが不可欠となる。

　話や文章に含まれる情報の整理のために，**複数の情報を**比較し，**観点を明確にしつつ共通な性質に基づいて**分類し，**情報を集め発信する際に落としてはいけない語句を目的を意識しながら書き留める**ことが必要である〈国解　p.86〉。このことは，**話や文章の内容を網羅的に書き出したり，機械的なメモの取り方を覚えたりする**ことではない。したがって，その基盤を学校図書館で支援するにはかなり高度な専門性が必要となる。学校図書館サービス提供者自身が，「なぜ？」「どうして？」という問いの意識を著者と共有しながら，前章末で述べたような「真理がわれらを自由にする」意識をもって図書内容と向き合い探究し続けることが望ましい。蔵書構築に向けた選書の際にも主体的・能動的に探究する姿勢がないと対処できない。単に定番の本やベストセラーを受動的に入れるだけでは問いの本質には迫れない。複数の視点が得られるように図書の幅を広げていくことはもちろんのこと，それにも増して，論点を絞りこむことを手助けする図書を加えていくことは難易度が高いのである。

　文章を読んで，感想や，自分の考えとその理由，ほかの事例との関係性について書き表すときや，**図表・グラフ・絵・写真を抜き出す際**には，引用の仕方や出典の示し方について指導することになる。このことは知的財産や著作権の保護に関わる教育にも属し，**元の文章をそのまま抜き**

218

出す引用の際には，かぎ括弧（「」）でくくるようにする。出典を示す際には，タイトル，著作者，発行年について明記することになる〈国解 p.87〉。このような国語科における指導が，学校図書館を活用した他教科の授業においても日常的に実践されるよう，読書や調べ学習・探究型学習の支援を行う際に，出典の正しい記載について児童への声がけを積極的に行う。

　情報収集や語彙を豊かにすることに向けて，辞書や事典の使い方に関する知識と，利用の技能についても，3・4年生の国語で学習する。子供が所有し，日常的に使い込んでいく辞書・事典を使うことが最も効果的であり，一般教室でも実施可能である。しかし，様々な教科の目的に合わせた辞書・事典の選択を学習するためには，複数の種類と接することが必要であり，一般教室よりも学校図書館内で授業を実施するほうが，学習指導要領の趣旨を十分に実現できる。子供たちが本棚の前で調べている際には，参考図書を幅広く案内するとともに，年鑑や白書，専門事典などの参考図書類にも関心が拡がるように声がけを行う。なかでも，百科事典については，学習指導要領が重視している概念的知識やその体系性を，ページをめくりながら実感することができるため，電子的なものだけでなく，積極的に紙媒体を使う支援を行いたい。また，百科事典の前で手間取っている場合には，背（背表紙）・つめ（インデックス）・柱（章題）を順に使った引き方や，目次や索引の利用方法を，ガイドしていく〈国解 p.86～87〉。

　「幅広く」読書に親しませることに向けて，3・4年生に対する学校図書館ガイダンスや国語の授業内において，多様な本や文章があることを知らせる必要がある。その際には，単に学校図書館内にある図書の種類を案内するだけでは，子供が日常的に実際に幅広い図書に親しむ結果を実現することは難しい。学習や生活に必要な知識や情報を得ることに

役立つことを自覚できる支援が不可欠である。**疑問に思っていたことを解決**する体験を得られるようにするためには，授業で出された課題の概要を知っておくことや，日常生活や友人関係において子供が持っている個々の課題を，可能な限り把握しておくことが望ましい。ただし，それが押し付けがましいものにならないためには，教職員や児童生徒と雑談的なコミュニケーションも行いながら，表面上の付き合いの奥深くにある気質や感性について理解することに努めつつ，互いの信頼関係を地道に構築していくことが，有効なサービス提供を基礎付けることになる。また，**新しい世界に触れて自分の興味が広がる楽しさを味わう**体験に向けて，それぞれの子供が日頃読んでいる図書のタイトルや，その内容に注意を払いつつ，担任や教科担当者と連携しながら，読書案内を充実化させていく〈国解 p.92〜93〉。

　記録・報告・観察や調べたことの説明文，解説文を読み，分かったことや考えたことを本文を引用しながら説明し，意見を述べることも求められている。これらの説明的な文章を通じて考える前提として，まずは3年生4年生でも理解可能な水準の図書が豊富に存在している必要がある。また，引用がしやすいように，一文が短めで，客観的な根拠が簡潔に掲載されている本を選ぶのもよいだろう〈国解 p.108〉。

　また，1年生2年生のときの読み聞かせからの発展として，詩や物語などの文学的な文章については，**物語のあらすじや登場人物の行動や気持ちなどを説明し，考えたことや具体的に想像したことを文章にまとめて説明したり発表で伝えあったりする**。この活動に寄与する図書として，お話の内容展開がはっきりしたものや，登場人物の数が少なめで感情移入しやすいものを揃えていくとともに，授業者にも図書リストを提供するといったサービスを行う〈国解 p.114〉。

　事典や図鑑については，特に学校図書館の利用が必須となっている。

語義を説明する辞書とは異なり，事物や事柄を解説したのが事典類である。同時に多人数が使うためには，単一の百科事典だけでなく，複数種の事典を揃える。教科で学校図書館や地域の図書館などを利用し，こうした言語活動を行うことは，各教科等の学習において調べる活動を行う際の基盤となるものである。施設の利用方法や本の配架場所などの指導をすることが必要である。子供たちは，わかったこと，なぜ疑問に思ったのか，さらに調べたい部分についてまとめて説明することになる。したがってその説明を注意深く聞いたり読んだりしながら，さらなる有効な資料案内に努めるとよいだろう〈国解 p.113〜114〉。

(2) 高学年には考えたことを論理的に報告する手立てを提供する

　5年生・6年生になると，進んで読書をすることで日常的に読書に親しむことが必要になるが，単に受動的な読み方なのではなく，自分の考えを広げることに役立つことに気付くとともに，自己表現の高度化に向けて，話や文章に含まれる情報や事実を取り出し，整理し，関係を分かりやすく明確にすることが，いっそう求められる〈国解 p.23〉。様々な情報のなかから原因と結果の因果関係を見いだし，結び付けて捉えることや〈国解 p.124〉，複雑な事柄を分解して捉えたり，多様な内容や別々の要素などをまとめたり，類似する点を基にして他のことを類推したり，一定のきまりを基に順序立てて系統化したりする関係付けが必要になる〈国解 p.125〉。したがって，読書活動と情報活用能力の育成は完全に分離されるべきものではない。例えば，物語の図書を購入する際には，情報や事実が積み重なって状況を形成している本や，筋の通った論理的なストーリー展開となっている本を選ぶとよい。また，図表・グラフと文章とを結び付けて考えることに適した図書を準備する。同様の趣旨で，高学年では絵本や挿絵の多い図書を楽しむ際に，挿絵を情報の一形態と

して分析的に捉えることが大事になってくる。教育課程の展開と健全な教養の育成を兼ね備えた本をブックトークやブックリスト，図書館だよりなどの伝達手段を使って積極的に案内する。国語の教科書内の文章と併用すると授業の可能性が広がることを教員が実感できるような工夫を作っていく。

　また，資料の活用との関連では，5年生・6年生になると，表現を工夫する手段として資料を用いることに重点がおかれる。口頭のみでは聞き手が理解しにくかったり，誤解を招きそうだったりする場合に資料を使いながら話す。目的や意図に応じて聞き手の興味・関心や情報量などを予想しつつ，説明を補足したり，伝えたいことを強調したりする。したがって，学校図書館側からのサポートとしては，すでにある程度，発表の骨子が固まっている子供に対するものが加わる。受け手にさらに有効に伝えるために**必要な文言や数値の引用，実物，画像，映像，図解，重要な語句の定義付けの明示に役立つ資料の案内を積極的に行うこと**になる〈国解 p.134〜135〉。図解・表形式・グラフ形式により分かりやすく伝えるための基礎資料も学校図書館内に揃える。なぜなら，**あくまでも国語の授業においては，図表やグラフを自作する活動に過度に偏らないよう留意しなければならないからである。**引用の場合は，著作権を尊重しながら正しく引用する習慣をつけるとともに，「図1は，〜」，「表1は，〜」と記す方式に関心を広げていく〈国解 p.142〜143〉。

　詩や物語，**短編小説，**伝記などを読み，内容を説明したり，**読み取った人物の生き方から，これからの自分のことについて考え，文章にまとめたり発表したりする。**自分の生き方を考える前提として，十分に感情移入できるコンテンツが学校図書館に揃っていることが不可欠であるとともに，指導や成績評価を担う教員とは一定の心理的な距離がある学校図書館だからこそ，生き方に関して客観的にヒントを提供できる可能性

がある〈国解 p.151〜152〉。

　同じテーマで異なる書き手の本や文章や，異なる新聞社による新聞記事を，比較・分類・関係付けし，調べ考えたことを報告する活動が行われるが，その際には，学校図書館や地域の公共図書館の利用が必須となっている。本や新聞のほかに，雑誌，インターネットから得た情報の活用も想定されるため，それらの利用方法を案内する際には，速報性や信頼性などのメディアの種類ごとの特性を十分に伝えることが有益である。また，相互をつなげていく視点，すなわち，想定する概念的知識を共通化しながら資料探索していくことの視点をもてるように，ブックトークの実演やテーマ展示などの実演が学校図書館内で行われるとよいだろう〈国解 p.152〉。

3. 情報活用能力の育成に関する支援　（小学校の社会・算数・理科）

(1) 社会科の探究的な側面を多角的な資料提供でサポートする

　社会科は，学習指導要領の核心である「社会に開かれた教育課程」の趣旨を反映して，総合的な学習の時間の意義が霞むほど，探究的な学習を重視した科目となっている。様々な資料や調査活動を通して情報を適切に調べまとめる技能を身に付けるようにすることが重視されている〈社解 p.17，1〜21〉。このため，学校図書館に関して，読書センターの機能に加え，児童の学習活動を支援する学習センター・情報センターとしての機能を持つようにしていく必要性が強調されている。児童一人一人が自らの問題意識を持ち，問題解決の見通しを立て，必要な情報を収集したり，収集した情報を読み取ったり，読み取った情報を分類・整理してまとめたりする学習活動を構成する際に学校図書館の活用が求めら

れる。〈社解 p.143〉。**社会的事象の多角的な意味・特色・相互関連性を踏まえて課題を把握・追求し，解決を構想しながら「社会的な見方・考え方」を鍛える。**すなわち，**習得した知識や技能を活用して調べつつ，思考・判断・表現しながら課題解決をする。**その際には，**調べたり考えたりする事項を示唆し学習の方向を導く適切な「問い」を子供自身や教員が設定できるか否か**で，学習の成果が大きく変わってくる。図書を準備するためには，問いの種類を意識して揃えていく必要がある。例えば，

①**分布，地域，範囲（位置や空間的な広がり）に関する問い：**

　　どのような場所でどのように広がっているかがわかる図書

②**起源，変化，継承（時期や時間の経過）に関する問い：**

　　なぜ始まったのか，どのように変わってきたのかがわかる図書

③**工夫，関わり，協力（事象や人々の相互関係）に関する問い：**

　　どのようなつながりがあるか，なぜこのような協力が必要なのかがわかる図書

が挙げられよう。

　また公民としての資質・能力と関わる，グローバル化する国際社会に関する資料として，**人，もの，資本，情報，技術などが国境を越えて自由に移動することを主題とする図書を準備するほか，組織や企業，国家など様々な集合体の役割の増大を描く内容が含まれる図書を準備することがよいだろう**（社解 p.17〜20）。

　学習指導要領の社会科では，調査することや各種の資料で調べることが頻出している。そのため，学校図書館や公共図書館，コンピュータなどを活用して，情報の収集やまとめなどを行うようにすることが求められている。学校図書館で資料案内を行う際には，各種の年表や統計を揃えた上で，それらと関連づけられる図書や，地図や地図帳，地球儀と組み合わせると有効な図書を案内し，新聞や新聞データベースを気軽に使

用できる環境を整備する。児童一人一人が図書館を活用し，調べて考え，表現し発信する必要性を感じることができるようなコンテンツを揃えながら，いつどこの場面で，どのように図書館やコンピュータ，公共図書館を活用するのかを想定した，学習過程の工夫・改善に向けた教員の指導計画作成を十分に支援していく〈社解 p.143〉。

(2) 算数が楽しくなる基礎的・日常的な本を案内する

　算数では，日常生活や社会で直面する問題である「日常の事象」を「数学的な見方・考え方」の舞台に載せて解決することと，それを日常生活に生かすことに資する学校図書館サービスの提供を心がけたい。事象を数量や図形に着目して捉えながら，根拠を基に筋道を立てて統合的・発展的に考えることに向けて，基礎的・基本的な概念や性質への理解を促進する図書，つまり算数が楽しくなる本を揃え，算数以外の本についても算数を楽しくするように案内する〈算解 p.21〜23, 29, 34, 49〉。学校図書館自体を数学の教材として活用していくことも学習指導要領解説では求められている。例えば，日常生活に必要な時刻や時間を求めるために読書にかかる時間を求めること〈算解 p.167〉や，学校の図書委員が読書運動を進めた成果を表すために「物語」の貸し出し冊数の変化の様子を折れ線グラフにそれぞれまとめ，どちらの学校の読書運動がうまくいったのかグラフを比較して考える〈算解 p.225〜226〉ことの支援が考えられる。このような学校図書館の使い方が中学校の数学でも推奨されていることからもわかるように（第14章参照），学校図書館は学校内で最も大量・多種の数字に囲まれている場所である。数学の領域から数字を身近にする役割を期待されている点を日常的に意識し続けない限り，よい提案ができないだろう。数字が身近になると，子供たちもいっそう日本十進分類法に親しみを持つことを期待して，アイディアや工夫

を考えていきたい。

⑶　理科の観察や実験が行いにくい活動の理解を図書資料で充実させる

　理科では，「資料」という用語が頻出する。実験や観察を記録した資料を意味する部分や，数値データをはじめとする客観的な情報を指し示すこともあるが，図書を含むあらゆる補助的・発展的な教材との連携が意図されている。なかでも，図書が有用なのは，実験や観察だけでは対象の本質的・多面的な理解が難しいときや，他教科との総合性や横断性が期待されている場合である。関心の乏しい子供が，それぞれの単元に親しみを持てるように工夫しながら資料を提供する。

　例えば，**日陰の位置の変化や日なたと日陰の地面の様子を資料や映像で調べる**際に，気象や宇宙，植物の図鑑だけでなく，日なたと日陰の関係性をテーマにした絵本を揃えることがありうるだろう〈理解　p.43〉。また，人体の骨・筋肉の働きについて**資料を使って調べる**際に，**体のつくりや体の動き**，**運動**が掲載されている図鑑やスポーツの本，**動物園**の絵本，動物図鑑を用意したりすることが考えられる〈理解　p.52〜54〉。また，人の発生についての資料を活用する際には，**母体内の成長を直接観察する**ことが困難なので，絵本を導入で紹介しつつ，卵や胎児の時間経過の図解を紹介し，それらを動物の発生や成長への興味へと図書と**映像や模型を合わせた展示で発展させる**〈理解　p.62，70〜71〉。

　植物が生命を維持する働きを多面的に調べる際には，植物の体のつくりと水の通り道の観察・実験だけでは限界がある。表面から見えない部分や，長い時間たつにしたがって変化していくしくみがほとんどを占めるからである。**映像・模型・その他の資料の活用**が求められる。正確な知識を得られる図鑑と，植物への関心を高めることの得意な絵本の両者を積極的に紹介していきたい〈理解　p.87〉。同じく，生物と環境につい

て，動物や植物の生活を観察したり資料を活用したりするなかで，生物と環境との関わりに着目して，それらを多面的に調べる活動についても，**観察，実験が行いにくい活動については，児童の理解の充実を図るために，映像や模型，図書などの資料を活用する**ことが示されており，特に学校図書館への期待が大きいことがわかる。**海や川などから蒸発し，水蒸気や雲となり，雨となる水の循環の絵本や光合成を扱う本，生物の食う食われるという関係を扱う物語，持続可能な環境との関わり方を多面的に調べる際に役立つ図書の案内も積極的に行う〈理解 p.87〜89〉。**

土地のつくりや変化については学校図書館で，**実際の地層観察，映像，模型，標本と図書を組み合わせて展示する**ことや，火山の噴火や地震がもたらす自然災害について，被害時の体験記や防災と関わる職業を紹介する図書の案内を交えて行うことが考えられる。火山の噴火や地震による自然災害について，過去の火山活動や大地震で土地が変化したことや将来の可能性を**映像，図書などの資料を基に調べる**ことも示されており，DVDや図鑑の案内はもちろんのこと，むしろ，SF小説のほうがいっそう高いリアリティを持つ面もあろう〈解 p.90〜91〉。

近年は，科学的読み物を使ったいわゆる「理科読」という活動が盛んになっており，また，教科横断的で活動的な学習・調べ学習を取り入れたSTEM教育（科学・技術・工学・数学：Science, Technology, Engineering, Mathematics）を日本でも実践する試みが拡大している。STEM教育はArts（デザイン，感性など）を加えた，STEAM教育に発展し，現在では，Artsにリベラルアーツ（学芸）を含めるようになってきている。現実社会の問題に対して創造的にあらゆる問いを立て，自由に考えるためには，美術や音楽だけではなく，文学や歴史をはじめとする国語科や社会科における領域まで幅広く及ぶリベラルアーツの考え方が不可欠である。理科だけでなく，生活科や小学校・中学校における

総合的な学習の時間，高校の理数探究・総合的な探究の時間に至るまで，長い時間をかけながら学習経験や資質・能力を積み重ねていくことが教育課程で目指されている。このような教育界における要請に大きく応えるのが，読書教育と情報活用能力育成の融合である。文学的要素を仲立ちにしながら，調べて得られた発見を自分のものとしていくことを通じて，育むべき資質・能力の一つである学びに向かう力と人間性の領域にまでSTEAM教育の水準を高める支援が課題と言える。

4. 特別活動の指導に関する支援

(1) サービスラーニングの視点で図書委員会へ協働的な支援をする

　小学校と中学校では特別活動は，学級活動，児童・生徒会活動，学校行事，クラブ活動（小学校高学年）により構成される。高校では，ホームルーム，生徒会活動，学校行事に分けられる。学校行事には，儀式的行事（入学式や卒業式），学芸的行事（文化祭や学芸会）のほか，体育祭や運動会，遠足や修学旅行，ボランティア活動が含まれる。行事については第15章で述べる。

　学級活動は児童生徒自身が，学校生活や日常生活と密接な領域において，探究的な活動やカリキュラム・マネジメントを実践する機会になっている。課題を発見し，話し合い，実行し，振り返るプロセスに，学校図書館が寄与できる領域は大きい。事前の活動のなかで児童生徒自身が生活上の諸課題を認識し議題を絞り込んでいくことを，学校図書館が支援していく。担任には題材を設定するときにヒントとなる図書や，学校図書館が蓄積した過去の事例記録を提供する。活動・話し合い活動の際に論点が絞られることで，児童生徒が互いに客観的根拠に基づいた主張を行えるようになる。学校図書館に限らずおよそ図書館は，集団におけ

る意思決定の過程を知的な自由を保障することで公正なものにしていく重要な社会システムである。このため，民主主義社会の一員としての主体性の発揮に向けた支援を意識することが大事になってくる。

　学級活動で決めたことの実践を行う際にも，学校図書館で適切な情報提供を行い，また，学校図書館のなかにおける大きな机を準備活動に提供する。全体の仕事を分担していく当番活動よりも，児童・生徒の創意工夫を生かした係活動のほうが，創意工夫を発揮できるように資料提供を行う余地が大きい。

　集会活動に関しては，必ずしも読書推進と直接関わらない場合であっても積極的に支援する。そもそも，特別活動ではそこで体験したことが，生涯を通じて社会生活に生かされていくことを想定しているため，学校図書館サービスがその一助となることを目指す。また，国立教育政策研究所が実施した『小学校学習指導要領実施状況調査（2012（平成24）年）』では，特別活動に熱心に取り組む教師の学級や特別活動の取組に対して肯定的に回答した児童が多い学級ほど，多くの教科において平均正答率が高いという分析結果が出ている。特別活動は学力とは無関係であるという意識ではなく，特別活動を入口としつつも，学校図書館が提供するサービスにより，各教科・科目における見方・考え方を深め，結果として資質・能力の向上につながる資料案内を目指したい。

　児童・生徒会活動のなかに位置付けられる委員会活動のなかでも，全国で普遍的に見られるのが図書委員会である。図書委員会はともすると学校図書館運営を補助する従たる存在になってしまう。しかし，図書委員会の子供たちが主体的に活動する雰囲気があってこそ，それ以外の児童・生徒たちも自分たちの場所として馴染むようになり，学校図書館活動の総体の活性化につながる。その意味では，学校図書館のサービスは，サービスの提供者から受領者への一方的なものではなく，図書委員会と

の協働であるという意識を持ち続けるべきである。サービスを提供する側も学ぶ主体であると位置づけるサービスラーニングの重要性が指摘されて久しいが，図書委員がサービスに従事することを通じて学んだことは，その後の社会的な生き方において，大きな影響を与えていく。そのためには，定期的に集まって話し合う機会を設けることや，図書委員会内だけで完結しないように図書委員会主催の全校行事を企画したり，学校図書館以外の行事にも積極的に関わったりするように支援する。

　図書委員の当番活動としては，貸出・返却，利用者数や貸出冊数の記録，ほかの児童生徒からの読書相談・レファレンス受付業務が挙げられる。係活動には，書架整理や蔵書点検などの資料整理活動，広報活動，集会行事活動，調査統計作業がある。

5. 学校図書館ガイドラインと児童生徒への学習支援（2）

　学校図書館に関して，読書センターの機能に加え，児童の学習活動を支援する学習・情報センターとしての機能を持つようにしていく必要性が高まっている。学校図書館サービスの高度化を通じて教育課程の展開へのいっそうの寄与を目指すことになる。

☐ 児童生徒の情報の収集・選択・活用能力を育成するサービスを提供する。
　　　　　　　　　　　　　　　　　　　　　　　➡ GUIDELINES (1)
☐ 図書委員等の児童生徒が学校図書館の運営に主体的にかかわることを支援する。
　　　　　　　　　　　　　　　　　　　　　　　➡ GUIDELINES (2)
☐ 学習指導要領等を踏まえた各教科等による計画的な利活用を支援する。
　　　　　　　　　　　　　　　　　　　　　　　➡ GUIDELINES (3)
☐ 文学（読み物）やマンガに過度に偏ることなく，自然科学や社会科学等の分野の図書館資料の割合を高めることを支援する。　　➡ GUIDELINES (5)-2

230

□ 主体的・対話的で深い学びを効果的に進める基盤として児童生徒がグループ別の調べ学習等において，課題の発見・解決に向けて必要な資料・情報の活用を通じた学習活動等を行うことができるよう，学校図書館の施設を整備・改善を支援する。 ➡ GUIDELINES (6)

ケース
スタディ
11

先生のための
授業に役立つ

学校図書館　活用データベース

SELECT

●授業実践「絵画の読み解きで，時代をつかむ！〜17・18世紀のヨーロッパ〜」
（校種：高校，教科・領域等：社会，対象学年：高1）

活用・支援の種類

資料提供・コラボレーションによる授業デザイン

図書館とのかかわり

生徒が，絵画から時代を読み取っていくような探究型の授業を，図書館とのコラボレーションでやりたい。

授業のねらい・協働にあたっての確認事項

最もこだわったのは授業のゴールを共有することです。この授業で何を目指すのかということを何度も確認しあって，必要な資料をできるだけたくさん集めて提供しました。キーワードは，ルーベンス，ベラスケス，レンブラント，フラゴナールの絵画，時代背景とのつながり，パフォーマンス課題。

提示資料

生徒がよく見ていた本。比較的新しいもの，入門書的なものの中から三冊紹介。

・『知識ゼロからの西洋絵画史入門』山田五郎著，幻冬舎　2011年
　西洋絵画の名作を，歴史的背景を踏まえて解説。カラーの図解とイラストで分かりやすい。同時代の日本での出来事も出てくる。
・『一生に一度は見たい西洋絵画 BEST100』大友義博監修，宝島社　2013年
　名作100点。欧米44美術館，63作家の代表作を網羅。大判で見やすく，ページを開いていくと美術館めぐりをしているような気分になる。
・『朝日美術鑑賞講座3　名画の見どころ読みどころ　17世紀バロック絵画①』
　朝日新聞社　1992年

美術鑑賞講座シリーズの中の一冊。画家や時代についての解説が充実。

授業者コメント

　調べ学習では，司書補と司書教諭が手分けして，授業に関連する図書55冊も集めてくれた。これはどの先生も口を揃えて言ったが，授業者だけでは絶対に時間的に無理。さらに美術館ごとや時期ごとに編集された本などが多くて，生徒は探しにくい。司書補がどの本にどの画家の作品が入っているかを一覧表にして教室に掲示してくれた。授業をみた司書補が，普段誰も借りてくれない美術書を生徒が熱心に見ている様子を見て，「あまりに嬉しくて感動した」と言ったほど，図書の活用は成功した。

　iPad の利用も検討したが，iPad はすぐにキーワードでダイレクトに情報に直結してしまう。また情報を切り貼りしてしまうので，しばらくしてから使用を許可したが，生徒は十分ある資料を見た後なので，課題の画像検索と用語の意味調べ程度にしか使っていなかった。

　さらに，3時間目の課題の「鑑賞のしおり」の制作では，「作り始める→調べる→話し合う→根拠は？→調べる」の探究のプロセスを繰り返し，目標に近づいていく。この授業構成も，司書教諭と共同で，生徒の様子を観察しながら何度も話し合って授業デザインしたので，生徒の図書の活用は最後まで続いていたのも，すばらしかった。この，共同で授業デザインをする，これが今回体験した一番面白くて有意義なことだった。

司書・司書教諭コメント

　めざせ，メディアスペシャリスト！を胸に，情報活用の専門家としてできることを思いつく限りやってみた。教科における探究型学習では，教科の目標を明確にして共有することが一番大切。世界史の授業内容について，教科のプロである世界史の先生から，「この分野をこんな深さ・広さで学んでほしいの！」との熱い思いを受け取った。教科の学習目標達成に向かって共に取り組んだ数か月間。一緒に登山をした気分だ。生徒はとてもいきいきと，楽しくかつ悩みながらの活動を続けていた。生徒の学びが深くなった分，私のガイドの腕も鍛えられたと思う。生徒と一緒に教員チームも探究し続けた日々は，とても大変だったが楽しかった。形成的評価，授業改善については手ごたえがあったが，総括的評価は今後の課題である。

　『研究紀要』第49集（大阪教育大学附属高等学校池田校舎　2017年発行）に掲載。

出典：『授業実践事例—大阪教育大学附属高等学校池田校舎』（授業者：藤井聡子，梶木尚美（2015年11月），事例作成：梶木尚美（2017年3月））

13 | 特別の支援を必要とする児童生徒に対する支援

前田稔

《**目標**》 学校図書館サービスが特別の支援や配慮を必要とする児童生徒の学びにとって不可欠であることを理解し，読書の権利を実現していく。

《**ポイント**》
- 一人一人の個性に対応し，学びと安らぎの両立を実現させる
- インクルーシブ教育を推進していく
- ユニバーサルデザインの視点でどの子供にもサービスを提供する
- 見ることがどのように困難なのかを把握する
- 点字のしくみを理解し，補助用具も活用しながら支援を行う
- 聞くことへの障害がある子供へは抽象的なイメージ形成を支援する
- 発達面に関する支援の際には，子供の長所をピックアップする
- 動作に関する支援の際には，想像する力の支援を重視する
- 病気と立ち向かい，勇気づけられるサービスを心がける

《**キーワード**》 特別支援教育，点字図書，発達障害

1. 特別支援教育と学校図書館

(1) 一人一人の個性に対応し，学びと安らぎの両立を実現させる

　学校図書館は学校のなかの家庭である。条件付きの愛情で傷ついている子供たちを無条件で受け入れる。子供を褒めることは諸刃の剣であり，できないときは嫌いであるという条件を突きつけていることに等しい。生きる価値を見失い，ときには愛情を求めて挑んでくる子供までをも全面的に受け止めることは，学校図書館サービスを提供する者にも難しい。

しかし，図書にはそれができる。

　学校図書館法では，特別支援学校にも学校図書館を設ける義務が明記されている（2条）。特別支援学校は，学校教育法第72条で示されているように，「視覚障害者，聴覚障害者，知的障害者，肢体不自由者又は病弱者」を対象とする学校である。これらの者の学ぶ権利を等しく実現し，障害による学習上又は生活上の困難を克服し自立を図るために必要な知識技能を授ける場として，特別支援学校の学校図書館サービスの充実が期待されている。

　これまでも，障害の種類に応じた学校図書館活用が特別支援教育として行われてきたが，特別支援学校における学校図書館活用は，新しい段階へと転換しつつある。学習指導要領のなかで教育課程に全面的に読書や情報活用能力育成が取り入れられるに至り，一般の学校に準じた教育を目指す特別支援学校においても，探究型学習を推進するなどの様々な工夫を行っていくべき段階に至っているのである。

　一方，特別な支援や配慮が求められるのは，特別支援学校だけではない。文部科学省による『学校図書館ガイドライン』では，（5）－1「図書館資料の種類」のなかで，「発達障害を含む障害のある児童生徒や日本語能力に応じた支援を必要とする児童生徒の自立や社会参画に向けた主体的な取組を支援する観点から，児童生徒一人一人の教育的ニーズに応じた様々な形態の図書館資料を充実するよう努めることも必要である。例えば，点字図書，音声図書，拡大文字図書，LLブック，マルチメディアデイジー図書，外国語による図書，読書補助具，拡大読書器，電子図書等の整備も有効である」とされている。

　近年，学校教育で必要とされる特別な支援の範囲は広がる一方である。国際化のなかで，日本語よりも外国語が得意な子供たちへの読書支援や，性的少数者に関わるLGBT教育の場の提供などへの期待も高まってい

る。あらゆる人間は，社会のなかで様々な困難を抱えながら共に支え合い，認め合いながら生きている。子供たち一人一人の個性や境遇に対応し，学びと安らぎの両立を実現させる学校図書館の役割を発揮させる支援のあり方が，すべての学校で問われる状況である。そこで本章では，一般の学校図書館における特別な支援・配慮と関わるサービスと，特別支援学校における学校図書館サービスの両面について言及していく。

⑵　インクルーシブ教育を推進していく

　特別支援教育とは，2005（平成17）年12月に中央教育審議会から示された『特別支援教育を推進するための制度の在り方について（答申）』によれば，「障害のある幼児児童生徒の自立や社会参加に向けた主体的な取組を支援するという視点に立ち，幼児児童生徒一人一人の教育的ニーズを把握し，その持てる力を高め，生活や学習上の困難を改善又は克服するため，適切な指導及び必要な支援を行うもの」である。

　2007（平成19）年から，特別支援教育が学校教育法に位置付けられ，従来の盲学校・聾学校・養護学校が特別支援学校に制度上で一本化された。また，2004（平成16）年の障害者基本法改正において，障害のある児童生徒と障害のない児童生徒の交流・共同学習・相互理解の促進が定められたことを反映し（改正時14条３項），施設設備が整っているなどの特別の事情がある場合には，認定就学者として小学校・中学校へ通うことが可能になり，それまでの障害のある子供を地域の学校と分離する教育から大きく転換し始めた。

　2006（平成18）年に国連総会で採択された『障害者の権利に関する条約』の24条において，インクルーシブ教育システム（an inclusive education system）の理念が提唱された。「締約国は，教育についての障害者の権利を認める。締約国は，この権利を差別なしに，かつ，機会

の均等を基礎として実現するため，障害者を包容するあらゆる段階の教育制度及び生涯学習を確保する」ことが求められ，障害のある子供が障害のない子供とともに教育を受ける方向性が定まった。

2008（平成20）年には『障害のある児童及び生徒のための教科用特定図書等の普及の促進等に関する法律』（教科書バリアフリー法）が制定され，教科書会社が持つ教科書のデジタルデータを，文部科学省を通じてボランティア団体へ提供する仕組みができあがった。平成23年の障害者基本法改正では，障害者の定義に発達障害と社会的障壁が加わり，障害者とは身体障害，知的障害，精神障害（発達障害を含む），その他の心身の機能の障害がある者であって，障害および社会的障壁（障害がある者にとって障壁となるような事物・制度・慣行・観念その他一切のもの）により継続的に日常生活，社会生活に相当な制限を受ける状態にあるもの（改正時第2条）とされた。また，可能な限り障害者である児童生徒が障害者でない児童生徒とともに教育を受けられるように配慮すべきことが示された（改正時第16条1項）。

障害者の権利に関する条約で規定されている「個人に必要とされる合理的配慮が提供されること」の実現と，それを実現する基礎的環境整備については，2012（平成24）年の中央教育審議会答申『共生社会の形成に向けたインクルーシブ教育システム構築のための特別支援教育の推進（報告）』でも課題となり，障害者が積極的に参加・貢献していくことができる共生社会の理念が示された。誰もが相互に人格と個性を尊重し支え合い，人々の多様な在り方を相互に認め合える全員参加型の社会が目指されている。興味・関心，学習上・生活上の困難，健康状態の把握をしつつ，教育の方法として，障害の状態に応じた情報保障やコミュニケーションの方法について配慮するとともに，ICTや補助用具を含む各種の教材の活用について配慮することが求められている。

　また，コンピュータの技術水準が向上し続けるなかで，コンテンツの流通体制を改善していくことが急務になっている。マラケシュ条約（盲人，視覚障害者その他の印刷物の判読に障害のある者が発行された著作物を利用する機会を促進するためのマラケシュ条約）では，視覚障害者らの利用に配慮した点字図書，音声読み上げ図書などの著作権制度の確立や，国境を越えた交換と相互協力が定められており，日本では2019（平成31）年に効力が発生した。マラケシュ条約の締結を機に，著作権法第37条（視覚障害者等のための複製等）が改正され，また，同2019（令和元）年に『視覚障害者等の読書環境の整備の推進に関する法律』（読書バリアフリー法）が施行された。文部科学省と厚生労働省ほかの省庁，公立図書館，点字図書館，出版側の連携協力が求められている（同第18条）こともあり，紙の図書・電子的な資料を問わず，今後は視覚障害者の読書環境の充実が急速に進展していくだろう。また，読書バリアフリーの理念は，視覚障害者に限らず，共生社会の実現に向けたあらゆるタイプの支援へと発展してきている。

⑶　ユニバーサルデザインの視点でどの子供にもサービスを提供する

　インクルーシブ教育システムの考え方が進展するなかで，特別支援学校の学校図書館サービスのみならず，一般の学校の学校図書館においても，対応が急務になっている。これまでも，特別支援教育用の教材として，視覚障害者用の点字教科書・拡大教科書が刊行されてきた。聴覚障害者用の言語指導や音楽の教科書，知的障害者用の国語・算数・数学・音楽の教科書もある。一般の学校図書館においてもそれに準じた学習用の教材や読書材，各種の教科書から発展的に学習できる教材を準備していくことが必要になっている。従来の学校教育のなかにどのようにインクルーシブ教育システムが求める「合理的配慮」を組み込んでいくのか

については試行錯誤を続けている段階である。それは同時に，個に応じた教育を実現しやすい学校図書館における資料を通じた特別な配慮が果たす意義は大きいとも言える。そもそも，あらゆる図書館というものは，一人一人の個人の尊厳を起点として人間としての基本的な権利を実現することに向けられて存在しているのであり，「障害者の権利に関する条約」の趣旨を踏まえながら，学校教育における現状のしくみや意識を障害者に合わせて変えていくサービスが大事になってくる。したがって，心身の機能が医学的に不足している個人や家族がかわいそうだから特別に援助していくという視点（医学モデル・個人モデル）のみで学校図書館サービスを提供することは，必ずしも適切ではない。障害のない子供を前提につくられた社会の障壁を取り除くことも社会の責務であるという視点（社会モデル）を意識する必要がある。車いすの人が階段で立ち往生しているとしよう。歩けないからととらえるのが医学モデルであり，社会がエレベーターを設けていないからだととらえるのが社会モデルである。

　また，パラリンピック東京大会に向けて首相官邸から，『ユニバーサルデザイン2020行動計画』の策定が示されたが，同様の趣旨で近年は学校教育のユニバーサルデザインの考えが浸透してきている点にも注目すべきである。そこには，学校の施設・設備の運営にあたって，段差や妨害物となる要素を極力除去していくことも含まれるが，障害のある子供を特別扱いする意味でのバリアフリーの発想とは異なる。ほかの全ての子供を含めてわかりやすく学びやすく参加しやすい配慮がされた教育のデザインを実現することが重要になってくる。この点は，学校図書館が提供する資料を誰もが使いやすくしていくことだけでなく，調べ学習や探究型の学習の際に明確に見通しを示したり，話し合いや発表の手引きを用意したりするなど，支援のあり方にも影響してくる考え方である。

また，障害のある子供の読書の権利を擁護するというアプローチだけでなく，共生社会の実現に向けた交流及び共同学習（心のバリアフリー）の観点から，学校図書館の持つひろばとしての役割が発揮されることが期待される。例えば読み聞かせをし合うことや，互いの立場に配慮したおすすめ本の紹介，図書委員会活動での共同作業など，様々な立場の子供たちの交流と学習を促進する支援が考えられる。

2．見ることへの支援

⑴　見ることがどのように困難なのかを把握する

　我々が読書する際における最も密接な身体器官は，「目」であることは間違いない。目の医学的状態に関しては様々な形態がある。子供にとって身近な問題は近視であろう。2018（平成30）年度の『学校保健統計』では，裸眼視力が1.0未満の者は全国の小学校および高等学校で過去最高であり，中学校においても，過去最高を記録した前年度と同程度という高い割合を示している。不適切な読み方での読書活動は近視の要因にもなりうる。読書する際には姿勢よく図書に目を近づけすぎずに，明るい環境で読むことや，適宜休憩をいれることで，近視の進行を抑制できるものと考えられている。強度の近視が進行すると網膜剥離といった二次的な疾患を誘発する可能性があるため，近視の子供には図書から目を離すように，積極的に声がけをしていく。また，小型の絵本を読み聞かせするときは，読み手から離れた場所で聞いている近視の子供にも絵が把握できているか，近くにいる遠視の子供が集中できているかといった配慮が考えられる。見えている範囲についても，視野が欠けている（視野狭窄）部分を持つ子供の場合には，調べ学習や探究型の学習の際に，ほかの子供よりもページや周囲の見える範囲が狭いため，図書と

の出会いの範囲も狭くなっていることを，サービス提供側も意識しておく。そもそも我々が書架のエリアを歩き回るブラウジングを行う際には，インターネットでピンポイントの検索をする作業と異なり，視点を集中させている以外の部分も視野に入れながら，無意識下で五感を駆使しつつ，図書を手に取っている。左右の目で視野を補い合うため，かなり視野が欠けても本人が気付きにくい面もある。日常生活に不自由はなくても，中心部の視野が欠けている場合があり，一人での読書に集中できていないことを，本人の主体的態度や意欲の問題であると決めつけることが早計な場合もあろう。

　色覚障害（色覚異常・色覚多様性，以前は色盲・色弱などと呼ばれていた）の状態にある者は，日本人男性の20人に1人，女性500人に1人存在すると言われている。かなり不正確な言い方をあえてするならば，男の子はクラスに1人，女の子は学校に1人のレベルである。そのような観点からすると，絵本の読み聞かせやブックトークの際に，提示している図書の情景や内容を，皆一様に受け取っていると思い込んで学校図書館サービスを提供することは避けるべきである。色覚に障害を持つ子供の存在をある程度事前に想定してつくられている教科書や教材を使用している場面と異なり，学校図書館内は多種多様なコンテンツを扱う空間である。また，表紙も含め読書にとって色彩が持つ識別性・イメージ形成力が担う意義も大きい。資料の選択や提示において，サービス提供者が意識的に配慮すべき点があるとともに，サイン類や展示・掲示の作成の際にも気をつけていきたい。まずは，学校図書館サービスを提供する者が，どのような見え方をしているのかを疑似体験してみることも大事である。

🔍色覚　見え方

　弱視は子供の50人に1人含まれると言われている。弱視を強度の近視と思い違いをしている人もなかにはいるが，基本的には弱視と近視は異

なる。多義的な面もあり，医学的に完全に光を感じない全盲ほどではないが極度に見えにくいロービジョンの場合や，視覚関連の脳の発達に障害があることを意味する場合があり，社会生活や教育への見えにくさの影響を指し示したりするときもある。眼鏡による矯正視力が低い，視野が狭い，明るいところや暗いところが見えにくいといった症状の多様性も相まって，どのような読書支援を行うことが望ましいのかは一義的ではない。とはいえ，まずは，前述のように不読者をすべて読書嫌いという本人の気質の問題であると決めつけるのではなく，見にくさが要因となっている可能性も考慮すべきである。

　視覚障害の程度がやや重い子供については，通常の学級に在籍しながら特別な通級指導も併せて受ける場合や，特別支援学級に所属する場合がある。このため，学校図書館が等しいサービスを提供するためには，拡大文字図書の配備，公共図書館との弱視者用資料に関する緊密な連携，読書を補助する用具としてのルーペ・拡大読書器・タブレットパソコンの用意，電子書籍としてのマルチメディアDAISY（デイジー）図書が読める機材の提供を行うことが考えられる。なお，弱視の種類によっては，単に文字が大きければ読めるわけではなく，書体や段組・字間について適切である必要がある点を意識しておく。

⑵　点字のしくみを理解し，補助用具も活用しながら支援を行う

　視覚障害の程度が重い子供が通う特別支援学校では，伝統的に学校図書館活動が活発に行われてきた。なかでも，視覚を完全に失っている子供は，我々にとって計り知れない暗闇のなかで生きている。読書が心のなかの灯火となりうるように，触覚や聴覚による支援が必要である。

　触覚による支援を代表するのは点字図書である。点字というのは，厚紙に形成した6つの突起の組み合わせで，言葉を伝える手段である。点

字図書は重く大型のものが多く，1冊に収容できる文字数も墨字（点字
ではない文字のこと）と比べると格段に少ないため，墨字の1冊の本が
点字になると数冊から十数冊の分冊になる。積み重ねたり本棚に詰めて
保管したりすると凸部分が平滑になってしまい点字の機能を損なうこと
になる。教科書については，文部科学省が原典として各教科・科目のな
かから決定した教科書を，編集方針に従って必要な加除訂正を行ったも
のが，視覚障害者支援の団体から発行されている。

　点字を使うとあらゆるコミュニケーションが簡便になると思いがちで
あるが，2の6乗すなわち64通りの情報量しかない。カタカナやアル
ファベットでさえも，複数の点字を組み合わせなければ表現できない。
子供にとって点字を修得し，ひとかたまりの点字を文章として理解でき
るようになるには，長い年月をかけた段階的な教育が不可欠であり，そ
のための教材として豊富な読書材の常備が不可欠である。

　漢字とかなが混在している墨字を点字に置き直していく作業を点訳と
言う。出版社が点字図書や，点字付きの触る絵本を刊行しているが，
マーケットが小さく，出版点数が豊富ではない。このため手づくりの点
字図書で補うことが行われてきた。既存の墨字の出版物の漢字をすべて
ひらがなに変換し，単語ないし文節を空白で区切る分かち書きを正確に
行う作業の多くをボランティアが担っている。以前は点字タイプライ
ターや点字版が多く使われていた。直接厚紙に点を打つ作業の際には，
間違えたときに平らにならす修正が難しい。上から針のような点筆を押
しつける方式の場合は完成時に裏側からふれる都合上，180度逆転した
点字を打つ必要があるので，習熟するのに時間がかかる。

　近年では，コンピュータによる自動点訳技術も進展しており，点訳の
際の作業量は著しく軽減している。ただし，我々が使うかな漢字変換や
英語への自動翻訳と同じように，人手による確認と編集の作業が必要で

あるし，絵や図の効果的な点訳はコンピュータにも不可能である。点字
図書を作成・印刷する作業についても，コンピュータと接続する点字プ
リンターの普及で省力化が大幅に進展している。また，そもそも紙を介
さずに，6点入力キーボードや点字ディスプレイを装備した，音声出力
機能付き点字ディスプレイを使用して，コンピュータで読み書きを行う
ことも普及しており，点字入力や出力ができる携帯用端末や，スマート
フォン・タブレットパソコンでのタッチ式点字入力機能も充実してきて
いる。

　このように，学校図書館は各種の補助機器を介した情報の拠点として
も視覚障害者の通う学校内で重要な役割を果たしているが，学校図書館
サービス提供の原動力が，一人一人の子供への愛情である点に変わりは
ない。学校の職員として直接的に関わるだけでなく，ボランティアの立
場で参加する人々が増えることが期待されている。点字の仕組み自体は
単純であり，また，学校内に限らず自宅での空き時間を有効活用できる
面もある。このため，健常者への点字入門の講習会は全国で日常的に実
施されている。一方で，実際に子供たちが求め楽しむことが可能な点字
図書の提供や，学習活動の効果を高めるための質の高い点訳と，そのた
めの原典選びは奥深い。特別支援学校内における，直接的な授業支援・
行事や部活動の支援に，図書や言葉の教育の視点から加わることも含め，
学校図書館と関わる活動は支援者にとってみても充実感のあるサービス
提供となっている。

　また，点字図書の提供だけでなく，対面音訳（対面朗読）提供サービ
ス，録音図書提供サービス，マルチメディア DAISY 図書の提供も幅広
く行われてきた。マルチメディア DAISY については，文字と音声とを
再生位置の特定も含みながら結び付けている電子書籍コンテンツフォー
マットとしての意味合いのほかに，再生機を指し示す場合もある。視覚

障害以外のあらゆる障害に対して有用である側面があり，学校図書館において整備が進んできており，マルチメディア DAISY なくしては特別支援教育におけるサービスが始まらない状況でもある。一方，マルチメディア DAISY さえあれば，どの子供も読書が進むわけではないのは，一般の学校図書館の蔵書と同じであり，コンテンツを使いこなすことを支援する学校図書館サービス抜きに，必ず役立つものではない。今後は，読書バリアフリー法の趣旨を生かしながら，公共図書館，福祉施設・団体，サピエ図書館（点字図書・録音図書の全国データベース）などと連携し，コンテンツの流通と活用を促進していくことが学校図書館サービスに求められている。

3. 聞くことへの支援

(1) 聞くことへの障害がある子供へは抽象的なイメージ形成を支援する

　一般教室で学ぶ耳が聞こえにくい難聴の子供にとって，絵本の読み聞かせは救いである。たとえ部分的に声が届かなくても，絵を通じてお話しの世界に入り込むことが可能であるし，確実な内容理解が問われるわけでもない。子供の集中力を高めるために小さい声と大きな声とを使い分ける手法もあるが，特にストーリーテリングのように視覚的な情報が少ない場合は，意識的にはっきりと語ることが望ましい場合もある。概して耳の聞こえがよい人ほど小さな声で話しがちであるが，学校図書館における日常的なサービス提供の場面においても，明瞭に発声することが大事であろう。

　これとは逆に，聴覚過敏の子供にとって，大きな声は過剰なストレスになり，責められているような心理状況にもなりがちでもある。ASD（自閉スペクトラム症）に聴覚過敏の子供が含まれる割合も多い。読み

聞かせの際に座る場所が遠いからといってそれを好みの問題と捉えることは早計な場合もある。難聴と聴覚過敏とのバランスに配慮したサービス提供には難しいものがあるが，少なくとも，声の音量と明瞭さとを分けて考えつつ，明瞭さについては，常に意識していくことが大事になってくるだろう。また，我々が声や物音を聞き分ける驚くべき能力と比べると，補聴器ではごく一部分のみ補えるに過ぎず，これは高齢者においても同様のことが言えるが，たとえコンピュータ内蔵型の補聴器をつけていたとしても，どのような音もうまく聞き分けられると思うことは禁物である。

　障害の原因となる頭部の部位によって聴覚障害には様々な症状があり，完全あるいは極度に聴力を失っている子供に対する読書教育は，特別支援教育のなかでも伝統的に重視されてきた領域である。視覚障害の場合と異なり，文字が読めるので特に問題ないと思われがちであるが，それは誤りである。学校教育においては，年齢を重ねるにしたがって抽象的な概念への深い理解が問われていく。聴覚に重い障害がある場合，それが乗り越えるべき大きな壁として立ちはだかる。我々をとりまく世界を認識し人格を構成していくなかで，無意識下の音や音声が抽象的な概念理解に果たしている役割は大きい。文字は意識的に読まないと頭に入らないが，音は耳を塞がないかぎり届いてくる。これに対して，聴覚に障害がある場合は，耳から得られるはずの補助的な情報を得ることができない。したがって，ほかの子供たちよりも抽象的思考における文字情報の役割が重視される。しばしば，同年齢の一般の未就学児よりも，はるかに本を読めるとも言われるが，それぐらい徹底して読書活動を早くから進めながら文字によるイメージ形成を習得するようにしないと，その後の学校教育における大きな差へとつながっていってしまう。また，調べ学習や探究型の学習は，概念的知識をキーにして，図書の幅を広げ

深めていく営みである。日本十進分類法で体系化された概念装置としての本棚の活用を担当教員に促していくことも積極的に行いたい。

　聴覚障害者とのコミュニケーション面では，手話や筆談が用いられることが多い。このため，学校図書館を利用する子供の障害の程度に合わせて，学校図書館サービスの提供の際に，手話の技法を使ったり，予め筆談用具の準備をしたりする。DVDやブルーレイディスクなどの映像メディアを購入する際は，字幕（クローズドキャプション）が含まれているものを選ぶとよいだろう。

4. 発達面への支援

(1) 発達面に関する支援の際には，子供の長所をピックアップする

　文部科学省による『通常の学級に在籍する発達障害の可能性のある特別な教育的支援を必要とする児童生徒に関する調査』（2012（平成24）年）によると，全国の学校のなかに占める学習面又は行動面で著しい困難を示す発達障害の可能性のある児童生徒の割合は推定値で6.5％となっている。調査対象はLD（学習障害），ADHD（注意欠陥多動性障害），高機能自閉症などである。また，文部科学省が公表している『特別支援教育資料（平成30年度）』では，全国の小・中・高の児童生徒のうち，通級による指導を受けている児童生徒数は，ADHDが2万1,300人，LDが2万293人となっている。このように，発達障害と関わる課題は，全国の学校図書館における共通のものとなっている。

　学校図書館の持つ心の居場所としての機能を発揮させ，通常の教室と性格の異なる居心地のよい空間づくりを進めながら，図書の専門家として子供たちに接する距離感を大事にしていきたいものである。子供の心が落ち着く源泉は図書の持つ包容力である。一人一人の子供が人生の意

味を見いだし，生きることを力づける本を意図的に選び続けるとともに，ほかの子供が発達障害を理解し，認め合えるきっかけとなるような図書コレクションを整備していくことが求められる。自分が受入れられている，愛されていると感じることが自分の自信になる。自信を持てば自律した行動ができ，衝動をコントロールしながらルールを守れる。人は何のためにどのような価値観を持って生きるのかという理想を培う場としての学校図書館を目指したいところである。子供の長所をピックアップし，受入れてあげる場とサービスの提供を心がける。

　一方，読書がすべての子供の義務教育の目標に含まれるようになり，純然たる個別的な学びの場から，一斉的な学習活動と主体性とを調和させる空間へと学校図書館が変化してきている。このように一斉的な学習活動が行われるということは，その時々に期待されるふるまいから外れる子供の支援が必要になることを意味する。このため，学校図書館サービスを提供する上で，楽観視ばかりしていることができない状況である。教室内での立ち歩きやほかの子供に迷惑をかけるといった問題行動と同じく，読み聞かせを聞かずに歩き回ったりほかの子供の読書を妨害したりする子供を放置するわけにはいかなくなっている。図書館から帰ろうとしない特定の子供に気を配るあまりほかの子供に手が回らなくなったり，個々の支援を丁寧に行っていることが調べ学習などの全体の学習活動の中断要因になるなど，読書を広げていく学校図書館サービス提供の理想との隔たりに悩む要因にもなる。

　発達障害を持つ子供に対して合理的な配慮を行うことはもちろん大事であるが，何もかも手取り足取り補助していくことが必ずしも自立性を育まない点に注意が必要である。合理的な配慮と，子供の主体性を喪失させる肩代わりとは，紙一重の関係にある。毅然とした態度をとるべき場面の見極めが困難ななかで，学校図書館サービス提供者がひとりで何

もかも抱えこまず，担任をはじめとするほかの教員や心理的なサポートスタッフと十分に連携をとっていくことが何よりも求められる。何か特別扱いをする加重な負担を迫られているのではなく，あくまでも子供の自立に向けて，学校全体・家庭と力を合わせていくことが大事になってくる。したがって，学校図書館側で主に行うべきなのは心理的対応なのではなく，読書推進や学習活動に資する多様な手段を用意し，子供や教職員に活用してもらうことである。LD のなかでも，ディスレクシア（dyslexia）と呼ばれる文字の読み書きに困難を抱えている子供については特に学校図書館を通じた支援と関連が強い面がある。例えば，マルチメディア DAISY 図書のほうが読書に集中できる子供のために自由にアクセスできる環境と十分なコンテンツを整備したり，ふりがなのついた短い文章と豊富な絵・写真が添えられた LL ブック，電子書籍を揃えたりするといった工夫を行う。

　重い知的障害を有する子供の学習活動では，絵本は教科書に準ずる扱いを受けている。知的障害に限らず，特別支援学級や特別支援学校では，検定済み教科書のほかに，星本（☆本）や聴覚障害者用といった文部科学省著作が使用されているが，それらの使用が適さない場合のために，学校教育法附則第 9 条において，「教科用図書以外の教科用図書を使用することができる」と規定されている。これに基づき，絵本などの一般図書が教科用図書として，教育委員会において検定済み教科書に準じた採択手続きを経て無償で提供されている。この営みと，学校図書館活用に連続性を持たせつつ，教科だけでなく自立活動の指導のなかで教員と連携をとりながら，遊びとしての読書の支援を行っていくことになる。また，知的障害とほかの障害の両者を併せ持つ子供の場合も多く，それらを包摂する存在として読書活動が期待される面もある。

5. 動作への支援

⑴　動作に関する支援の際には，想像する力の支援を重視する

　肢体不自由とは，文部科学省発行の『教育支援資料』(2013（平成25)年）によれば，「身体の動きに関する器官が，病気やけがで損なわれ，歩行や筆記などの日常生活動作が困難な状態」のことを言う。本を手に持つことや，ページをめくることが困難な子供に対して，ページめくり機やマルチメディア DAISY 図書といった，補助用具を提供することや，タブレットパソコンで利用できる電子書籍を揃えていくことが，学校図書館サービスの内容となってくる。肢体不自由の子供たちに対しては，図書を通じた無限の想像力を育成し，本の世界の中を自由自在に活動できる夢を持った生活を実現することがほかの子供以上に必要である。心がいったん活字・文字になると体の不自由から解き放たれ何者からも差別をされない自由な存在へと昇華される世界観への実感を得られるように読書をサポートしていくことが望まれる。

6. 病気やけがへの支援

⑴　病気と立ち向かい，勇気づけられるサービスを心がける

　小・中・高を問わず，病気やけがで学校内の学習活動を十分に受けることが叶わない期間を過ごす子供たちは少なくない。文部科学省による病気療養児に関する調査結果（2018（平成30）年度）によれば，病気療養児の人数は小学校1,681人，中学校1,627人，高校1,692人の計5,000人であり，このほか特別支援学校2,994人を合わせた7,994人であった。病気療養児が在籍していた学校の約９割が病気療養児に対する学習指導や学習支援，相談などの支援を実施している。支援内容としては，不安・悩

みの心理的相談支援が68％，課題プリントの添削による学習支援が53％，対面授業が38％，ICT 機器による遠隔授業と遠隔での学習支援がそれぞれ２％となっている。

　療養中の子供に対する心理的相談支援や遠隔学習支援の一環として，読書支援を行っていくことが強く期待されるが，学習よりも治療に専念すべき状況との兼ね合いが難しい面もある。学校へ復帰した直後に心を支えられるのも読書活動である。教科・科目と密接な図書への関心を担任と連携しながら向けていくなど，主体的な意欲を持ちながら，学習の遅れに関する溝を埋めていくサービスを提供する。読書療法や絵本セラピーなどの心理学領域における知見を生かすのもよいだろう。また，中学校の学習指導要領において，がん教育が新たに加わったことからもわかるように，健康や医療に関する主体的な学習への期待は高く，予防医学の側面からも，体のしくみや病気に関する図書をさらに充実させていくことが望まれる。　　　　　　　　　　　　🔍読書療法　🔍絵本セラピー

　特別支援学校における病弱者への読書支援に関しては，病気の種類によって支援の形態が異なる面が大きいが，病院患者図書館における営みが参考になるだろう。全国の小児病院や小児病棟には必ず絵本や児童書が置いてあることや，ブックカートとともに病棟を巡回することが日常的に行われていることからもわかるように，社会との接点を確保し，心の支え，治療の苦痛から心をそらす方法（ディストラクション）として，読書活動が進められてきた。一方，子供が治療を理解し主体的に立ち向かっていくための学習という側面が近年は注目されてきている。従来，子供は未熟な存在であり，子供自身は自己決定の主体とならないパターナリスティック（父権主義的）な医療が普通であった。子供が医療の知識を得ることはむしろ避けられてきた。それに対し，近年は特に大人の医療に対して医療における説明と同意（インフォームドコンセント）や，

人間らしく生きること（QOL：Quality of Life）が社会的に重視され，子供に関しても自分の体のことを知り，医療が何のためにどのように行われるのかという理解のプロセス（プレパレーション）を行うことで，日々，生きることへの自己決定に迫られる子供が病気に積極的に立ち向かうことを力づける医療が進展している。このような流れを意識しながら，学校図書館が病弱者への資料の提供サービスを行う際には，社会と病床とをつなぎ心を豊かに広げていく図書だけでなく，健康関連の図書についても自己決定の文脈で提供していくことが大事になってきている。近年は，公共図書館においても，健康・医療情報提供サービスが充実してきており，病院患者図書館や公共図書館との連携が期待される。

7.　学校図書館ガイドラインと特別の支援や配慮を必要とする児童生徒に対するサービス

　本章の冒頭でも述べた通り，学校図書館ガイドラインでは，特別支援の領域に関して幅広く配慮している。特別支援学校だけでなく，一般の学校図書館においても，学校図書館ガイドラインの趣旨を十分に理解したサービス提供が望まれる。

☐ 特別支援学校の学校図書館のボランティアを支援する。　　➡ GUIDELINES (4)
☐ 発達障害を含む障害のある児童生徒や日本語能力に応じた支援を必要とする児童生徒の自立や社会参画に向けた主体的な取組を支援する。　　➡ GUIDELINES (5)
☐ 児童生徒一人一人の教育的ニーズに応じた様々な形態の図書館資料提供サービスを行う。　　➡ GUIDELINES (5)
☐ 点字図書，音声図書，拡大文字図書，LL ブック，マルチメディアデイジー図書，外国語による図書，読書補助具，拡大読書器，電子図書提供サービスを行う。
　　➡ GUIDELINES (5)

ケース
スタディ
12

先生のための
授業に役立つ

学校図書館　活用データベース

SELECT

●授業実践「読書の記録」

（校種：特別支援，教科・領域等：国語，対象学年：高学年）

活用・支援の種類

読書支援

図書館とのかかわり

本を読むことが好きな児童にルビつきの作品を！　専用の本棚を！

授業のねらい・協働にあたっての確認事項

ルビがついていれば，翻訳作品がかなり読める。かわいい挿絵の本が好き。怖い本は苦手。女の子が主人公の本が好き。

提示資料

読書の幅が広がるきっかけとなった本として以下の3冊を選んでみました。

・『オズの魔法使い』作・バウム　文・高橋健　絵・青山みるく　ポプラ社　1988年

ドロシーと犬のトトが竜巻にとばされて，魔法の国へ。かかしやブリキのきこり，ライオンと一緒にオズの魔法使いをさがす旅に出かける。表紙絵，挿絵がとてもかわいらしく，児童が最初に手に取ったことで，楽しい読書への入口になったと思われる。

・『大どろぼうホッツェンプロッツ』作・オトフリート・プロイスラー　訳・中村浩三　偕成社　1975年

おばあさんの歌うコーヒーひきを盗んだのは？　少年ゼッペルとカスパールは悪

者をやっつけられるかな？　このシリーズを読み通して，その面白さを感じたことが読書への大きな誘いにつながったかと思う。

・『鏡の国のアリス』作・ルイス・キャロル　訳・高杉一郎　絵・山本容子　講談社　2010年

アリスが溶けたようになった鏡を通り抜けていくと，びっくり。チェスの駒に顔や手足があって，赤の王さま，女王さま，そして白の王さま，女王さまがいて，そこは鏡の国だった。空想の世界を遊ぶ深い楽しさを得られた本ではないかと思う。

授業者コメント

　もともと絵本や空想が好きな児童であったため，先ずは児童の興味のありそうな「オズの魔法使い」（ポプラ社，こども世界名作童）を選んで提示した。それを家庭に持ち帰って1章ずつ読み，宿題プリントの「どんな気持ち？（面白かった，恐ろしかった，悲しかったなどの中から感想を選択する。）」と，「どこが？（その気持ちになった本の箇所を書き抜く。）」を記入する課題を毎日出した。1か月ほどの継続の後，挿絵を模写して学校に持ってくることが何度かあったため，宿題プリントの中に絵を描くスペースを設けたところ，これまで以上に進んで宿題に取り組むようになった。また，自分で読みたい本を選択したり，保護者と本屋や図書館へ頻繁に通ったりするようになった。何度も気に入った本を読んだり，出版社や訳者の違う同じ本を選んだりする場合もあったが，本人の読書への興味や意思を尊重し，見守った。教員が，児童が自分からは手にしないであろうが，興味をもちそうな本を持参し，提示することもあった。また，行事等で面識のある担任の同学年の娘からのおすすめの本を，担任を介して貸し出すこともあった。そこでお礼の手紙のやり取り等も生まれた。半年ほど継続すると，1冊の本を1日で読み切ることが段々と増えてきた。更に，オリジナルのミニ絵本を作成したり，お気に入りの本のあらすじを自主的に作成したりすることも何度もあった。本児は世界の名作を好んで読んだが，中学生になるにあたって，伝記や日本の名作なども読むことができるようにと，教室の図書スペースに他の本と並べて置いて，常に目に入るようにした。読むまでには至らなかったが，手に取って眺めたりページをめくったりする様子は見られた。理由を特定することは難しいが，半年ほど過ぎると，使用する語彙や表現力に変化が見られ，保護者からも日常会話での理解力が向上したようだという報告もあった。また，年度当初，家庭での自由時間はほとんどスマートフォンで動画やゲームを楽しむ生活だったが，読書という楽しみができたことで，生活に潤いをもたらしたのではないか。

司書・司書教諭コメント

　2017年の6月に始まったこの児童の読書への取り組みを，司書が知ったのは，残念ながら2017年の秋の終わりのころだったかと思う。小学部の秋の読書の取り組みが今年度も10月下旬からあり，小学部の先生との話の中で，本児童の読書についての話を聞き，そのときは『大どろぼうホッツェンプロッツ』を読み終えていた。別添の本児童の読書の記録をみせていただき，その成長に驚くと同時にとても嬉しく感じた。先生方がご家庭と連絡を取り，丁寧にじっくりと児童の成長を見守り，育ててこられたことに感銘を覚える。そして月に1,2日の勤務の司書とはいえ，本来，児童の読書の支援をするべき立場でありながら，アンテナを働かせることができず，本当に申し訳ない思いでいる。その後，担任の先生との連絡を取ることができて，遅ればせながら，本児童のための小さな本棚を第二学習室に作り，ルビのついている児童書を集めた。小学部には絵本が多いので，高等部のミニ図書館からルビつきの児童書を探し，また自宅から持ち込んだ児童書を並べた。卒業式には保護者と一緒に本児童と少し話す機会もあり，まもなく中学生になる本児童の読書の支援を中学部の理解を得ておこないたいと願っている。そしてやはり月に1,2日という勤務体制の限界も強く感じている。もう少し勤務日が増え，きめ細かい支援がしたいと改めて願っている。

出典：『授業実践事例—東京学芸大学附属特別支援学校』（授業者：池田菜緒・小島啓治（2017年6月〜2018年3月），事例作成：池田菜緒，小島啓治，田沼恵美子（2018年3月））

14 │ 教職員への支援

│ 前田稔

《**目標**》　全校をあげて協働する必要性を踏まえた上で，学校司書がなしうる
教職員への支援のあり方について理解する。

《**ポイント**》
- 全校的な学校図書館サービスの要として学校司書が教育を支援する
- 専門スタッフとして学校司書がチーム学校の理念を実現する
- 子供を育てる意識で学校司書も積極的に教育に関わっていく
- ティームティーチングで子供の興味関心へのきめ細かな対応を行う
- 教職員の資料相談へ応じるとともに，授業利用を積極的に働きかける
- 授業のねらいとのミスマッチが生じないように教材準備を支援する
- 教育実習生を支援してアイディアや教育の最新動向を取り入れる
- 地域や規模，学校種，私立・公立，勤務形態に応じて支援する
- 言語力の育成に向けて国語の教員を支援する
- 情報活用能力の育成に向けて社会・数学・理科の教員を支援する

《**キーワード**》　資料相談，情報提供，教材準備に関する支援，ティームティー
チング

1. 学校司書による支援とティームティーチング

(1)　**全校的な学校図書館サービスの要として学校司書が教育を支援する**

　サービスという用語は社会のなかで様々な場面で使われる。産業分類
としてのサービス業には，作物に関する第一次産業や加工に関する第二
次産業以外のあらゆる産業が含まれるし，「サービスマン」，「サービス
ステーション」という場合は「修理」や「点検」を意味する。英語の

service には値引きや無料のニュアンスは含まれず，ガス，電気，運輸といった公共的な事業を指し示す場合も多い。例えば，Bus Service，Medical Service，Education Service などがあり，Library Service についても公共への供給というニュアンスを持つ。その意味で，学校図書館サービスは，教育サービスと図書館サービスと関わる複合的な公共サービスとしての性質を帯びていることになり，それは日本でも同様であろう。このため，本書では，学校図書館がサービスをするといった記述で学校図書館自体もサービス提供の主体として位置付けてきた。図書館学ではランガナタンによる『図書館学の五法則』が有名であるが，第五法則で図書館を有機体（organism）であると示している点も参考になるだろう（なお，第四法則にある読書の時間の節約については，興味関心の幅を広げながら思考力や人間性を育む学校図書館では，必ずしも最短・最速を意味しない点に注意が必要である）。　🔍ランガナタン

　学校図書館を代表し全責任を負うのは館長の職にある校長だとしても，校長が学校図書館サービスのすべての営みを実際に行うわけではない。それは，法的に人とみなされる法人である株式会社と，代表取締役社長，社員の関係と同じであり，多くの人々の力が結集して総体としてのサービスが提供される。ただし，学校図書館の場合は，分業ではなく協働が目指されるべきである。官僚組織的な分業体制のなかで誰かが独立集中的に業務を担うのではなく，学校教育の目的に照らして全校をあげて学校図書館活用を促進していくことが必要である。なぜなら，学校図書館が持つ教育的な作用はあらゆる教育活動を合理的につなげていく作用，すなわち，学校教育を通じて得られる一つ一つの学びや経験に，多面的な見方・考え方のありかであるコンテンツを介在させることで，概念的知識を徐々に深めていく作用だからである。複雑化する今後の学校教育でいっそう求められる足し算的ではなく掛け算的な価値創造に向

けて，相乗効果（シナジー効果）ないし創発性を，分業ではなく協働により誘発していくことが大事になってくる。

　このように学校図書館サービスを提供する主体として，全教職員はもちろんのことボランティア，保護者，図書委員まで含まれ，それぞれが働きかけ合うのだとすると，サービスという言葉が持つ労務としての側面が見いだされてくる。サービスの語源は，slave（奴隷）であるとも言われるが，誰かほかの人のために何かをしてあげることが本質的な要素となってくる。学校図書館で言えば，子供たちが自分で本を買う代わりに，図書を用意したり，レファレンスサービスを通じて調べることを支援したりする直接的なサービスもあれば，間接的に支援するサービスも含まれる。そして，分業ではなく協働であるということは，上に立つ者が中央集権的に指揮命令していくのではない。教職員や関係者が主体的・自律的にそれぞれの本来の持ち場で自己のやるべき仕事を行うなかでの相互作用の結果として全体が成長していくこと（自己組織化）が促進されるように，皆を支援していく立場の者が必要になってくる。このような教育支援者として，学校図書館の領域では，学校司書が重要な役割を果たす。専門分化し，持ち場に応じて細分化されたタスク（具体的業務）をこなすことに誰もが精一杯であるからこそ，学校図書館サービスの効用が発揮されるように，それぞれの教職員を学校司書がつなげ，支えていく。

🔍創発　🔍自己組織化

(2)　専門スタッフとして学校司書がチーム学校の理念を実現する

　教科・科目についての学習活動に教員の役割を集中化させ，専門家や地域を交えたチームとして全体として子供を育んでいくという，チーム学校の理念を反映した政策が進んでいる（ティームティーチングという教育用語があるが，ここではチームと記すのが一般的である）。中央教

育審議会の答申『チームとしての学校の在り方と今後の改善方策について』では，教員以外の専門スタッフの参画として，心理や福祉に関する専門スタッフ（スクールカウンセラー・スクールソーシャルワーカー），授業等において教員を支援する専門スタッフ（ICT支援員，学校司書，外国語指導助手，地域ぐるみの教育の推進をサポートするスタッフ），部活動に関する専門スタッフ，特別支援教育に関する専門スタッフが示されている。

　なかでも学校司書については，次のように述べられている。「学校図書館は，読書活動の推進のために利活用されることに加え，例えば，国語や社会，美術等様々な授業等における調べ学習や新聞を活用した学習活動等で活用されることにより，学校における言語活動や探究活動の場となり，『アクティブ・ラーニングの視点からの不断の授業改善』を支援していく役割が期待されている。そのため，学校図書館の運営の改善及び向上を図り，児童生徒及び教職員による学校図書館の利用の一層の促進に資するため，学校司書の配置の充実を進める必要がある」。

　一見すると，政策のなかで学校司書を位置付ける分量が少ないようにも思えるが，それは，チーム学校政策が，従来学校教育の範ちゅう外であった人々について，学校教育の枠組みのなかに入れ込んでいくことを主眼としているためである。もともと学校のなかで長年に渡りチームの一員として活躍してきた学校司書については，チーム学校の姿を代表する専門スタッフとして，今後のさらなる充実が期待されている。

(3) 子供を育てる意識で学校司書も積極的に教育に関わっていく

　特別法としての学校図書館法に学校司書が明記された立法趣旨に鑑みると，社会通念上，学校司書の専門的業務と認められる範囲で，学校内で学校司書は教育業務を行うことが可能であると解しうる。この点，

2014（平成26）年までは，学校司書という用語の法的根拠がなかったため，学校司書の教育業務との関わりについては常に問題になってきた。かつては，読書とはフィクション作品を読むことがほとんどであり，教科との関りは希薄だった。また，図書の受け入れなどの事務業務が中心的であった上，そもそも学校司書の配置が小学校や中学校では進んでなかった。しかし，それでも学校司書が教育と関わってよいのかという点については意見が分かれた。とはいえ，学校司書の何らかの行いやふるまいを学校側が否定したい場合や，学校司書側が過大な責任を負いきれないとき，あるいは，民間企業から派遣された学校司書の契約の範囲を画する際に，理由のひとつとして顕在化した面も大きかったであろう。しかし，教育という言葉が多義的であることからすると，学校司書が教育できる・できないという論争を抽象的なレベルで行っていても無意味である。例えば，学校司書が学級担任となることが可能かという問いに対しては，誰もが否定的に考えるであろうし，図書館のなかにおいてマンツーマンで読書相談にのることを教員の専権であるとして否定する人はいないだろう。およそ教育は教員にしかできないのだとすると，すべての親は子供を教育できないことになり，塾で教科を教えることは違法になってしまう。結局のところ，多くの場合は学校の敷地のなかという限定条件下において，ケースバイケースで判断するほかない。判断の要素としては下記が挙げられる。

・司書の日常業務として一般的に確立されている事項であるか。
・全校で定めた規範に従って，日常的にほかの教諭や管理職と十分に報告・相談をしているか。
・司書教諭が発令されている学校であるか。
・学校司書のモデルカリキュラムを修得済みであるか。

・子供の主体的活動を支援するものであるか。
・子供の価値判断や思想傾向に対して否定的に対処するのではなく，多様性ないし多元的な見地に立っているか。
・勤務校の校種に関する教員免許を取得済みであるか。
・ティームティーチングの形態での実施か。
・学校図書館エリアのなかか外か。
・図書館利用教育や情報活用能力育成に関わるものであるか。
・特定の教科ではなく，教科横断的であるか。
・不読者・不読児への対処であるか。
・不登校児童・生徒へのサポートであるか。
・一時的・暫定的・緊急避難的な活動か恒常的な活動か。

　以上の要素を勘案しつつも，子供をしっかり教え込む意識ではなく，子供を育てるという意識で子供と接していくことが大事である。そして，学校司書が学校内でほかの教職員の仲間として互いに信頼しあえる関係性をつくっていくのは司書教諭や校長をはじめとする教員の役割である。職員会議や校内研修へ学校司書が安心して参加できる環境づくりを行うことが不可欠である。ところで，「生徒指導」とは，社会のなかで自分らしく生きることができる大人へと児童・生徒が育つように，その成長・発達を促したり支えたりする意図でなされる働きの総称のことである（国立教育政策研究所「生徒指導って，何？」）。すなわち，何か特別的な指導なのではなく，ふだんから，当たり前のように行っている児童生徒への働きかけのほとんどは，十分に自覚されていないだけで，実際は生徒指導に該当する。たとえ学校司書であったとしても，学校図書館の内外で本を携えているときには，教育者なのであり，教育者としてふさわしい立ち振る舞いも同時に求められよう。

⑷ ティームティーチングで子供の興味関心へのきめ細かな対応を行う

　ティームティーチング（Team Teaching：TT）とは，複数の担当者が連携して授業を担当する形態である。前述のようにかつては利用指導と，学習指導における資料利用とを分離して考える傾向があったが，学習指導のなかで透過的に学び方指導を行う実践例が蓄積してくるなかで，現在では，情報活用能力の育成ないし「情報資源を活用する学びの指導」へと発展している。課題の設定，メディアの利用，情報の活用，まとめと情報発信が学校図書館活動でそれぞれが統合化される傾向がますます強まっている。授業担当者と学校図書館側が連携して，きめ細かな対応を，その場で瞬時に行うことで，興味関心を途切れさせるつまずきを最小限に抑え，探究活動では知る喜びの連続性を保ちながら一歩先の世界に進むことを補助することが可能になる。

🔍情報資源を活用する学びの指導体系表

　一方，学級担任は，一人一人の子供の学習面・生活面における個性を把握する存在である。学校図書館サービスについて，すべてを学校図書館が対応するのではなく，学級担任を通じて協働的に子供へのサービスを行うことが望ましい場合も多く存在する。例えば，これまで述べてきたように全校一斉読書（朝の読書）では子供にとっての一番の相談相手は学級担任であるし，学級文庫の資料を的確かつ豊かにしていくことや，読書郵便を届けること，返却が遅延した場合に督促状を渡すこともあるだろう。保護者と最大の接点を持っているため，家庭を含めた読書推進活動の要は，担任との連携であると言える。

　ティームティーチングを実施する際には，あらかじめ主教員と役割分担について相談しておくことが不可欠である。一般教室における代表的な実施形態としては授業冒頭の導入部分において読み聞かせやブックトークの手法を行うことがあげられる。気持ちを落ち着かせ和やかにし

つつ，感情移入を経て，一気に深く広大な領域まで授業のねらいに合わせて誘導できる資料選びも目指したいところである。そのほかの分担例としては，教員が課題説明を行い，学校図書館側が資料紹介や調べる際の注意点の伝達を行う分担もある。

　ティームティーチングは必ず2名で行うものだけではなく，異なる教科・科目の教員2名と学校図書館側の計3名が力を合わせることにより，教科横断型の授業を組み立てることが可能になる。その場合，学校図書館側の役割として，2教科の両者と関わる図書を探し，特に相乗効果が認められるページがある場合は重点的にその資料を授業中に紹介する。

　授業は一般教室で行いつつ，自分たちが立てた問いや仮説を裏付ける資料を探すためにグループ活動の代表者を一時的に学校図書館へ行き来させることもありうる。その場合は，子供たちが学校図書館に来るタイミングにおいて確実に待ち受け，短時間で的確にサポート・資料案内することが大事になる。いわば2カ所に分かれた遠隔的なティームティーチングである。小規模の学校図書館であったとしても，実施スケジュールを工夫すれば同一時限の時間帯のなかで複数のクラスによる学校図書館利用が可能になる。

2. 教職員の資料相談への対応と情報提供，教材準備に関する支援

(1) 教職員の資料相談へ応じるとともに，授業利用を積極的に働きかける

　学校図書館を使った授業や，調べ学習・探究型学習が，学校内で浸透してくると，担当の教員からの相談・打ち合わせの頻度が高くなってくる。それぞれの授業者の主体性が不可欠であることを意識しつつ，その

主体性を支援していくことが，サービス提供の本質的な要素となる。相談をする度に新しい発見があると授業者の側から思ってもらえるような対応を目指したいものである。そのためには，カウンター越しに対話していくことだけでなく，書架の近くで資料を授業者とともに手に取りながら，授業者が持つねらいを把握することや，その理想を実現するための問題意識を共有することに注力していく。

　栄養教諭や養護教諭などのほかの教職員とも，それぞれの専門性を生かしながら資料に関する相談をしあっていく。例えば，中学校の学習指導要領（保健体育）におけるがん教育では，生物学的な知見だけではなく，喫煙や食生活を含めた社会生活，生命への尊厳とも多面的に関連する。単に授業でがんに短時間言及したりゲスト講師を単発的に招いたりするだけでなく，子供の興味関心を喚起する図書を学校図書館に置きつつ，その本を授業のなかで紹介してもらえるように養護教諭に働きかける。そうすることで，本棚を通じた間断なきがん教育を実現させる。

　教職員からの積極的な相談がない場合であっても，学校図書館の資料や活動について，日常的に知らせていく。一般的には，教職員向けの図書館だよりやメールマガジンを発行することが考えられる。また，校内システムにメッセージ機能や掲示板機能がある場合は，積極的に利用していく。

　教職員の利用を促すためには，まずは，授業で使える資料を揃えていくことが肝要である。ホームページのリンク集など，デジタル資料についても，学校図書館で情報を整理し提供していくことが望ましい。学校図書館におけるアーカイブ（情報蓄積）作用は，児童・生徒だけでなく，教職員にとっても有用なサービスになりうる。また，これまで述べてきたように，一般教室内にある学級文庫についても，学校図書館で一括管理を行うとともに，教員と相談しながら図書館資料の一部を積極的に分

散配架していく。

(2) 授業のねらいとのミスマッチが生じないように教材準備を支援する

　それぞれの教職員は授業のねらいを十分に実現できるよう教材の準備を常に念入りに行っている。教材の準備は個人の作業になりがちであるが，近年では，教材研究を十分に行った上で最新の教育を授業に取り入れ，常に評価と改善し続けるカリキュラム・マネジメントが重視されており，毎年同じ教材を使って授業を行える状況にはない。そのような負担を学校図書館がサポートするためには，学校図書館内の資料についてはもちろんのこと，学校教育における最新の動向について情報提供を行っていく拠点となるのが理想である。これは，第2章や第3章で述べた学習環境づくりを通じた支援とは異なり，教員への直接的なサービスである。機能としては大学図書館の研究支援に近い。

　縦割り型の教育では，教科の準備室に関連の図書が蓄積されがちであった。しかし，近年は教科を横断する面を加味していくことが教育現場に求められている。自己の専門外の領域を理解可能にするために学習指導要領も全教科・校種で記載形式が統一化された。社会に開かれた教育環境のなかで児童・生徒の興味を起点に探究心を喚起していくことに向けた教材提案を行うためには，子供たちが普段，どのジャンルを，どのような読み方をしているのかを学校図書館側からも授業者に提供していくことになる。

　とはいえ，それぞれの教科・科目に関して，学校図書館側から教員への情報提供が必ずしもマッチしていないことが起こりうる。例えば，小学校の国語教科書に有名な童話が掲載されていた場合，授業者はその童話と同様の情景についての資料が欲しいと思っているとしよう。にも関わらず，所蔵しているその著者の様々な著書を教員に紹介するだけでは，

必ずしも授業者の満足する情報提供にならない。

　読解力に関する意識の違いもしばしば顕在化する。国語科の教員からの相談の趣旨が，正解が厳密に存在する従来型の下線問題や穴埋め問題の出題を想定した長文読解に適する資料であるのに対し，正解のない読解力を，物語を味わいながら身につけることに向けた提案を学校図書館がすると，食い違ってしまう。学校図書館に限らず，サービスの基本はニーズを把握し，職務上・生活上の課題解決に寄与した上で，満足度を高めることにある。ともに授業を創り上げていく意識で，授業者へのサービスを行っていくためには，教科に関する一定程度の予備知識がサービス提供側にも必要になってくる側面も否めない。中学校や高校では教員の専門性がより強くなるため，学校図書館側がその専門性に対して高度な教材資料提供を行うことが難しい面もある。

　その意味では，あらゆる利用者に対して資料を案内する公共図書館や，高度の専門性を有する大学教員が利用者である大学図書館におけるレファレンスサービスの技法を参考にすることは有用である。例えば，参考図書類（レファレンスツール）を駆使することや各出版社から発行されている刊行目録をはじめとする新刊書に関する情報源を使って支援すること，レファレンス事例に関するインターネット上のデータベースに予め目を通して授業者に情報提供をしながら，教材収集の役に立っていくことを目指す。また，公共図書館との連絡便が利用可能な場合は，教員に対して積極的に利用を呼びかけること自体が，教材研究に向けたサービス提供となる。

⑶　**教育実習生を支援してアイディアや教育の最新動向を取り入れる**

　教員と異なり，教育実習生は学校に短期間所属する存在であり，また，必ずしも全員が将来教員になるというわけではない。しかしながら，従

来型の教育の枠にはまらない新しいアイディアを思い付くことができ，最新の学習指導要領に頻出する，学校図書館や読書活動について高い関心を持っている面もある。

　教育実習生に対しては，全員へのガイダンスの時間をまずは確保したい。その上で，教育実習生を支援し相談に乗る態勢が整っていることを伝え，指導教員と連携しながら積極的に利用を働きかけていく。

　資料を案内する際には，教育実習生が実施を計画する授業のねらいを十分に受け止めた上で，棚から実際に図書を抜き出しながら相談に応じていく。その際には，単元のまとまりのなかのどの部分で図書を使用することが有効であるかという点や，児童・生徒がどのような反応を示すかという予想を交えながら，単元から直接連想される図書以外についても積極的に案内していく。教育実習生は，図書館全体にどのような本があるのかを知るだけの時間を持たないため，教育実習生と選んだ代表的な図書以外の候補図書についても，学校図書館側で積極的に用意をする。そのようなサービス体験を一度した実習生は，教職についた後も，学校図書館への期待感を持って勤務することになるだろう。

3. 校種や教科・科目の特殊性に応じた支援

(1) 地域や規模，学校種，私立・公立，勤務形態に応じて支援する

　地域や校種によって，学校教育の姿は千差万別であるにも関わらず，学校図書館や学校図書館サービスについては共通点が多いことは興味深い。学校の規模で言うと，12学級未満の学校には司書教諭の必置義務が当面の間据え置かれているため，司書教諭が発令されていない小規模校においては，学校図書館サービスと教職員との橋渡しをする役目を，館長である校長をはじめ図書館担当の教員が積極的に担う必要が出てく

る。全国的に見ると，離島やへき地の小規模校だからといって，必ずし
も読書環境が整っていないわけではなく，むしろ都市生活や国際社会と
つながる教育課程を積極的に実現していく拠点として，学校図書館活用
が充実している学校も多い。教職員への支援体制を左右するのは規模よ
りもむしろ，学校司書が置かれているか否か，あるいは一週間のなかで
の勤務日数が与える影響が大きい。なかでも，中学校や高校の場合は，
教科・科目ごとに教える教員が異なるため，週5日勤務が実現していな
いと教科での学校図書館活用が難しくなる。同じ教科であっても小学校
の場合は担任の裁量や進行状況によって，学校図書館を使う日程を比較
的自由に調整しながら決められる。これに対して中学校・高校では例え
ば歴史のこの単元は6月の第2週に学年全クラスに対して行うといった
かたちで1週間の単位で月曜日から金曜日までを集中的に同じ教員が使
用する形態が多く，勤務日が少ないと学校司書が授業に常に同席しなが
ら十分に支援していくことができない。

　私立学校と公立学校との違いも大きな要素である。私立学校の場合，
学校図書館の運営経費の額が公立学校よりも多い傾向にある。また，学
校案内の写真において，子供の学びへの取り組みに対する他校との違い
を，一般教室での授業の写真よりもアピールしやすい面もあり，施設・
設備も整っている。一方，授業で学校図書館を活用するか否かが学校の
教育方針によって著しく差が生まれがちである。公立学校のほうが教育
委員会や指導主事による学習指導要領をベースとした研修体制が確立さ
れているため，学校図書館支援センターなどを通じた公的支援の仕組み
が導入された際には学校図書館活用が一律に進みやすい。

　教職員を学校図書館が支援する時数については，小学校低学年につい
ては国語の割り当てが多いため，比較的確保しやすい。地域によっては，
高学年も含め，図書の時間の確保が十分になされている場合もあるが，

国語のために優先的に学校図書館が確保されるだけであると，かえって他教科の授業のなかで機動的に学校図書館活用を行いにくい状況になる面もあるため，授業支援の対象となる科目の幅が広がるように働きかけていくことになる。時数の問題に限らず勤務形態により，関わり方や連絡・相談の充実度，研修体制が大きく異なる点が今後の課題であろう。

　資料の面では，発達段階に応じて小学校では絵本から児童書へ，中学校では一般書の割合が高くなり，高校では専門書が含まれるようになっていく。教職員が個人として蔵書を楽しみ，教科横断的な視野を広げていきやすいのは中学校の蔵書である。中学生の興味関心を喚起する選書が十分にできていれば大人にとってみても誰でも楽しめる。すべての教職員が学校図書館のなかにある中学生向きの図書を楽しむようになれば，学習指導要領が目指す教員の他教科への配慮も自然と達成できる。これに対して，小学校の場合は絵本を大人として味わうことや，児童書から新たな発見を得ることについては教職員によって意識に大きな差が生まれがちである。高校の蔵書の場合，特に専門書に関しては自分の専門外の図書について，敷居が高く感じることも多いだろう。このため，教員が担当する科目以外に関連する図書を，純粋に楽しむことが難しい面がある。学校図書館を使わない教員との信頼関係を構築するためには，それぞれの教員の教育スタイルに合う図書を積極的に提案していくことになる。

　調べ学習や探究型学習の支援のあり方は，小学生のようにまずは学校図書館を使いこなすリテラシーの基礎から身に着けていく段階では，教員と連携しながら子供が調べた結果の提出物を教員とともに逐一チェックし，丁寧にサポートしていく体制を築くことにある。中学1年生の段階では，小学校までの学校図書館活用経験により，スキルにかなり差があることから，学年内の足並みを揃えていくことに注力することになる

が，情報活用能力育成の指導が浸透していくと，中学３年生の頃には問いを設定していく能力が身についてくるため，課題内容についての教員との事前打ち合わせや中間的な提出物のチェックの重要性は低下していく。覚えることから考えることへと入学試験の形態が変化していることもあり，最近では中高一貫校や高校において，課題レポートだけでなく卒業論文を課す学校が増えてきている。教員と連携しながら，深い理解に向けた資料提供を十分に行っていくとともに，生徒の成果発表会に参加することで，教員がどのような視点で指導を行っているのかを把握する。

(2)　言語力の育成に向けて国語の教員を支援する

　第12章では，小学校における教育課程について触れたが，本章では教職員への支援の視点で中学校と高校について見ていくことにする。第12章と同じく，下線は学習指導要領，太字は学習指導要領解説の該当記述についておおよそ示したものである。

　教科における教育課程との関連では，中学校の国語では小学校のときよりもさらに自分の考えを形成したり新しい考えを生み出したりすることを前提とした読書活動が進展する。このため，論説や報道，詩歌などの多様な文章や図表の読み込みを通じて自分の考えを広げたり深めたりしながら，考えたことなどを報告したり資料にまとめたりすることになる。そのような活動のなかで，引用や出典を正確に行っていく際に，国語教員を支援していくことが求められる。実用的な文章を読み，実生活への生かし方を考える活動のためには，**広告，商品などの説明資料，取扱説明書，行政機関からのお知らせ**についても学校図書館に常備する〈中学校学習指導要領（平成29年告示）解説国語編　p.47，64-65，126-129，以下，中国解といった形式で表記する〉。また，国語科が主導しな

がら他教科における読書活動と連携していくことに向けて，国語科教員
と入念に打ち合わせを行う。

　高校の国語科では，高校生の読書活動が低調であるという中央教育審
議会答申の指摘を受けて，科目編成に合わせて読書活動が幅広く展開さ
れている。「現代の国語」では実社会との関わりを考えるための読書，
「言語文化」では我が国の言語文化への理解につながる読書，「論理国語」
では新たな考えの構築に資する読書，「文学国語」では人間，社会，自
然などに対するものの見方，感じ方，考え方を豊かにする読書，「国語
表現」では自分の思いや考えを伝える際の言語表現を豊かにする読書，
「古典探究」では先人のものの見方，感じ方，考え方に親しみ，自分の
ものの見方，感じ方，考え方を豊かにする読書について，それぞれ意義
と効用への理解を深めることが求められている〈高国解　p.40〉。また，
現代の国語において，中学3年国語における「読書を通して自己を向上
させ」との表記に「生涯にわたって」が加わり，生涯にわたる読書習慣
の基礎を築くことが期待されている〈高国解　p.69〉。

　言語文化では，同一テーマの複数の作品を読み比べ，歴史的・文化的
背景の違いを考えながら，人間，社会，自然について考え，当時の人々
のものの見方，感じ方，考え方を味わうことや，古典を読む場合に現代
語訳を読んで作品の世界を身近に感じること，古典を翻案した近現代の
物語や小説を読むことが示されている。物語や小説だけでなく，韻文や
脚本，随筆，文化を論じた近現代の評論を視野に入れることや，図書館
で図書に触れることに加え，新聞やインターネットなどの図書の紹介欄
にも積極的に目を通し，読書に対する自分の興味・関心の幅を広げなが
ら，多くの図書を読んでいく〈高国解　p.122〉

　論理国語では，読書の位置づけについて時間や空間を共有しない他者
の意見や考えに触れる機会であるとしており，直接，意見を交わし合え

　ない他者とも，読書を通じて互いの思考の過程を比べ，意見を交流することが可能となる面が重視されている。批判的な読書の経験を重ねることで創造的な思考力が養われ，新たな認識が生まれ，これまでにない価値の創出やパラダイムシフトにつながる可能性があるとして，そのような読書の意義と効用の理解を深めることが求められている〈高国解 p.154〉。

　文学国語における言語活動として，

ア：作品の内容や形式について，書評を書いたり，自分の解釈や見解を基に議論したりする活動

イ：作品の内容や形式に対する評価について，評論や解説を参考にしながら，論述したり討論したりする活動

ウ：小説を，脚本や絵本などの他の形式の作品に書き換える活動

エ：演劇や映画の作品と基になった作品とを比較して，批評文や紹介文などをまとめる活動

オ：テーマを立てて詩文を集め，アンソロジーを作成して発表し合い，互いに批評する活動

カ：作品に関連のある事柄について様々な資料を調べ，その成果を発表したり短い論文などにまとめたりする活動

が挙げられている。このなかでも**自分が読み取った人物，情景，心情などを原典となる作品と違った方法で描き出し**，絵に応じた文章として表現するウについて特に注目できるだろう〈高国解 p.201〜204〉。

　古典探究では，関心を持った事柄に関連する様々な古典の作品や文章などを基に，そこに表れた様々な思想や感情などを的確に捉え，分析し整理し探究する。このことは，自分のものの見方，感じ方，考え方を深めて，心情を豊かにすることにもつながる。そのような生徒の思考力や想像力を伸ばすためには，学校図書館などと連携した読書指導を行い，

多くの古典の作品や文章などに親しむ機会を設けることが必要であると
学習指導要領解説では示されている〈高国解 p.263〉。

(3) 情報活用能力の育成に向けて社会・数学・理科の教員を支援する

中学校の社会では，小学校に比べて探究型の学習形態がさらに進展す
る。課題解決に必要な社会的情報を収集するために，**位置関係や形状，
分布，面積，記載内容などの情報を集めるための様々な種類の地図，出
来事やその時期，推移などの情報を集めるための年表類，傾向や変化な
どの情報を集めるための表やグラフを含む統計，新聞，図書や文書，音
声，動画，静止画**といった各種の資料を社会科教員に十分に提供してい
く。また，**年号，時期，前後関係**などを年表で**正確に読み取る**ことに向
けて，**周辺的な図書**を教員に提示したり，**学習上の課題の解決を解決に
つながる有用な情報が含まれる図書**や，**信頼できる情報源**としてふさわ
しい資料を教員とともに揃えたりすることが考えられる〈中社解
p.186〉。

高校の社会では，地理歴史において，**過去の災害に関する資料や新聞
記事，生活圏や地域に関わる資料，年表，地図，統計，写真，実物資料**
が使用される〈高地歴解 p.65, 68, 71, 188〉

中学校・高校の両者にとって言える点として，テーマ別の地理や深く
掘り下げた歴史の図書など，興味のある生徒以外があまり手に取らない
分野については，教員と相談しながら授業内の討論会や書評合戦などの
ミニイベントや授業課題・レポート提出と組み合わせていくと効果的で
ある。伝記や国別の地理など生徒が調べる切り口によって所蔵資料の分
量に大きく差異が生まれる場合は，教員のリクエストに応じて公共図書
館から貸し出しを受け，文化的背景にまで探索の幅が広がるようにする。
社会科的な関心が高まった際に，学校図書館の本にまずあたるという習

慣がつくようにしていく。

　中学校の数学では，資料ではなく<u>データ</u>という呼称を使用しているように，コンピュータ使用との連携の傾向が強まっており，学校図書館や読書教育についてはあまり明示はされていない。しかし，<u>数学的活動の楽しさや数学のよさに気付いて粘り強く考え，数学を生活や学習に生かそうとする態度，問題解決の過程を振り返って検討しようとする態度，多面的に捉えようとする態度を養う</u>〈中数解 p.62〉ために，学校図書館は極めて合理的に機能しうるため，教員への積極的な働きかけが必要である。数学の授業時間内で学校図書館を使用する場合には，例えば学習指導要領解説で示されているように，「**図書館の本の１日の貸出冊数など，設定した目標値を基準として，その目標値からの増減を正の数と負の数を用いて表すことにより，目標の達成状況などを明確に示したり把握したりする**」といった，図書館と関連する課題を与えるのもよいだろう。科学雑誌を積極的に揃えたり，進行中の単元に合わせた図書を展示したりすることで，数学が何の役に立つのかという生徒からの疑問に答えていくことが大事になってくる。また，<u>グラフや統計資料は批判的に考察</u>（クリティカルシンキング）することに役立つ面もあり，国語，社会，数学の相互横断的な教材研究に役立つ図書を積極的に購入していく〈中数解 p.8, 55〜59, 67〉。

　高校の数学では，数学と人間の活動にも焦点が当てられている。学習指導要領解説に沿って述べるならば，数えることや，「０」の果たす役割の理解に向けて，**古代のエジプトやローマにおける記数法，中国における漢数字，バビロニアでの60進法に関連する図書や，それらと循環小数やコンピュータでの２進法との関係**をつなげる発想を生み出しうる図書を数学教員に提案することが考えられる。**測る**ことについては，**古代のエジプトの測量，大航海時代の測量，日本の江戸時代の測量**など図形

の性質や三角比の仲立ちになりうる図書を紹介する。**身近な科学技術の背後で数学が役立っていることについては**，GPS やコンピュータグラフィックス関連の図書の提案が考えられる。

　数学史的な話題，数理的なゲームやパズルについても学校図書館に期待される領域である。大きな書店にはパズル雑誌のほかにも実物の知的ゲーム・パズルコーナーがあるように，開かれた空間である学校図書館にも積極的に設置しておきたい。学習指導要領解説において「**遊びは人間の活動の本質的なものであり，文化を生み出す源である。数学と遊びにも深い関係があり，ここでは遊びの中に数学が顕在する例として，論理的な思考を必要とする数理的なゲームやパズルなどを取り扱い，戦法などを考えさせることを通して論理的に考えることのよさや，数学と文化との関わりを理解できるようにする**」とされている趣旨を生かす〈高数解 p.97, 98〉。

　中学校の理科では，学校図書館活用が直接的に明示されている面が少ないが，**科学技術の利用と自然環境の保全に関わる事柄を取り上げ**，次のようなテーマを生徒に選択させる。

・**再生可能エネルギーの利用と環境への影響**
・**エネルギー資源や様々な物質の利用とその課題**
・**水資源の利用と環境への影響**
・**生物資源の利用と自然環境の保全**

　このようなテーマで課題の設定と調査を行い，自らの考えをレポートに，まとめたり，発表・討論を実施したりする。調査の際には，課題を解決するための情報収集のために，図書館・博物館・情報通信ネットワークの活用が求められている〈中理解 p.68〉。

　また，自然の恵み及び火山災害と地震災害のほか，**地域の自然災害を調べる際には，図書館，博物館，科学館，ジオパークなどを利用したり，**

空中写真や衛星画像，情報通信ネットワークを通して得られる多様な情報を活用したりすることが求められている〈中理解 p.85, 112〉。

　子供たちの自然体験や生活体験が科学と密接に結び付くものであることを気付かせ，また，理科の学びが生活や社会に開かれたものであることを認識させることに学校図書館が寄与していくことになる。

　高校の理科において，科学と人間生活の科目では，自然や科学技術と人間生活とのかかわりについての理解を深め，科学的に探究しようとする態度を養うとともに，科学に対する興味・関心を高めることが目指されており，いわゆる「理科読」の範ちゅうの図書のほか，読み方によっては様々な領域の本が役立つ点を教員と相談していく。同様に，化学と人間生活（化学基礎），生態系と人間生活（生物），地球環境の科学と人間生活（地学基礎）とのかかわりも切り口になるだろう〈高理解 p.29, p.85, p.145, 157〉。

4. 学校図書館ガイドラインと教職員への支援

　全校をあげて学校図書館活用を行っていくことに向けて，学校図書館ガイドラインにおいても，教職員への支援に関する項目が多い。

☐ 教職員の情報ニーズに対応するサービスを提供する。　　➡ GUIDELINES (1)
☐ 授業づくりや教材準備に関する支援を行う。　　　　　　➡ GUIDELINES (3)
☐ 教職員へ資料相談サービスを提供する。　　　　　　　　➡ GUIDELINES (3)
☐ 司書教諭や教員職とともに学校図書館を活用した授業やその他の教育活動を提供するサービスを行う。　　　　　　　　　　　　　➡ GUIDELINES (4)
☐ 学校司書が職員会議や校内研修等に参加することを支援する。➡ GUIDELINES (4)
☐ 図書館資料の一部を学級文庫等に分散配架するサービスを行う。
　　　　　　　　　　　　　　　　　　　　　　➡ GUIDELINES (5)-3

□ 分散配架した図書の一括管理サービスを行う。 ➡ GUIDELINES (5)-3

主体的・対話的で深い学びの実現に向けた授業改善 〈学校図書館関連が多いことに注目〉
　　小学校学習指導要領（平成29年告示・文部科学省）総則　中高も同趣旨　下線は筆者による

　各教科等の指導に当たっては，次の事項に配慮するものとする。
(1)　第1の3の(1)から(3)までに示すことが偏りなく実現されるよう，単元や題材など内容や時間のまとまりを見通しながら，児童の主体的・対話的で深い学びの実現に向けた授業改善を行うこと。
　特に，各教科等において身に付けた知識及び技能を活用したり，思考力，判断力，表現力等や学びに向かう力，人間性等を発揮させたりして，学習の対象となる物事を捉え思考することにより，各教科等の特質に応じた物事を捉える視点や考え方（以下「見方・考え方」という。）が鍛えられていくことに留意し，児童が各教科等の特質に応じた見方・考え方を働かせながら，知識を相互に関連付けてより深く理解したり，情報を精査して考えを形成したり，問題を見いだして解決策を考えたり，思いや考えを基に創造したりすることに向かう過程を重視した学習の充実を図ること。
(2)　第2の2の(1)に示す言語能力の育成を図るため，各学校において必要な言語環境を整えるとともに，国語科を要としつつ各教科等の特質に応じて，児童の言語活動を充実すること。あわせて，(7)に示すとおり読書活動を充実すること。
(3)　第2の2の(1)に示す情報活用能力の育成を図るため，各学校において，コンピュータや情報通信ネットワークなどの情報手段を活用するために必要な環境を整え，これらを適切に活用した学習活動の充実を図ること。また，各種の統計資料や新聞，視聴覚教材や教育機器などの教材・教具の適切な活用を図ること。
　あわせて，各教科等の特質に応じて，次の学習活動を計画的に実施すること。
ア　児童がコンピュータで文字を入力するなどの学習の基盤として必要となる情報手段の基本的な操作を習得するための学習活動
イ　児童がプログラミングを体験しながら，コンピュータに意図した処理を行わせるために必要な論理的思考力を身に付けるための学習活動
(4)　児童が学習の見通しを立てたり学習したことを振り返ったりする活動を，計画的に取り入れるように工夫すること。
(5)　児童が生命の有限性や自然の大切さ，主体的に挑戦してみることや多様な他者と協働することの重要性などを実感しながら理解することができるよう，各教科等の特質に応じた体験活動を重視し，家庭や地域社会と連携しつつ体系的・継続的に実施できるよう工夫すること。
(6)　児童が自ら学習課題や学習活動を選択する機会を設けるなど，児童の興味・関心を生かした自主的，自発的な学習が促されるよう工夫すること。
(7)　学校図書館を計画的に利用しその機能の活用を図り，児童の主体的・対話的で深い学びの実現に向けた授業改善に生かすとともに，児童の自主的，自発的な学習活動や読書活動を充実すること。また，地域の図書館や博物館，美術館，劇場，音楽堂等の施設の活用を積極的に図り，資料を活用した情報の収集や鑑賞等の学習活動を充実すること。

先生のための
授業に役立つ

ケース
スタディ
13

学校図書館　活用データベース

SELECT

身近な地域と戦争のつながりを学ぶ総合学習

　塩尻市立丘中学校（長野県）では，昨年塩尻市立図書館の協力を得て，地域の戦争に関する調べ学習を行い，その様子が，地域の新聞に取り上げられました。学校図書館が授業を支援するだけでなく，その授業を公共図書館が支援することで，中学生が自分たちの地域とのつながりを実感できたこの授業はまさにこれからの地域連携のお手本と感じました。そこで，授業を行った当時市立丘中学校教諭だった宮澤有希先生と学校司書の塩原智佐子さんと，塩尻市立図書館司書青山志織さんに，授業の様子に関する記事と事例を提供いただきました。（尚，この実践は信濃教育会　第22回「教育研究論文・教育実践賞」特選に選ばれています。）

1．学校連携事業について

　塩尻市では平成25年4月から市立図書館と学校図書館の連携を積極的に行っている。資質向上のための学校職員向けの講座や，アドバイザーによる読書推進の実施の他，4名の企画・学校担当職員が数校ずつ担当校を持ち，資料の提供やレファレンス，情報交換を行うなど市立図書館と学校図書館をつなぐ窓口となっている。

2．丘中学校・塩尻市立図書館の連携と，調べ学習の流れについて

【6月上旬】

　発端…学習を行った学級の生徒たちは，毎年広島にどうしておりづるが集まるかを知らなかった。そこで戦争を他人事でなく，自分事としてとらえて考えることができるように，総合的な学習の時間で「身近な地域から学ぶ　戦争とは　平和とは」というテーマで学習することが決まる。

　地域連携で市立図書館に協力を依頼。

【6月中旬】

　総合的な学習の時間の授業で，おりづるの意味を知ってもらうために『おりづるの旅　さだこの祈りをのせて』（うみのしほ作　狩野富貴子絵　PHP研究所　2003年）の読み聞かせを学校司書がする。

　学校司書の塩原さんと担任（総合的な学習の時間担当）の宮澤先生と初めての打ち合わせを行う。宮澤先生からは，地域と戦争について理解する学習の一環として調べ学習を行いたい，決められたことを調べるのではなく，

自分たちで個々に郷土の戦争についての疑問や課題を見つけ解決する学習にしたいと提案があった。

この学習における学校司書と市立図書館の役割分担を決める。

学校司書（担任）…生徒が何を調べるかテーマを考える調べ学習のワークを行う。

市立図書館…テーマの具体化。市立図書館でレファレンスを受けた時の調査・回答のプロセスを説明しながら、資料の調べ方や引用の仕方、情報の整理の仕方を伝え、まとめる。

【6月下旬】

学校司書が「地域と戦争」に関する授業とワークを行う。（その様子を市立図書館司書が見学）

→班ごとに与えられたテーマについて付箋に関連すると思うキーワードを貼っていき話し合いながら整理・分類する形式。50以上のキーワードがでる。

【7月初旬】

前回のワークで出たキーワードを元に市立図書館からワークとワークシートを学校側に提案。郷土担当と一緒にキーワードに対応できる資料（事典・郷土資料等）を下読みして準備。同時進行で学校図書館でも学校司書が資料を準備。

【7月5日】

市立図書館の職員が学校図書館で授業。（学校担当と郷土担当）

前半がテーマの具体化のためのワーク、後半が実際に持ち込んだ公共の資料と学校図書館の資料を合わせての個々の調べ学習。市立図書館の司書（2名）と学校司書が個々のレファレンスに対応。ワークシートに成果をまとめる。

【9月下旬】

調べて知ったことを次世代に伝える。（3つの班に別れる）

　　読み聞かせ班（自分の今の思いを伝えられる絵本を選び POP を作成。）
　　資料班（調べたことを資料にまとめる。）
　　かたりべ班（語っていただいたことをまとめる。）
　　上記のような活動を行うために戦争体験をした方から実際に話を聞く。
　　"伝える"学習で，戦争や平和絵本の読み聞かせの方法を学ぶ。
　　（市立図書館絵本専門士が選書，絵本の読み方を指導）

【9月末】
　　文化祭で発表。
　　生徒作品
　　「浅間温泉と特攻隊」
　　「桔梗ヶ原女子拓務訓練所」
　　「松本五十連隊」
　　「学童疎開と郷福寺」

【10月中旬】
　　学校内で郷土の戦争についての調べ学習を発表したこと，用紙にまとめ展示したことを聞く。地域の人にしってもらうために，成果物を市立図書館で展示することを学校に提案。

【12月】
　　市民交流センターで展示。地元の新聞社が取材。

3．総合学習を終えての授業者の感想（事例シートからの抜粋です。）

【塩尻市立丘中学校教諭　宮澤有希さん】
　　74年前の戦争のことを，遠い昔におこったできごとのように他人事でとらえている子どもたちが，市立図書館や学校図書館から提供された資料や出前授業を通して，自分たちの手で調べることで身近な地域も関係していたことに気づいてほしいという願いから始めた授業である。
　　図書館との関わりを通して，子どもたちは，「知らないことをもっと知りたい」という願いを強め，「知ったことを次の世代に伝えていきたい」という気持ちを持つようになってきた。
　　調べることでも，伝えることでも，図書館からの支援を受けることができたことによって，自分のこととしてとらえようとする子どもたちの姿に変わってきたように感じた。
　　授業を始めるためのきっかけとなった「戦争を他人事ではなく自分事としてとら

えてほしい」という授業者の願いを，図書館との関わりによって少しでも実現することにつながったと感じている。

　出前授業を通して調べ方を学び，多くの資料と調べたいことを照らし合わせながら，伝えることを資料としてまとめようとする姿や，絵本の読み聞かせを導入で扱ったことで，絵本を通して平和を伝えていきたいという願いも出てきた。市立図書館から絵本読み聞かせ士を紹介してもらい，読み聞かせ講座を行ったり，伝えたいことに合わせた絵本の紹介の場面でも活動を支えてもらうことができた。

　市立図書館との連携は，学校図書館司書を通じて行った。学校図書館司書には，市立図書館との連絡調整を行ってもらうとともに，図書館を活用した授業の内容を一緒に検討し，必要な資料準備や効果的な授業になるようなアドバイスをもらうことで授業を支えてもらいとてもありがたかったと感じている。

【塩尻市立丘中学校司書　塩原智佐子さん】
　担任と相談し，キーワードを8つに絞った。キーワードに関する郷土資料から子どもたちはさらに調べたいことを追究し，まとめていった。調べるにつれ戦争に対する思いが育っていっていると感じた。当時，年齢が様々だった戦争体験者の方々のお話を聞くことにより，この場所で起きた出来事，戦場に行った方の思いなどを真剣に考える姿が見られた。そして，塩尻からスタートし，長野県，日本へと考えが広がった。また，私たち大人も戦争のことが分かっていないことに気付かされた。担任がベクトルをしっかり示すと子どもたちはやりとげるんだということを学ばせて頂いた。戦争学習をすることで，戦争のない今の時代に生きている幸せを子どもたちと共有することができた。

【塩尻市立図書館司書　青山志織さん】
　依頼があった時，郷土資料には難解なものが多いため，個々のテーマに対応できるのか不安があった。対応できたのは，司書教諭と学校司書が数回かけて，戦争に関する生徒の意識をしっかり作っていたことと，事前に授業に同席させていただき，生徒の興味がどこに向かっているか知ることができたことが大きい。

　調べる前にテーマ決めのワークを行い，個々の質問やレファレンスに対応した。自分で「知りたい」というテーマが決まった生徒は難しい資料にも挑戦していた。逆にテーマがあやふやで，途方に暮れている場合もあった。

　「桔梗ヶ原女子拓務訓練所」について，中学校の近くに跡地があることもあり，興味を持つ生徒が多かった。満州開拓団の青年たちの花嫁とするべく10代の女子を集めて「大陸の花嫁」を養成した施設で，多くの花嫁たちが悲惨な結末を迎えている。生き残った女性のインタビューなどが残っており，戦争が遠い世界ではなく自分達が暮らしている場所であった出来事だと実感できたと感じる。

　対応できる資料が少なく難儀したが，地域の新聞や広報などの特集記事が非常に役にたった。新聞のデータベースや地区の広報など，市立図書館だからこそ持っている郷土資料を活用できたことは学校図書館と市立図書館の連携の成果だといえる。

　その後，戦争体験者の話を聞くなど学習は更に発展したが調べ学習を行ったことにより，生徒が集中し更に深い学習になったと聞き，改めて良い連携だったと感じた。

出典：『**読書・情報リテラシー——塩尻市立丘中学校**』（青山志織（塩尻市立図書館司書），塩原智佐子（前丘中学校司書），2019年8月29日）

15 │ 広報・渉外活動とその他の課題

前田稔

《**目標**》 学校図書館だよりを通じた広報活動を充実させるとともに，学校行事や学校外の諸機関と連携しながらサービスを充実させていく。

《**ポイント**》
- 子供の期待感を高め，見に行ってみたいと思わせる図書館だよりをつくる
- ほかの教職員へも執筆を積極的に依頼する
- 図書の著作権にも配慮しながら紹介をしていく
- 広報活動として学校図書館の営みも広く知らせる
- パブリックリレーションズの視点で教職員や保護者に向けて発行する
- ホームページを使った情報公開も積極的に行う
- 学校行事への働きかけ・参加を通じてサービスを広げていく
- 行政は子供の読書活動推進の視点で学校図書館にサービスする
- 博物館・公民館・書店・出版社・大学も学校図書館にサービスする
- 公共図書館は図書館ネットワークを通じてサービスする
- 学校図書館支援センターによる指導機能を発揮させる

《**キーワード**》 学校図書館だより，HP の活用，学校行事などとの連携，学校図書館支援センター

1. 学校図書館だよりの作成（児童生徒向け・教職員向け・保護者向け）とホームページを使った情報公開

⑴ 子供の期待感を高め，見に行ってみたいと思わせる図書館だよりをつくる

すべての利用者やあらゆる考えに対して差別なく開かれたひろば（パ

ブリック・フォーラム）を提供し，資料との交流を促進していく作用は，図書館としての本質的な属性であることから，図書館だより（館報・図書通信）の発行と頒布は，学校図書館だけでなく，あらゆる種類の図書館において長年にわたって行われてきた。このため，所蔵資料の紹介が図書館だよりの基本的な構成要素となる。また，学校図書館の場合は公共図書館よりもいっそう読書推進と関わる教育的機能を発揮する必要がある。学校図書館内の掲示や配布物は来館者の目にしか届かない。全児童・生徒に配布される学校内のマスメディアとして，学校図書館にあまり立ち寄らない子供の期待感を高め，本を見に行ってみたいと思わせる児童・生徒向け図書館だよりの作成が求められる。

　おすすめの本，課題図書，季節・時事や学校行事などのテーマに沿った図書の案内を行うことになるが，なかでも，新着図書の案内は訴求力がある。子供たちの関心が高い図書や，社会の動静を反映した新鮮な資料を通じて，行くたびに新しい何かに出会えることを予感させる案内をすることで，新陳代謝を繰り返し新鮮に変化し続けている図書館の姿をアピールしたい。

🔍図書館だより　学校

(2)　ほかの教職員へも執筆を積極的に依頼する

　図書紹介の主な執筆者は学校図書館サービスの担当者となる。卒業生や地域の有識者の文章で非日常性を強調することも有効である。一方，ほかの教職員や児童生徒，保護者，地域の商店主など子供に親しみのある者の文章は目に止まりやすい面もあり，積極的に依頼をしていく。教員に頼む際には，個人的な興味・趣味を通じて語るのか，それとも，学習活動と関連付けながら子供の関心を高めるのか，執筆前にある程度，下打ち合わせをしておくとよいだろう。後者の場合は，教員とともに本棚をまわることで，学ぶ上で必要な見方・考え方を伝える本選びを支援

する。読書が教科・科目の学習に役立ち，教科・科目の学習が読書を通じて役立つようになることを伝えたい。

　また，不読の子供への働きかけ以上に難しいのは，本好きな子供であっても特定のジャンルに偏っている場合である。読書の幅を広げることに向けて積極的に指導していく責任は国語科が負っているのであり，興味のある分野以外の本も見てみたいと思わせる記事を積極的に執筆してもらう。OECD による PISA2018（生徒の学習到達度調査2018（平成30）年調査）の結果では，「新聞，フィクション，ノンフィクション，コミックのいずれも，よく読む生徒の読解力の得点が高い」。このため，今後は多様なメディア間のバランスも課題になってくるであろう。

(3)　図書の著作権にも配慮しながら紹介をしていく

　図書の紹介の際に，表紙などの外観（書影）を従属的に使用することは，授業による利用ではないものの，慣習的に許容されている側面が強いが，著作権について心配な場合は，無許可利用の範囲を明示している場合もあるので，出版社のホームページを参照してみるとよい。少なくとも，書名や著作者名・出版社名などの書誌情報を記載する。あらすじについては，著作物との同一性を逸脱しないように，すなわち，著作物の内容とかけ離れすぎることで，著作者人格権に含まれる同一性保持権を侵害しないように配慮し，内容の引用を行う際には，引用に関する一般ルールの範囲内で行う。

(4)　広報活動として学校図書館の営みも広く知らせる

　以上のような読者と資料とを結び付ける図書館固有の作用としての図書紹介に対して，広報活動として学校図書館の営みを広く知らせる内容も図書館だよりに含めていく。例えば，イベント告知や参加者募集，実

施報告といった行事に関わる案内や，読書感想文コンクール，読書感想画コンクール，図書館を使った調べる学習コンクールなどの結果発表，変則的な開館日・開館時間の告知，展示・掲示の案内，学校図書館の使いこなし方，図書館のきまり・約束の確認，図書委員会の活動紹介，担当者の挨拶，よく借りられる本の紹介がある。

　発行の頻度は，多い場合で1カ月に1回，少なくとも学期に1回は発行する。小学校の場合は大きめの字で，ふりがなを付する工夫が必要なほか，低学年，中学年，高学年と分けて発行することもありうる。タイトル・題字部分を工夫し，発行年月日を記載する。発行者については，館長名（校長名），司書教諭名，学校司書名の連名が望ましい。イラストが得意な場合は，所属図書館のキャラクターをつくり，各所に交えると柔らかい雰囲気になる。ワードプロセッシングソフトウェアやプレゼンテーションソフトウェアを駆使することが一般的だが，部分的にでも手書きを加えて暖かい雰囲気を出す。紙面をレイアウトする際には，ほかの学校の図書館だよりを参考にするとよいが，出版社においてコンピュータによるDTP（デスクトップパブリッシング）が一般化する前に行われていたように，原稿をハサミで切って台紙の上に糊付けして版下（はんした）を作成した上で印刷・コピーをすると，図や文章ブロックの間隔，斜めの度合いを調整でき，情報処理が苦手であっても躍動感のある魅力的な紙面を作成することができる。文章を国語の教員に，デザインを図工や美術の教員にチェックしてもらうこともありうる。サイズはA4からA3まで様々な形態があり，両面・カラーの有無も含め，つくりやすい形態を選ぶ。ただし，全校の児童・生徒に配布する際の学年・クラスごとの仕分け作業の手間や，紙詰まりなどで不良品が発生する歩留まりの程度についても事前に十分に考慮する。完成品は校内で掲示も行う。

⑸　パブリックリレーションズの視点で教職員や保護者に向けて発行する

　多数者に向けた一方向の情報発信である「広報」的な側面よりもさらに「パブリックリレーションズ」（PR）を重視し，学校図書館サービスの関係者とのよき関係と信頼関係を築いていくことを目指すならば，教職員向けの図書館だよりや保護者向けの図書館だよりも発行したいところである。近年，教職員向けの図書館だより発行の必要性は高まるばかりである。全教科・科目の核心となる「主体的・対話的で深い学び」の主要構成要素が読書活動や情報活用能力の育成となるなか，全校をあげてチームとして協働的に学校図書館活用を推進することと，それを支援する必要性があるが，教職員に一人一人常に声がけしていくのには限界がある。例えば，授業使用の呼びかけや事例紹介，読書週間などの図書館行事の周知，推薦図書の依頼，購入希望の募集，貸し出し冊数や打ち合わせでの机の使用などの職員向け利用案内，オリエンテーションの実施報告・生徒の感想，授業に役立つブックリスト，調べ学習の際に子供に話しかける方法，公共図書館からの団体貸出手続，研修参加の報告といった内容がありうる。

　職員会議について，2000（平成12）年の『学校教育法施行規則』により，校長の職務の円滑な執行に資するため校長が主宰することが定められた。つまり，職員会議は意思決定機関ではないことが明確となった。そのために，学校司書の参加もしやすくなり，教職員に対して必要な事柄を直接伝える機会も増えるようになってきている。とはいえ，教職員とのコミュニケーションチャンネルは多様であることが望ましく，かしこまった会議資料としてではなく，図書館だよりの形式で語りかけていくことが求められる。

　保護者向けの図書館だよりでは，読書活動にあまり価値を感じない保

護者や，総論として読書活動には賛成だが学習塾や習い事よりも著しく優先順位が低い保護者の存在を想定しながら，家庭・学校外における読書推進の啓発や，協力の呼びかけ，具体的方法の案内，公共図書館の利用や書店での購入の促進を行う。また，保護者の意識は覚える教育のままである場合も多く，子供の発見や思考を大事にしながら個性を伸ばす学習形態や，最新の教育動向の案内も行っていく必要がある。学校教育法において読書が，義務教育の内容に含まれていることには，本を読みたい子供を妨げない義務も含まれると言えるだろう。また，単に保護者が子供に読書を命じ続けるだけであれば，今までの暗記と変わらない。日常のあらゆる局面において物事や社会のしくみとつながりに親子で関心を寄せながら，自己決定とその理由の合理性を大事にする。結局のところ，民主主義的な子育てこそ，読書活動を基礎づけるのだと言えよう。

　また，お茶の水女子大学（・文部科学省）による全国学力・学習状況調査（全国学力テスト）に関する2017（平成29）年度『保護者に対する調査の結果と学力等との関係の専門的な分析に関する調査研究』の成果を保護者に伝えていくことも有効である。同調査では，「学力の高い子供，特に知識の活用力が高い子供ほど，学習習慣のみならず，読書の習慣がある」ことや，本や新聞などの活字文化に触れる機会を意識的につくろうとする傾向があること，「高学力の子供の家庭では，保護者自身が本や新聞といった活字メディアを頻繁に利用する割合が高まる」ことが報告されている（P.33）。また，SES（家庭の社会経済的背景：家庭の所得，父親学歴，母親学歴の合成値）が高い，すなわち，社会的経済的に豊かな家の子供の学力が高い結果を示しつつも，年収300万円未満世帯であっても，「子供に本や新聞を読むようにすすめている」「子供と読んだ本の感想を話し合ったりしている」「子供が小さいころ，絵本の読み聞かせをした」家庭の子供の学力が上位である結果になっている

（P.40)。つまり，保護者の収入や学歴というハンディキャップを覆す力を秘めているのが，保護者による読書推進なのである。

　学校図書館は公的な側面も有していることから，学校の内外に説明責任を果たす必要もあり，資料数・統計数・提供しているサービス・目標と結果の評価などの事業報告や要覧の作成も行うことになる。学校図書館だよりや，各種資料の作成が，学校図書館サービスを振り返り，新たなサービスを創造していく機会となっていくことが期待される。

(6)　ホームページを使った情報公開も積極的に行う

　今や，それぞれの学校の情報公開の要としてホームページを公開するのが当たり前になっており，学校図書館についても情報発信をしていくことが望ましい状況にある。子供や保護者によるスマートフォンやタブレットパソコンの使用が通常の状況になっている現在において，開館日や行事の案内といった，本来は内部的な事項に関しても，学校内外から参照していく利便性が求められつつある。また，学校図書館と関わるサービスについては，特に，読書推進に関して，地域や家庭と一体となって行っていくために意識を共有するツールとしてホームページの利用が有効になってくる。

　かつては，HTML 言語というプログラミング言語を使用してホームページをつくることが必要であったが，今では，ワードプロセッサで文章をつくるのと同じくらい簡便に作成することが可能になってきている。また，無料のホームページ作成・公開ツールも充実してきており，学校外のサービスをつかって容易に情報発信を行うことができるようになってきている。セキュリティの関係上，学校が用意した配信機器を使用しなければいけない場合もあるかもしれないが，その際においても，学校側に積極的に働きかけ，図書検索システムも含め，学校図書館を学

校情報システムと一体化していくことが望ましい。

　ホームページに記載する項目としては，学校図書館の理念のほか，年間計画類，行事の模様の紹介，利用案内，図書委員会活動，館内案内図，最新のお知らせ，図書リストの紹介，レファレンス事例集，リンク集の掲載が考えられる。

　注意点としては，著作権に関わる問題や，子供たちの顔や図書の内容が映り込むことについての配慮があげられる。また，公知の事実か否かの判断が難しい内容，すなわち校内のセキュリティと関連したり，内部情報に留める必要がある事項の公開には慎重さが必要である。

2. 学校行事との連携

(1) 学校行事への働きかけ・参加を通じてサービスを広げていく

　学校図書館サービスの提供者の資質として，本が好きなことが必要であるが，読書が好きなだけでは十分なサービスを提供できるとは限らない。学校行事との連動・参加や，学校図書館外の人々とも積極的に関わっていくことが社会に開かれた教育課程が重視されるなかで必要になっている。

　学校行事は，儀式的行事，文化的行事，健康安全・体育的行事，遠足・集団宿泊的行事，勤労生産・奉仕的行事の５つに分類される。学校行事の非定型性，主体性，心を育み思考を深める側面は，学校図書館活用と親和性が高い。すなわち，学校行事における様々な感動体験の場は心を育て，自己の生き方についての考えを深め，よりよい人間関係を形成する上でも効果的であり，ともすると単調になりがちな学校生活に非日常的な秩序と変化を与える。ほかの教育活動と相まって学校教育の目標達成を目指すものであり，様々な学習や経験などを総合的に取り入れ，そ

の発展を図り，効果的に展開されるようにする必要があり（小学校学習指導要領解説特別活動編 P.116〜120，以下小特解），学校図書館との連動も大きく期待される。また，各教科・科目における学習活動と学校行事とを直接的に結び付けることが困難な場合であっても，学校図書館の豊富な図書を仲立ちとして両者をつなげていく。子供が主体的に考えるきっかけをつくる効果も期待できる。

　入学式や卒業式などの儀式的行事の際には，新しい生活の展開への動機付けとなるように，教職員や在校生からの祝辞が述べられるが，厳粛で清新な気分を味わえるよう，先人の言葉や教訓，経験談が含まれる本を案内しながらスピーチづくりを支援するとよい。過疎化の進む地域の小規模校では，広大な講堂で行うよりも，学校図書館内でお祝いの会を実施することが適している場合もあるだろう。

　文化祭や発表会といった文化的行事では，文化や芸術に親しみながら，学習活動の成果を発表し，自己の向上の意欲を一層高めることが求められ，学校図書館が直接的・間接的に関係してくる。直接的には，学校図書館が文化祭への出展団体となったり学校図書館を公開する機会として利用することがある。また，図書委員による展示やビブリオバトルなどのミニイベントの実施を支援することもあるだろう。間接的には，自由研究や創作の発表に際して，それに先立ち，一人一人の課題意識に対応する図書の案内・提供を行うことで，成果がより充実したものとなる。そのためには，図書の相談を受け付けることを，学校図書館だよりや掲示を通じて積極的に事前告知していくことが必要である。また，読書感想発表会（小特解 P.122），図書館まつりのように，年間の学校行事のなかに学校図書館の行事を組み入れていく働きかけも行っていく。

　運動会や体育祭のような健康安全・体育的行事の前は，種目の技能を磨くことに全校の関心が高まっている時期である。健康の保持増進に関

連する展示を行うことや，心身の健全な発達の側面で，競技参加の際に
おける神経集中や実力発揮に向けたメンタルトレーニング関連の図書を
紹介することが効果的である。事件や事故，災害などから身を守ること
に向けた，警察官を招いた交通安全・防犯教室や，専門家による防災教
室，医師を招いたがん教育講座を実施する際には，これらの講座が単発
的に完結することなく，探究的な動機付けとなるように，関連のブック
リストを配布したり，さらに発展した問題意識を日常的に持ち続ける視
点を講師に話してもらったりするようにする。

　見聞を広め自然や文化などに親しむことに向けた遠足や，修学旅行・
野外活動・集団宿泊的行事では，児童の参加意欲を高めるために，目
的・日程・活動内容についての事前指導が行われる。その際，自由時間
を班ごとに過ごす際の見学先の決定や行動日程の立案を行うために学校
図書館内で事前指導を実施することが有効である。また，目的地におい
て展開された探究的な体験活動の経験を広がりのあるものにするため
に，事後のふりかえりのなかで調べ学習が行われることも多い。訪問す
るエリアに関係する一群の豊富な資料について公共図書館から団体貸し
出しを受けることで，事前・事後指導を支援する。ただし，地域内の他
校と時期が重なるか否かについての事前調整を行い，必要な資料が重複
する場合は，地域内で時期をずらして順次実施することも検討する。ま
た，例えば，勤務形態によっては，遠足や修学旅行などの学校外での行
事への付き添いを学校司書が行う場合もある。その際には，学校図書館
内における子供たちとは異なる，日常的な姿に接する機会となり，リ
ラックスした際の交流が有意義に発展することもある。

　勤労生産・奉仕的行事に関しては，勤労の尊さや生産の喜びを体得し，
社会奉仕の精神を養うことを目的とするが，今後は，机上の勉強では出
会わない社会的課題に直面しつつ，問題を発見・分析し，主体的に解決

していく経験を得ることが重視されていく。直面する課題としては，清掃ボランティアをした際のゴミの片付け方のような小規模なときや，職場体験の際に政治や経済のしくみへと関心が広がる場合もあるだろう。キャリア教育では学校図書館が重視されている。読書活動により人格が形成され，人格形成の支えとしても読書が役立つ。1冊との出会いが人生を決定づけることも少なくない。学習指導要領の趣旨，すなわち，学ぶことに興味や関心を持ち，自己のキャリア形成と関連付けながら，見通しを持って粘り強く取り組みつつ，学習活動を振り返って次に生かす主体的な学びを意識する。司書教諭と学校司書が連携しながら，様々な情報が得られ，自主的な学習を深める場としての学校図書館の効果的な活用や，日常の読書指導を推進すること（小特解 P.62）が不可欠である。また，職場体験として公共図書館を利用する場合も多くあり，その場合は，公共図書館と緊密に連携を行う。

3. 図書館ネットワークの活用と 学校図書館支援センターの実例

(1)　行政は子供の読書活動推進の視点で学校図書館にサービスする

　第8章で述べたように企業の場合，一般の人々に直接，取引やサービスをする職務を BtoC（Business to Consumer）と言い，企業間の場合は BtoB（Business to Business）と呼ばれる。これを学校図書館サービスにあてはめるならば，子供たちと直接接する職務は BtoC であり，教職員への支援や環境整備などの学校教育へのサービスは BtoB である。一方，学校図書館自体への外部からのサービスも BtoB である。これらはみな最終的には子供に向けられた営みである点が共通している。

　この点，『子どもの読書活動の推進に関する法律』（2001（平成13）

年・第9章参照）が制定されて以来，地域ぐるみで力を合わせながら読書推進をしていくことが必要になってきている。地方自治体は，地域の実情を踏まえつつ，学校・図書館・その他の関係機関・民間団体との連携強化・体制整備を通じて，子供の読書活動の推進に関する施策の策定と実施の責務を有している（第4条・第7条）。『文字・活字文化振興法』(2005（平成17）年）の制定とも相まって，学校図書館へのサービスを行う主体も，近年は多様になってきている。学校図書館内に滞在していると，子供の読書に関して全責任を負わなければいけない気持ちになりがちであるが，その必要はなく，地域全体が協力・協働する体制のなかに学校図書館が位置付けられていることも意識すべきである。行政の役割は予算配分を行うだけではなく，地域社会で分断されがちなステークホルダー（関係者・関係機関）の潜在的な力を協働的に発揮できるように，子供の読書に関する全体的な支援を行っていくことである。

　したがって行政は，市民および市民の代表である議会と歩調を合わせながら，地域における子供読書推進に関わる基本計画を策定し，実情や実施結果に合わせて改定し続けるとともに，人的・物的に学校図書館を支援し，他機関や学校図書館同士の連携を推進していく。例えば，学校司書などのサービス担当者をフルタイムで学校に配置し，資料費を増額することや，足りない資料を補う物流ネットワークを充実させること，学校図書館を市民に開放することが行われてきた。また，学校司書が研修・交流する機会を定期的に用意するだけでも，見違えるほど全体的によくなっていく。

⑵　博物館・公民館・書店・出版社・大学も学校図書館にサービスする

　社会教育施設の関連で言えば，博物館や公民館が学校図書館へサービスする重要性は益々高まっている。地域についての学習活動が強く求め

られるなかで，近年では学校と連携していくこと（博学連携）が大きな課題となっている。また，博物館と名前が付されているところや科学館だけでなく，美術館，植物園のほか，水族館，動物園といった子供たちに馴染みのある幅広い施設が博物館の定義に該当する。特に大きな博物館に行くと気づくのは，館内に図書館ないし図書コーナーがおおむね設置されている点である。学校から引率された後に足が遠のくのではなく，日常的に様々な物事への関心を持ちながら，リピーターになって，自分の目で見て毎回新しい発見をしてほしいと博物館では願っている。博物館で来館者に説明できる情報は限られているし，展示のねらいを力強く伝えるために説明文を意図的に絞り込んでいる面もある。博物館で見た後に，図書を見るとリアリティーが生まれイメージが膨らみ，再び訪れた博物館でさらに新しい発見をするという循環が望ましい。そのためには，博物館の側で地域の学校図書館に出向き，どのような資料が所蔵されているのかを把握した上で，揃えることが効果的な図書に関する意見交換や，学校図書館への出前授業を行う。特別展が行われる際には，学校図書館にパンフレットを送付して掲示してもらい，また，展示に関連する読書指導の希望についても伝えるとよいだろう。

　公民館の場合，主に成人の市民を通じた学校図書館へのサービス提供を行うことになる。読み聞かせのサークルや学校図書館ボランティアの団体を支援し，集う場を提供するとともに，主催講座に関しても，読み聞かせや朗読の講座，点字図書・拡大図書・録音図書・さわる絵本づくりの講座など，子供の読書と関連する講座を実施する。これらを，公共図書館と共同して実施することもありうる。その場合は公共図書館と公民館では役割が異なる点にも配慮する。公民館は市民の主体的な活動を支援する役割を担っている。したがって，公共図書館よりも個々の市民との間の精神的距離が近い点を生かせるのは公民館である点を意識して

いきたい。

　このほか，地域の書店に関しては，図書の見本を並べる見計らいを学校図書館内で実施することをはじめ，新刊情報について積極的に学校図書館と意見交換していく。一方，出版社にとっての最大の学校図書館サービスは，学校教育の最新動向に合致した出版物をさらに充実させていくことにある。これまでは書店のチャンネルばかりに目が行きがちであったが，学校図書館はショーケースとしての性質を有するのであり，保護者が買い与える場としての書店と，子供が自ら選ぶ場である学校図書館との違いを十分に意識していく必要がある。地域の大学は，教育実習生を学校に委ねる際に，実習の事前・事後の授業のなかで学校図書館を使用した授業づくりを指導するとともに，学校図書館の担当者との打ち合わせを密にし，教育実習期間中に活用できる環境をともに整えていく。司書課程を有する大学では，学校司書のモデルカリキュラム科目を積極的に開講するとともに，地域の学校図書館における昼休みの当番で演習・実習を行うなどの工夫を行いつつ，図書館学の専門的見地を含めた意見交換や助言を学校図書館に行っていく。

　地域と学校とが連携する必要性は高まるばかりである。『地方教育行政の組織及び運営に関する法律』（平成29年改正）により，学校運営協議会（コミュニティ・スクール）の設置の努力義務化やその役割の充実が定められた。市民一人一人が学校運営協議会を通じて，学校図書館へ要望を伝えていくとともに，学校図書館サービスの充実化についての意見交換を行う流れが今後は一般化していくことが予想される。また，学校図書館ボランティアがコミュニティ・スクールの事業の一部として組み込まれ，いっそう公的な性格を強めることも増えてきている。

(3)　公共図書館は図書館ネットワークを通じてサービスする

　公共図書館による学校図書館へのサービス提供は主に団体貸出や移動図書館車の巡回の形態で長年に渡って行われてきた。以前は，公共図書館の児童サービスと学校図書館との連動があまり行われず，公共図書館側としても中高生（YA：ヤングアダルト）の来館者が減る課題を克服できずにきた。そもそも，文部科学省内でもかつては，学校教育・社会教育・青少年育成のそれぞれの担当部局が子供の読書推進を行っていたように，地方行政においても，学校教育と社会教育の系統が別れがちであったことは否めない。しかし，『子どもの読書活動の推進に関する法律』が制定され，地域内で統一した基本計画が策定される状況になり，連携状況も大きく変化してきた。公共図書館における，子供たちの調べ学習への対応も充実しつつある。随時来館する子供の調べ物相談に積極的に応じているほか，公共図書館内を教室として使用しながら探究型学習の授業を実施することや，公共図書館の職員が学校に出向いて，児童サービスでのノウハウを生かしたおはなし会や，ブックトークを提供することも増えてきている。さらに公共図書館のサービスを充実させるためには，学校図書館への団体貸出の冊数や期間についても可能な限り拡大させ，各種の要望に対して柔軟に対応する体制を整えたいものである。また，学校は郷土資料・地域資料の宝庫である。著名人となった卒業生の成長過程や，地域の文化拠点としての性格を反映した貴重な資料も多いだろう。学校内での保管よりもむしろ公共図書館に移管することが望ましい場合もありうる。

　コンピュータシステムの面でも公共図書館と学校図書館のシステムを統一していく流れが生まれている。システムの共通化は，公共図書館の司書が配置転換で学校司書も担当する県立高校において顕著であるが，最近では公共図書館の分館に相当する運営を学校図書館で行っている事

例も登場している。子供は公共図書館の利用者証と学校図書館の利用者
証の両方を持ち，学校のコンピュータで自ら探し，予約した本を，学校
図書館で受け取り，返却することが可能になっている。このように，公
共図書館による学校図書館へのサービスの改善は，物流とコンピュータ
システムの改革でもある。ただし，学校支援を行うための人的な資源が
不足していたり，学校への団体貸出を行うための資料が不足していたり
する公共図書館も少なくない。また，今すぐに，このテーマに関連する
本一式がほしい，といった学校図書館の要望に迅速に応えるのが難しい
面もある。学校図書館は一人または少人数で運営する職場であることに
対して，公共図書館は業務範囲が細分化された分業形態をとっており，
申請の形式や手続き・必要資料の予告やある程度の先行日数（リードタ
イム）が整っていないと業務が混乱してしまう。このような状況のなか
で鍵を握るのは，学校図書館の担当者・部署を公共図書館のなかに置く
ことである。なかでも，文部科学省が平成18年度より4年間，36地域を
対象に実施した「学校図書館支援センター推進事業」を起点とした，い
わゆる学校図書館支援センターを公共図書館の中央館内に設置すること
が増えている。一般の開架書架とは別に，学校図書館専用の図書群を用
意して，各学校のニーズを調整したり，宅配便の業者と自治体が契約を
して，数に関わらず迅速に受け渡しを行う体制を整えたりしている。と
はいえ，学校教育との連動面では，公共図書館内の学校図書館支援セン
ターよりも，教育センターのなかに置くほうが有利な面もある。そこで
次に，東京都杉並区の事例を紹介したい。

⑷ 学校図書館支援センターによる指導機能を発揮させる

　東京都杉並区では，物流面で公共図書館における学校図書館支援体制
を整えつつも，済美教育センター内に，学校図書館支援担当係（以下，

「支援担当」とする）を設置している。学校図書館の運営や学校での図書館・図書館資料を利用した教育活動の支援を担っており，「鍵のかかった，古い資料ばかりの，人のいない学校図書館」から，「いつでも開館していて，資料が更新され，学校司書が常駐する学校図書館」への転換を主導してきた。学校図書館システムを全校に導入したり，学校間の図書配送などの物流を整えたり，学校図書館の環境整備も行い，ハード面を充実させた。同時に，学校全体での学校図書館活用を進めるため，司書教諭研修や学校司書研修を行い，学校図書館の機能，それぞれの職における役割や今日的な課題などを取り上げ資質向上に努めている。ほかにも，学校図書館を内容とする校内研修や読み聞かせボランティア講習会への講師派遣なども実施し，学校図書館に関わる幅広い業務を行っている。

　支援担当は，区の常勤職員である担当係長のほか，元教員２名・元学校司書２名の全５名体制で運営されている。図書館司書資格を持つ担当係長のもと，司書教諭経験者である小中学校の元教員と杉並区の小中学校の学校司書を経験した元学校司書とがスタッフとして勤務し，職層のバランスのとれた体制で，学校図書館を支援している。

　具体的な業務は，大きく分けて，以下の４点を行っている。

（１）学校図書館運営支援

（２）学校司書研修・司書教諭研修等の企画・運営

（３）校内研修への協力

（４）学校図書館・学校司書への訪問

　学校を随時訪問して，選書や廃棄等の蔵書相談や，館内のレイアウト相談を受けたり，学校図書館を活用した授業の見学を行い，助言を行ったりしている。校内研修では，学校を訪問し，学校図書館の役割，調べ学習の進め方や読書会の運営方法などを講師として指導する。学校司書

研修や司書教諭研修は，ときには学校を会場とし，その学校の学校司書や教員に発表をお願いする場合もある。訪問だけでなく，日常的には，電話や電子メールでも随時，学校司書からの相談を受け付けている。

支援担当の所属している教育センターは，各区立学校・子供園の教育・保育活動を総合的に支援・指導する役割を担っている組織であるが，支援担当がこの学校教育の組織の一員であることに大きな意味がある。学校の情報が社会教育の部署よりも，早くかつ多く入ってくる利点があり，学校教育のなかにある学校図書館であることを常に意識することができる。例として挙げれば，ICT を効果的に活用した教育活動が進む学校において，授業でどのように ICT 活用がなされているのか，学校図書館はどう関係しているのか，図書館利用指導を含む情報活用能力の育成が教育課程のなかでどう関連付けられるのか，そして教育の情報化に関する最新動向や一人一台の学習端末配布と学校図書館をどう連携させていくのかなどをタイムリーに知り，考えていくことができる。また，年間に１回ずつ，センターの教育管理職や指導主事が全学校を訪問するが，支援担当係長がそれに同席し学校図書館の課題を協議している。公共図書館の学校支援の枠組みが物流中心である場合，学校経営に意見を述べることが難しい面があるのに対して，この学校訪問の機会に，教育センターの管理職や指導主事も交えた席で学校の管理職と面談し，学校図書館に関しての意見交換を行うことができる。学校司書はあくまでも校長の指揮監督下にあるため，学校図書館長である校長と直接，学校図書館の運営について意見交換ができることはとても意義深い。

ほかに，学校図書館を取り巻く環境整備として，区立図書館と学校図書館の間，および学校図書館間の物流便がある。区の中央図書館には学校図書館貸出専用の調べ学習用図書のストックがあり，学校司書が希望したテーマに沿って，中央図書館の職員が選んで配送する仕組みがある。

学校司書が近くの区立図書館から自分で選ぶこともできる（この場合は学校司書自身が運ぶ）。区立図書館から借りた本は各校での購入の参考にしている面もあり，学校図書館において蔵書の充実に役立っている。学校図書館間の物流便の運行調整は支援担当が行っており，学校の希望により，毎週１回学校間の図書配送を行っている。調べ学習のための資料や読書会などのため，同じ分野の本や同じ著者の本を複数冊集める必要のあるときなどに役立っている。

　学校司書の配置は，2009（平成21）年度から開始し2012（平成24）年度に全校配置（小学校40名，中学校23名：2020（令和２）年度）が完了した。現状では，支援担当は学校司書への支援を業務の中核としている。配置当初から現在まで，学校司書が常駐していることによる効果は目覚ましいものである。2009（平成21）年度からの10年間で貸出冊数が，小学校2.7倍，中学校6.4倍に増え，授業利用数は2012（平成24）年度からの６年間で1.5倍に伸びた。配置から10年が経過した現在は，児童・生徒にとって学校図書館をよりいっそう身近にし，児童・生徒の学びや関心を広げ深めていくことを目標に，学校司書一人一人の資質をさらに向上させることを支援担当の役割としている。

　学校司書が日常どのような活動を行い，授業支援をしているかを把握するために，学校司書へは毎月「学校図書館活動報告書」の提出を求めている（巻末付録５参照）。校長・副校長が目を通す公的書類としての月報であるが，校内の決裁後，情報提供してもらう。内容は，授業単元においてどのような支援を行ったか（学校図書館利用指導や出典・引用の指導，図鑑や百科事典の指導，関連資料収集や提供など），読書推進活動（単元に関わる並行読書や味見読書，ブックトークやアニマシオンなど）や読書旬間における活動などになる。活動報告書の情報は支援担当が一覧表にまとめ，学校司書が参考にできるよう整えている。

　また教員や学校司書が作成し，活用した児童・生徒向けの推薦図書リストや読書記録カード，調べ学習のための記録カードなども支援担当で集め，整理して，参考に貸し出せるようにしている。学校図書館だよりや職員向けの学校図書館だよりについても，収集して内容を把握している。情報交換として他校への学校図書館だよりの配布も行っている。

　支援担当の大きな業務の一つである学校司書研修については，毎月の定例研修を行うほか，新任研修を4月当初に，希望者を対象とした選択研修を年に複数回行っている。定例研修は月によっては小中合同のときもあるが，原則として小学校と中学校でそれぞれの特色を生かした内容にしている。小学校は校数が多いため半数ずつ行うこともある。内容は，教科書単元から考える授業支援，読書活動推進，蔵書構成，著作者や編集者の講演，新刊資料の紹介・閲覧，本の修理など多岐にわたるが，いずれも受け身の研修ではなく，自らの実践発表や自校の図書館を振り返る内容や，図書の選定につながるといったように，具体的ですぐに活用や実践でき，自校の学校図書館を見直すきっかけになるような内容としている。年度最後の研修では，それぞれの学校司書が，1年間の活動内容と成果を振り返り，次年度の目標を決め，PDCA サイクルを意識するように働きかけている。

　司書教諭研修は，年間2回程度であるが，その内1回は学校司書との合同研修であり，連携して学校図書館活用する計画や体制を話し合う。毎年，年度の終わりには，司書教諭等が支援担当作成の「学校図書館チェックリスト」で自校の学校図書館を振り返り，次年度の活動への検討材料にしている。ほかにも，教員向けの学校図書館活用・学校司書連携研修や，教育委員会内の別の課の協力を得て，学校図書館長としての校長への研修を実施したり，新任教員の研修にも関わったりしている。区立学校を総合的に育成・支援する教育センターの一員として支援担当

があることにより，企画・実施が有効に機能している。

4.　学校図書館ガイドラインと広報・渉外活動

「社会に開かれた教育課程」に関する社会的要請を反映し，学校図書館ガイドラインにおいても，学校図書館の外への情報発信・連携に関わるものが多く存在している。

☐ 学校図書館だよりの発行サービスを行う。　　　　　　➡ GUIDELINES (2)

☐ 学校のホームページなどを通じて，児童生徒，教職員や家庭，地域等学校内外に
　対して，学校図書館の広報活動サービスを行う。　➡ GUIDELINES (2)

☐ 学校図書館支援センターのサービスを有効に活用する。　➡ GUIDELINES (2)

☐ 学校図書館に所蔵していない必要な資料を公共図書館やほかの学校の学校図書館
　との間で相互貸借するサービスを提供する。　　➡ GUIDELINES (3)

☐ 学校司書が学校図書館を運営していくために必要な専門的・技術的職務を発揮で
　きるように支援する。　　　　　　　　　　　➡ GUIDELINES (4)

☐ 公共図書館やほかの学校の学校図書館との相互貸借サービスを実施する。

　　　　　　　　　　　　　　　　　　　　　➡ GUIDELINES (5)-2

☐ 地域内の学校図書館において同一の蔵書管理システムを導入し，ネットワーク化
　を図ることを支援する。　　　　　　　　　➡ GUIDELINES (5)-3

☐ 自校に関する資料や郷土資料等，学校図書館での利用・保存が困難な貴重な資料
　を公共図書館等に移管するサービスを提供する。　➡ GUIDELINES (5)-4

先生のための
授業に役立つ

**ケース
スタディ
14**

学校図書館　活用データベース
SELECT

●授業実践「暮らしを支える情報」
（校種：小学校，教科・領域等：社会，対象学年：高学年）

活用・支援の種類
　市内公共図書館と学校図書館のネットワークのしくみと使い方，また公共図書館がWEB上でどのような情報発信をしているかの説明

図書館とのかかわり
　市立図書館と学校図書館をつなぐネットワークのことを説明してほしい。また公共図書館がどのような情報をネットから発信しているかも話してほしい。

授業のねらい・協働にあたっての確認事項
　図書の時間一コマ。大型ディスプレイにシステムのPC画面を写し，OPACと公共図書館ホームページについて説明する。

提示資料
・『国分寺市立小中学校図書館システム』
　民間が提供している公共図書館用システムの学校図書館版。各学校が公共でいえば分館のような位置づけになっており，本を検索すると市内各校の情報がピックアップできる。相互貸借依頼もシステムで可能である。また公共図書館の蔵書も検索でき，2015年度からは公共図書館にもPC上で学校からの貸出依頼が可能になった。
・『国分寺市内公共図書館・学校図書館OPAC』
　市内公共図書館と学校図書館の蔵書がすべて検索できるOPAC。学校図書館の検索用端末で利用。ただ，蔵書検索のためにはチェック項目が多く，操作が難しいので，小学校での利用には不向き。主に中学校での利用。
・『国分寺市立図書館HP』
　「蔵書検索」「新着案内」「人気の本」「雑誌・新聞一覧」「利用案内」「行事案内」「各館案内」等。利用券をつくり，申し込めば，インターネット上で予約もできる。また，twitterで情報発信もしている。またトップページから図書館統計，選定基準・除籍基準，有料データベース，図書館だより，地域資料などの紹介もしている。子ども用，YA用，障害者用ページがある。

授業者コメント

　身近な学校にも暮らしを支える情報として，インターネットがあり，自分自身に役立っていることを実感させるために取り組んだ。いつも当たり前に利用している図書室も，多くの機関とつながっていることや，そのおかげて読みたい本が手元に届きやすくなり楽しむことができることなど，有効に活用することで生活が豊かになることなどを感じ取っていた。また，身近なところにネットワークがあることに興味をもっていた。

司書・司書教諭コメント

　学校図書館で，担任の先生が授業の導入を，司書は検索システム用 PC を大型ディスプレイにつなぎ，学校の図書館システムから公共図書館の蔵書検索ができることを説明した。また WEB 上の公共図書館の HP にアクセスし，公共図書館からの様々な催し物のインフォメーションや twitter をつかって市政情報や公共図書館から情報が発信されていること，ホームページ上で図書館からのお便りをみることができることを実際にみてもらい，インターネットをつかって市民は等しく公的な情報サービスを得ることができることを伝えた。またいくつかの図書館を登録するとその館に希望の蔵書があるか検索できる便利な横断蔵書検索システム「カーリル」も紹介した（後半一クラスのみ）。授業の最後には先生が授業の内容を黒板にまとめ，児童はノートに写して授業は終了した。単元の目的に沿ったワークシートのようなものを事前に準備してもよかったのかもしれない。また，ノートにまとめていくという児童の作業を意識した学校司書としてのプレゼンテーション能力の研鑽も必要だと思った。

出典：『**授業実践事例—国分寺市立第五小学校**』（授業者：齋藤幸恵（2014年11月），事例作成：杉本ゆかり（2015年8月））

付 録

学習指導要領の全体構造

平成 28 年 12 月 21 日『幼稚園，小学校，中学校，高等学校及び特別支援学校の学習指導要領等の改善及び必要な方策等について（答申）』より。図は縦長に加工。

新しい時代に必要となる資質・能力の育成と，学習評価の充実

学びを人生や社会に生かそうとする
学びに向かう力・人間性等の涵養

生きて働く**知識・技能**の習得

未知の状況にも対応できる
思考力・判断力・表現力等の育成

何ができるようになるか

よりよい学校教育を通じてよりよい社会を創るという目標を共有し，社会と連携・協働しながら，未来の創り手となるために必要な資質・能力を育む

「社会に開かれた教育課程」の実現

各学校における**「カリキュラム・マネジメント」**の実現

何を学ぶか

どのように学ぶか

新しい時代に必要となる資質・能力を踏まえた教科・科目等の新設や目標・内容の見直し

小学校の外国語教育の教科化，高校の新科目「公共」の新設など

各教科等で育む資質・能力を明確化し，目標や内容を構造的に示す

学習内容の削減は行わない※

主体的・対話的で深い学び（「アクティブ・ラーニング」）の視点からの学習過程の改善

生きて働く知識・技能の習得など，新しい時代に求められる資質・能力を育成

知識の量を削減せず，質の高い理解を図るための学習過程の質的改善

主体的な学び
対話的な学び
深い学び

※高校教育については,些末な事実的知識の暗記が大学入学者選抜で問われることが課題になっており,そうした点を克服するため,重要用語の整理等を含めた高大接続改革等を進める。

付録2　小学校の生活・音楽・図画工作・家庭・体育・外国語活動・外国語・特別の教科　道徳・総合的な学習の時間・生徒指導

　本文では第12章において，小学校における国語・社会・算数・理科の学習支援について，学習指導要領解説の記述を参考にしながら述べてきた。とはいえ，それ以外の教科については紙面の関係上，付録にて掲載することにした。第12章と同じく，アンダーラインは学習指導要領，太字は学習指導要領解説のおおよその部分を示している。例えば，〈生解 P. ○○〉については，『学習指導要領解説生活編』における該当ページを指し示す。

●生活科

　生活科では，<u>学校での生活は様々な人や施設と関わっていることが分かること</u>が必要である。位置や働き，存在や役割などの特徴や自分との関わりに気付くだけでなく，それらがみんなのためや安全な学校生活のためにあることの意味を見いだすことが求められる〈生解 P.29-30〉。学校の周辺の地域を探検する中で，**図書館や博物館などの公共施設を見付け，公共施設の利用に関する活動に必然的に発展することが想定されている**〈生解 P.87〉。学習指導要領解説では特に，**図書室で本を読むことが示されており，利用する楽しさやよさを感じたり，その使い方が分かったりすることが含まれている。図書室の本を整理する司書教諭と会話することで，「みんなのためにお仕事をしている」「だからみんな楽しそうにしているんだ」「ぼくも借りられるんだ」とその仕事の意味や価値が分かることも例としてあげられている**〈生解 P.30〉。また，<u>公共物や公共施設を利用する活動</u>の例として**公共図書館や児童館の本が示されており，なかでも，<u>身の回りにはみんなで使うものがあることやそれらを支えている人々がいることなどが分かる</u>ようにするために，図書館で図書の読み聞かせをしてくれる人を含めて考えていくようにする**，と例示されている。また，それらを<u>大切にし，安全に気を付けて</u>，支えてくれている人々の思いや願いも大切にしながら，自分たちの生活に生かしていこうとする例として，「本を読みに，また図書館に行こう」と実感することが入っている。このため，学校図書館と公共図書館・児童館との連携をいっそう推進していく必要があるだろう〈生解 P.36-37〉。

●音楽

　音楽科の学習指導要領では，読書活動が明示されているわけではないが，そもそも言葉は音であり，言葉を楽しむことは，音を楽しむことでもある。したがって，**音楽に固有の雰囲気や表情，味わいである曲想を感じ取ること**や，<u>歌詞の表す情景や気持ちに気付く感性</u>を育成するには，読書習慣が極めて有効に働くと思われる。たとえば，**曲を「お話をしている感じ」と感じ取った子供が，話しかけるように優しい声で歌うようになることで表現が豊かになり，思いも明確になる。「動物がお話しをしている」と受け止めた子供は，音楽の構造や楽しい気持ちへの気づきをもたらす**〈音解 P.31-32〉。なかでも，**絵本の中の言葉がもつ抑揚やリズムについては，読み聞かせの際に事前と音楽科教育担当者と打ち合わせをして音楽教育と関連づけることも考えられる。楽譜が巻末に付されている絵本も数多く出版されているが，たとえば，絵本『ぐりとぐら』のように，「ぼくらのなまえはぐりとぐら」という歌には，音符があるわけではないため，読み手の個性が旋律に表れる**<u>音遊びないし即興</u>の側面を生かすことができる。また，<u>音楽を聴いて感じ取ったことを言葉などで表す</u>活動には**言葉や体の動き，絵や図で表す広義の言語活動が含まれるため，読み聞かせによる表現の多様性の**

例示が有効に働く〈音解 P.71-73, 132-135〉。

　もちろん，学校図書館に音楽と直接的に関連する分野の資料を揃えることは大前提である。紙媒体では，楽譜や音楽の知識に関する本のほか，作曲家の伝記なども紹介できる。視聴覚資料としての CD や DVD を揃え，子供が鑑賞できる機材を揃えるほか，部活動に供したり，教員の範奏用に役立てたりすることも有益である。和太鼓，わらべうた，民謡，祭り囃子，諸外国の音楽の登場場面で実際に音を流すことで，和楽器の鑑賞や日本や外国の文化への興味関心を高められるが，授業の中での使用だけでなく貸出用の CD としても揃えて授業の進行に合わせて適宜案内するとよい〈音解 P.84, 113〉。また，旋律の反復と変化，関わり合いや重なり，呼びかけとこたえが特徴的な曲や，楽器の音色・演奏の仕方や楽しさを味わえる室内楽，楽器の組合せの響きが美しい吹奏楽，協奏曲，管弦楽などの合奏曲，声域の特徴や歌声を味わえる歌曲，声の組合せの響きの美しい重唱曲や合唱曲を揃えていく〈音解 P.113-114〉。

●図画工作

　図画工作では，自分の感覚や行為などに基づいた能動的な活動を通じて生活や社会の中の形や色などと豊かに関わる資質・能力の育成が目指されており，周りの人や身近なもの，自然環境とのふれあいによる表現の欲求が重視されている〈図解 P.9 -15, 32〉。特定の図像や情報を与えて，それに児童を沿わせるように指導するのではなく，また情報機器について，実際にものに触れたり見たりすることがないため必要性を十分に検討した利用が求められることからもわかるように，絵を模倣させるために絵本の読み聞かせを行うことは，図画工作の趣旨に反するだろう〈図解 P.79, 122-123〉。しかしながら，造形的な見方・考え方〈図解 P.9〉に不可欠である自分のイメージをもちながら意味や価値をつくりだすこと，すなわち，心の中に像をつくり，全体的な感じ・情景・姿を思い浮かべながら，対象や事象との関わりを深め，自分にとっての意味や価値を創造することは，読書教育の目的と極めて強く合致する。線を「ぐんと伸びている」，はさみを「ぐいぐい進む」，浮かんでいる雲を「飼っているカメみたい」と表すように〈図解 P.55〉，言語力とイメージをもつ力は表裏一体の関係にある。その意味で，絵本は言語活動と絵画表現をイメージで結びつける宝庫である絵本を楽しむことで，写真のように静止画的に切り取った絵ではなく，自分のストーリーを一枚の中に凝縮できる表現が可能となろう。

　とはいえ実際上，学校図書館サービスとして直接的になしうるのは，鑑賞のための画集などの図書のほか，美術文化と関わる本，絵の描き方・日常生活の品を生かした工作集・折り紙など技能の本を豊富に揃えることである。描きたいものが決まっているが，思っているように表現できない子供を10分間，学校図書館に行かせることは効果的である。また，たとえばエリック・カール氏の貼り絵の絵本を紹介するなど技法の相違点を示したり，共通のイメージをある程度絞り込むきっかけづくりに，季節感のある図鑑をティームティーチングで見せたりする。中学校の美術に比べて自由度が高いため，『ぼくがラーメンたべてるとき』を読み，SDGs と関連させて飢餓で苦しんでいる人を思い起こさせ，食べ物のありがたさを絵と貼り絵で表現させる例もある。ほかには，読書感想画コンクールの応募を学校図書館で受け付けることや，平素の学校生活において鑑賞できるよう作品展示に協力することが考えられる〈図解 P.125〉。

●家庭

　家庭科では，快適な住まい方のなかで，採光について，勉強や読書をする場合を取り上げながら，

目の健康とを関連させ，適度な明るさを確保する必要とその方法を理解できるようにすることが示されていることから，図書館便りを通じて意識喚起することも考えられる〈家解 P.60〉。調べる活動は家庭科のなかでも多く見受けられるが，学校図書館と関わる側面では，**日常食べている食品に主に含まれる栄養素の種類や働きを調べて発表すること**〈家解 P.44〉，**コンピュータなどの情報手段を活用して自然を生かした住まい方などについて調べること**〈家解 P.62〉，**洗剤や清掃用具の汚れの落ち方を比較し，その理由を考えたり，調べたりすること**〈家解 P.63〉が関係してくるだろう。

●体育

　体育では多様なスポーツ，ルール，技能の向上のさせかたの図書，コーチング，体を使った遊びの本を揃えることが一般的であるが，その際には，生涯にわたる豊かなスポーツライフを実現する観点を持ちながら，スポーツを実際にすることだけでなく，スポーツを観戦することや，支える（育てる）こと，知ることのバランス（**する・みる・支える・知る**）をとることが，国のスポーツ立国戦略とも関連して，大事になってくる。

　保健では，人間の体の構造や病気・健康増進と関わる本を入れることが原則であるものの，**疾病や傷害防止**だけでなく，生活の質の向上（QOL: quality of life）や生きがい，健康を支える環境づくりを含めた視点で図書案内の幅を広げていくべきである。また，社会の変化に伴う現代的な健康に関する課題の出現に応じた図書の更新を行う。インターネットやスマートフォンで様々な健康情報の入手が容易になるなかで生涯にわたって正しい健康情報を選択したり，**健康に関する課題を適切に解決したりするための，情報選択や課題解決に主体的に取り組むことを学校図書館でもサポート**していくことになる〈体解 P.17-20〉。

●外国語活動・外国語

　言語活動の教育である点で，国語科と重なる部分が大きいが，なかでも学習指導要領および学習指導要領解説で最も重要な教材のひとつと位置付けられているのが絵本である。**内容理解を促すための絵や写真がふんだんに使用され，主題やストーリーがはっきりしており，テーマに沿って話の展開が分かりやすいものを選ぶ。**また，将来の夢について書かれた英語を読む活動のときは，登場人物が"I want to be a 〜."（就きたい職業），"I can 〜."（その職業に就きたい理由），"I want to 〜."（その職業に就いてしたいこと）のように同じ表現が意図的に繰り返し示されているものが有効である。英語は文字種が26しかないため，音と文字が対応していないという最大の欠点があり，文字を読んだからと言って発音がわからない面もあるが，日常生活と関連するような絵本を選び，日本語を介さずに絵の変化を通じて，言葉の使い方をマスターしていく。

　読ませる語句や表現に音声で十分に慣れ親しませるために，英語による読み聞かせを教員と連携して可能な限り実施する。そのためには，低学年のうちに日本語による絵本の読み聞かせに慣れている必要があるし，絵本は赤ちゃんのためのものであると児童が意識していると，高学年への英語読み聞かせの障害となる。幼児期に音がわからない段階で日本語の絵本を読んだ経験や期待感を生かしたい。正確な発音ができない者が読み聞かせをすることの是非については，意見がわかれる。主体的な読書へのきっかけづくりを重視するのであれば，発音にこだわらずに，ただし子どもが混乱しないように，「発音は苦手だけれどもお話の世界が広がるように心を込めて読みます」といった前置きを行うこともありうる。一方，小学生の子供の耳は想像以上に敏感であり，英語で重要なリズムやイントネーションを誤って覚えてしまうと，大人になってから通じない要因にもなる。学校

図書館内に，インターネット連携の音源や付録 CD がある絵本を入れるという方法もある。

　日常的に英語の絵本と接する段階になったら，音声で十分に慣れ親しんだ簡単な語句や基本的な表現を文の中から識別する活動を行う。学習指導要領解説で示されている例としては，絵本の読み聞かせを児童とやり取りしながら行う中で，"What color is this? Yes! It's red." と色に着目させる学習がある。この段階では絵本の絵を見ながら答えていると思われるため，先の質問に答えさせた後，絵本の文を指しながら，"Where is 'red'? red, red, red ..." と問い掛ける。そのことで絵ではなく文に着目させ，文中にある 'red' を見つけさせる〈外解 P.105〉。

　このようなことが必要な背景として，これまでは，音声中心で学んだことが，中学校段階で音声から文字への学習に円滑に接続されていないことや，日本語と英語の音声の違いや英語の発音と綴りの関係，文構造の学習において課題があったため，言葉の仕組みの理解などを促す指導が求められ，読むことに関しても細かな段階を踏んで慣れ親しませることが求められていることがある〈外解 P.70-71〉。絵本などに書かれている簡単な語句や基本的な表現を識別したりするなど，言語外情報を伴って示された語句や表現を推測して読むようにすることが示されている〈外解 P.78〉。ただし，思考力・判断力・表現力の育成の側面から，単に，絵や写真と結び付けて英語の意味を推測して読むことだけでなく，文字の音を頼りに，その語句の読み方を推測して読むことが求められていることから，学校図書館内にフォニックスの掲示を行うなど，英語の発音と綴りの関係を考えながら読む環境を整備したい〈外解 P.99〉。 🔍フォニックス

　学校図書館における外国語図書選定の際には，日常生活，風俗習慣，物語，地理，歴史，伝統文化，自然の領域から，発達の段階や興味・関心に即して多様なジャンルの図書を選ぶ。主題としては，地域・家庭・学校生活と関連するものや，他教科等で学んだ歴史上の人物や建造物・伝統文化・自然と関連するものが望ましい。日本語による翻訳がある場合は，原著とともに書架に並べることも効果的である。語彙の点では，読書量が大事な面もあり，子供の興味関心に応じたきめ細かい選書が望ましい。また，英語以外の外国語の本や，日本の文化を扱った英語の本を収集し，多様な文化を理解・尊重し協調の精神で寛容になる効果を期待する〈外解 P.133-135〉。日常生活に関する身近で簡単な事柄を内容とする掲示やパンフレットなどから，自分が必要とする情報を得る活動に資するために，短い文で成り立ち絵や写真が含まれたパンフレットを常備することが有効である。児童・保護者・教員に収集を依頼して，複数の言語別の観光パンフレットを集め，多ヶ国語の理解を促進させることも可能だろう〈外解 P.78, 104〉。

　ネイティブ・スピーカーや英語が堪能な人の協力が得にくい学校や地域では，CD や DVD などの視聴覚教材を積極的に活用する必要があり学校図書館にも豊富に揃えたい。その際には，ジェスチャーや表情などの非言語的視覚情報が充実しているものや，様々な国や地域の行事等を紹介した内容にも配慮する〈外解 P.52〉。また，電子書籍やデジタル教材の中に収められている絵本や図書室にある絵本，国語教科書の物語を活用した英語劇を学習発表会で演じるなど学校行事と関連させることが想定されており，繰り返しの簡単な語句や表現を使った英語の絵本を揃えながら，学校図書館内の行事でも発表活動を積極的に行う〈外解 P.126〉。

●特別の教科　道徳

　学校教育における道徳の位置づけについては，長年にわたり社会的議論が行われてきたが，図書館学の領域では良書主義や思想善導との関連で，緊張関係が続いてきたことを意識するとよいだろ

う。日本図書館協会の『図書館の自由に関する宣言』では，「4．わが国においては，図書館が国民の知る自由を保障するのではなく，国民に対する『思想善導』の機関として，国民の知る自由を妨げる役割さえ果たした歴史的事実があることを忘れてはならない。図書館は，この反省の上に，国民の知る自由を守り，ひろげていく責任を果たすことが必要である」と記されている。一方で，学校図書館の発展を後押ししてきたのも，道徳における読書活動への期待感である。2000（平成12）年の教育改革国民会議による『教育改革国民会議報告―教育を変える17の提案―』では，学校は道徳を教えることをためらわない―提言（2）として「人間性をより豊かにするために，読み，書き，話すなど言葉の教育を大切にする」と示されている。また，それに先立つ『第1分科会の審議の報告』では，「「（教室で道徳を教えるのにためらう必要があろうか）」「私たちの先人は実に豊かな遺産を残している。日本語を駆使して，複雑な心情の表現を可能にする，読み，書き，話す技術はもっと大切にしたい。芸術・文化も古来論理と感性の双方に火をともす手段として，また時には人間を超える観念にまで私たちの想念をかき立てることを可能にする。なぜなら，人と心を通わすことが，人間性を保ち，豊かにし，生きるに値する人生を作るのだから，そのためには，コミュニケーションの方途が必要なのである。それゆえ，テレビだけでなく古典，哲学などの読書も，必須のものとして再確認したい」とされている。

　一方で現在，道徳教育は「特別の教科　道徳」として進展している。「特別の教科」とされた趣旨について，『学習指導要領解説　特別の教科　道徳編』（以下，道徳解）では次のように示されている。「今回の改正は，いじめの問題への対応の充実や発達の段階をより一層踏まえた体系的なものとする観点からの内容の改善，問題解決的な学習を取り入れるなどの指導方法の工夫を図ることなどを示したものである。このことにより，『特定の価値観を押し付けたり，主体性をもたず言われるままに行動するよう指導したりすることは，道徳教育が目指す方向の対極にあるものと言わなければならない』，『多様な価値観の，時に対立がある場合を含めて，誠実にそれらの価値に向き合い，道徳としての問題を考え続ける姿勢こそ道徳教育で養うべき基本的資質である』との（中央教育審議会の）答申を踏まえ，発達の段階に応じ，答えが一つではない道徳的な課題を一人一人の児童が自分自身の問題と捉え，向き合う『考える道徳』，『議論する道徳』へと転換を図るものである」〈道徳解 P.2〉。

　以上の状況の中で，果たして，学校図書館サービスが道徳教育とどのように向き合って行くべきなのかは，極めて難しい課題である。思想善導に関わるからという理由で，教員からの支援要請を断ることができる状況ではない。一方で，良い考えや行いであることを，あからさまに強調する図書を提供しても，考える道徳，議論する道徳におけるニーズに応じることができないし，子供達の興味関心も得られないだろう。

　より具体的には，学習指導要領解説において，「（1）多様な教材を生かした指導」として，「道徳科では，道徳的な行為を題材とした教材を用いることが広く見られる。教材については，例えば，伝記，実話，意見文，物語，詩，劇などがあり，多様な形式のものを用いることができる。それらを学習指導で効果的に生かすには，登場人物の立場に立って自分との関わりで道徳的価値について理解したり，そのことを基にして自己を見つめたりすることが求められる。また，教材に対する感動を大事にする展開にしたり，道徳的価値を実現する上での迷いや葛藤を大切にした展開，知見や気付きを得ることを重視した展開，批判的な見方を含めた展開にしたりするなどの学習指導過程や指導方法の工夫が求められる。その際，教材から読み取れる価値観を一方的に教え込んだり，登場人物の心情理解に偏ったりした授業展開とならないようにするとともに，児童が道徳的価値を自分

との関わりで考えることができるように問題解決的な学習を積極的に導入することが求められる」〈道徳解 P.83〉。そして、「教材を提示する方法としては、読み物教材の場合、教師による読み聞かせが一般に行われている。その際、例えば、紙芝居の形で提示したり、影絵、人形やペープサートなどを生かして劇のように提示したり、音声や音楽の効果を生かしたりする工夫などが考えられる。また、ビデオなどの映像も、提示する内容を事前に吟味した上で生かすことによって効果が高められる。なお、多くの情報を提示することが必ずしも効果的だとは言えず、精選した情報の提示が想像を膨らませ、思考を深める上で効果的な場合もあることに留意する」〈道徳解 P.84〉。

　また、読書に直接的に言及されているのは「感動、畏敬の念」に関しての次の点である。「自然が織りなす美しい風景や人の心の奥深さ、清らかさを描いた文学作品などに触れて素直に感動する気持ちや、人の心の優しさや温かさなど気高いものや崇高なものに出会ったときの尊敬する気持ちなどを、児童の心の中により一層育てることが大切である。そのためには、学校における自然体験活動や読書活動など、美しいものや気高いものなどに出会う機会を多様に設定することが求められる」〈道徳解 P.68〉。そして、1・2年生では「この段階においては、特に、児童の生活の中に存在している身近な自然の美しさや心地よい音楽、芸術作品などに触れて気持ちよさを感じたり、物語などに語られている美しいものや清らかなものに素直に感動したりするような体験を通してすがすがしい心をもてるようにすることが大切である」とされ、5・6年生では「文学作品、絵画や造形作品などの美術、壮大な音楽など美しいものとの関わりを通して、感動したり尊敬や畏敬の念を深めたりすることで、人間としての在り方をより深いところから見つめ直すことができるようにすることが大切である」とされている〈道徳解 P.69〉。

　以上のことから、学校図書館サービスとして「特別の教科　道徳」を支援する際に留意する点については、次の点があげられるだろう。第一に、道徳における問題解決的な学習〈道徳解 P.95〉に役立つ図書を豊富に学校図書館内に揃えることがある。古典的・普遍的な命題に関わるものだけでなく、いじめなどの現在の諸課題に対応できるようにする。読書をした結果、子供達の心の中でなにかが生ずる図書、考えるきっかけとなる図書を選ぶ。想定内の特定の目指す結論を誘導する図書、子供がこう答えればよいだろうと先読みできてしまう図書とは異なる点に注意が必要だろう。すなわち、図書のもつテーマ性よりも、ストーリー展開を重視する。また、調べ学習・探究型の学習に役立つ図書を揃えるだけでなく、学校図書館を利用する子供の問題意識を日常的に喚起することに向けて、選書の際には主体的な興味関心を引くタイトル名であるか、つまり手に取りたくなる本か否かについても配慮する。第二に、子供達同士による議論に向けた論点提供の際には、絵の迫力や力強い言葉に着目しながら、絵本を積極的に使用することが効果的である。時間内に議論と整理を行うためには、1冊の絵本を読み聞かせることが原則であるが、ブックトーク形式で複数を示すことでもよいだろう。また、教科書に掲載されている物語については、省略されている部分が多いため、元となった図書の原本の使用を、教員に提案していく。論点提供の側面では新聞記事の利用もしばしば行われるため、時事的な切り口に着目している教員に対しては、新聞記事や新聞記事データベースも積極的に案内していく。第三に、気持ちから入って、各教科・教育活動につなげていく選書を積極的に行っていく点がある。道徳が「特別の」教科となった趣旨の一つとして、「道徳科を要として道徳教育の趣旨を踏まえた効果的な指導を学校の教育活動全体を通じてより確実に展開すること」〈道徳解 P.4〉がある。道徳と各教科を直接つなげていくことは多くの場合、飛躍しすぎる面が目立ってしまうが、道徳と同じくあらゆる教科を横断する学校図書館の蔵書群を介してならそれが可

能である。その際には，感情を動かす非認知的な側面を入口にしつつ，客観的な事実や科学的な側面に展開していく内容が適しているだろう。また，資料を案内する際には，学習指導要領の具体的な項目と結びつけて案内することで教員が利用しやすくなることは他の教科と同様である。A：主として自分自身に関すること，B：主として人との関わりに関すること，C：主として集団や社会との関わりに関すること，D：主として生命や自然，崇高なものとの関わりに関すること，の4つの視点に応じて案内する〈道徳解 P.23〉。そして，道徳は抽象的な側面が強く，教員側にも本を読み解くプロセスや力量が必要となるため，子供達からなにを引き出すのかについての，支援者と教員によるディスカッションを通じた授業準備を重視する。

●総合的な学習の時間

　高等学校において「総合的な探究の時間」へと名称が変化したことからもわかるように，小学校でも総合的な学習の時間については，探究型の学習形態への期待が従来にも増して高まっている。「実社会や実生活の中から問いを見いだし，自分で課題を立て，情報を集め，整理・分析して，まとめ・表現することができるようにする」〈総解 P.8〉といった探究のプロセスの実現には，特に情報を集める際に学校図書館が支援していくことが不可欠である。そのような趣旨に基づき，学習指導要領解説の多くの部分が下記のように学校図書館の説明に費やされている。

　「総合的な学習の時間における探究的な学習の過程では，様々な事象について調べたり探したりする学習活動が行われるため，豊富な資料や情報が必要となる。そこで，学校図書館やコンピュータ室の図書や資料を充実させ，タブレット型端末を含むコンピュータ等の情報機器や校内ネットワークシステムを整備・活用することが望まれる。学校図書館の『学習センター』，『情報センター』としての機能を充実させ，図書の適切な廃棄・更新に努めること等により，最新の図書や資料，新聞やパンフレットなどを各学年の学習内容に合わせて使いやすいように整理，展示したり，関連する映像教材やデジタルコンテンツを揃えていつでも利用できるようにしたりしておくことによって，調査活動が効果的に行えるようになり，学習を充実させることができる。さらに，司書教諭，学校図書館司書等による図書館利用の指導により，児童が情報を収集，選択，活用する能力を育成することができる。また，インターネットで必要なものが効率的に調べられるように，学習活動と関連するサイトをあらかじめ登録したページを作って，図書館やコンピュータ室などで利用できるようにしておくことも望まれる」〈総解 P.59〉。

　「川の昔と今の様子を図書館の文献で調べたり，川の近くの住民にインタビューしたりすることも考えられる」〈総解 P.116〉。

　「①総合的な学習の時間の実践を支える校内分担例　図書館担当：必要な図書の整備，児童及び教師の図書館活用支援」〈総解 P.133〉。

　「②校内推進委員会　協議内容によっては，養護教諭，栄養教諭，図書館司書，情報教育担当，国際理解教育担当などを加える場合もあろう」〈総解 P.134〉。

　「3学校図書館の整備　学習の中で疑問が生じたとき，身近なところで必要な情報を収集し活用できる環境を整えておくことは，探究的な学習に主体的に取り組んだり，学習意欲を高めたりする上で大切な条件であり，その意味からも学校図書館は，児童の想像力を培い，学習に対する興味・関心等を呼び起こし，豊かな心や人間性，教養，創造力等を育む自由な読書活動や読書指導の場である『読書センター』や児童の自発的・主体的・協働的な学習活動を支援したり，授業の内容を豊か

にしてその理解を深めたりする『学習センター』，さらには，児童や教職員の情報ニーズに対応したり，児童の情報の収集・選択・活用能力を育成したりする『情報センター』としての機能を担う中核的な施設である。そのため，学校図書館には，総合的な学習の時間で取り上げるテーマや児童の追究する課題に対応して，関係図書を豊富に整備する必要がある。学校図書館だけでは蔵書に限りがあるため，自治体の中には，公立図書館が便宜を図り，学校での学習状況に応じた図書の拡充を行っているところや，学校が求める図書を定期的に配送するシステムを採っているところもある。地域と一体となって学習・情報センターとしての機能を高めたい。学校図書館では，児童が必要な図書を見付けやすいように日頃から図書を整理したり，コンピュータで蔵書管理したりすることも有効である。図書館担当は，学校図書館の物的環境の整備を担うだけでなく，参考図書の活用に関わって児童の相談に乗ったり必要な情報提供をしたりするなど，児童の学習を支援する上での重要な役割が期待される。教師は全体計画及び年間指導計画に学校図書館の活用を位置付け，授業で活用する際にも図書館担当と十分打合せを行っておく必要がある。加えて，こうした学校図書館の環境を，児童が自ら活用できるようにしたい。そのためには，どこに行けばどのような資料が入手できるのか，どのような観点から必要な情報を探すのかといったことができるようになる必要がある。このことは，国語科における読書指導や特別活動における主体的な学習態度の形成と学校図書館の活用に係る指導と緊密に関連付け，成果を上げていく工夫も大切である。一方，総合的な学習の時間において児童が作成した発表資料や作文集などを，学校図書館等で蓄積し閲覧できるようにしておくことも，児童が学習の見通しをもつ上で参考になるだけでなく，優れた実践を学校のよき伝統や校風の一つにしていく上で有効である」〈総解 P.141-142〉。

● 生徒指導

　生徒指導は，学習指導と並び，学校における重要な役割を担っている。生徒指導の指針となるのは，文部科学省による『生徒指導提要』（以下提要）である。そこでは，「生徒指導とは，一人一人の児童生徒の人格を尊重し，個性の伸長を図りながら，社会的資質や行動力を高めることを目指して行われる教育活動」とされている〈提要 P.1〉。小学校においても児童指導ではなく生徒指導という用語で統一されており，また，進路指導と区別されている。

　生徒指導は，すべての児童生徒を対象として行われる教育活動であるため，推進に当たっては，全教職員がその役割を担い，全校を挙げて計画的・組織的に取り組む」〈提要 P.83〉ものであり，学校図書館もその例外ではない。学校図書館サービスとしての関わり方には，1）生徒指導を行う教員への資料提供による支援，2）悩みに満ちた子供の心の琴線に触れる図書を揃えておく，3）貸出履歴や授業の成果物など，生徒指導に役立つ資料が学校図書館には豊富に存在しているため，プライバシーに配慮する点があげられる。1）・2）については，生徒指導の下記の3類型に配慮しながら教員に資料案内を行う。①児童生徒に自己存在感を与えること，②共感的な人間関係を育成すること，③自己決定の場を与え自己の可能性の開発を援助することの3つである〈提要 P.5〉。

付録3　学校図書館支援サービス年間計画（第4章　P.61）

	4月	5月	6月	7月	9月	10月	11月	12月	1月	2月	3月
第1学年	国語 P.○○「はなのみち」・図書館の紹介について担任と打合せ、読み語りの絵本を準備	生活 P.○○「ともだちとがっこうをたんけんしよう」・図書館の利用について担任と打合せ、図書館案内から せの絵本を準備、対応を準備	生活 P.○○「きれいにさいてね」・色や形で探せる 図書館で担任と打合せ、図書資料を準備	国語 P.○○「としょかんとなかよし」・学習の流れを打合せ、対応を準備、授業について打合せ、図書資料を準備	生活 P.○○「いきものとなかよし」（感動、昆虫の恋）・美しい絵が描かれた絵本について担任と打合せ、絵本や紙芝居の準備、展示	生活 P.○○「たのしいあきがいっぱい」・秋の木々のおもしろさ 秋の絵本について担任と打合せ、図書館や使用の準備	国語 P.○○「いろいろなふね」・乗り物の本について共同図書館から借受	国語 P.○○「すきなおはなしははなしかな」・絵本の準備・お話を紹介しカードを展示	国語 P.○○「むかしばなしをたのしもう」・日本の昔話を公共図書館から集団借受	国語 P.○○「子どもをまもるどうぶつたち」・動物の本について共同図書館から借受	音楽 P.○○「日本のうたをたのしもう」・わらべうたについて音楽担当と打合せ、映像資料などを準備
第2学年	生活 P.○○「野菜（ミニトマト）」・野菜の育て方に関する資料を準備、展示	国語 P.○○「たんぽぽのちえ」・植物の生態について書かれた図鑑を準備、前年度の作品を掲示	生活 P.○○「生き物となかよし」・身近な生き物に関する資料を準備、展示	国語 P.○○「言い伝えられているお話を知ろう」（神話・民話）・公共図書館より集団借受	生活 P.○○「おもちゃづくり」・身近なもので作れる資料の準備、おもちゃの展示	国語 P.○○「どうぶつのひみつをさぐろう」・動物の図鑑を公共図書館より集団借受	図画工作 P.○○「みんなのひみつ ツリー」・日本の伝統文化や地域の造形作品について打合せ、資料を準備	国語 P.○○「おにごっこ」・遊びの本について打合せ、図書資料を準備、授業をサポート	国語 P.○○「むかし話を紹介しよう」・日本や世界の公共図書館より集団借受	道徳 P.○○「日本のお米、せかいのお米」（国際理解）・お米料理の図書、資料の準備、展示	音楽 P.○○「日本のうたでつながろう」・わらべうたについて音楽担任と打合せ、映像資料などを準備
第3学年	国語 P.○○「図書館へ行こう」・分類・配架について担任と打合せ	理科 P.○○「チョウを育てよう」・育て方を調べる図鑑やデジタル教材の準備	社会 P.○○「絵地図をみんなで考えよう」・八方位・地図記号の資料を準備、展示	理科 P.○○「植物の育ち」・デジタルカメラ等での成長の記録の方法について担任と打合せ準備	道徳 P.○○「スーホの白い馬」（生命の祭り）・「スーホの白い馬」を準備、紹介	算数 P.○○「長いものの長さのはかり方」・長さを調べる図鑑について担任と打合せを準備	国語 P.○○「れいをあげてせつめいしよう」・必要な食べ物の本を担任と打合せ、準備	社会 P.○○「地域の紹介ポスターを作ろう」・地域資料の準備、前年度の作品展示・掲示	国語 P.○○「ほうこくしよう」・必要な参考図書の打合せ・準備、前年度作品を掲示・掲示	音楽 P.○○「物語と音楽」・物語とじどうしょを打合せ	図画工作 P.○○「みんなのギャラリー」・もちものについてのもちものを打合せ、資料を準備、展示
第4学年	社会 P.○○「日本地図を広げて」・47都道府県の学習について打合せ、図書・映像資料の準備、展示・掲示	国語 P.○○「月や星の見え方」・月と星の見え方について打合せ資料・映像資料の準備、展示・掲示	国語 P.○○「ことわざと故事成語」・ことわざ・故事成語の辞典を準備	音楽 P.○○「ふるさとに伝わる音楽に親しもう」・地域に伝わる音楽や民謡について担任と打合せ、準備	社会 P.○○「災害から人々を守る」（地震・津波、火山等）・防災に関する資料の準備、展示	国語 P.○○「世界にほこる和紙」・資料事典の活用について打合せ、近隣学校からの借受、指導のサポート	社会 P.○○「県の文化財、年中行事、偉人の伝記」・地域資料について地域学校との連携や図書館より借受	社会 P.○○「ふるさとの食を伝えよう」・年中行事、特産品について資料を準備	国語 P.○○「ウナギのなぞを追って」・科学読み物について打合せ、公共図書館より借受、前年度作品より掲示・展示	保健体育 P.○○「よりよく育つための生活」・担任・養護教諭と課題について話し合い、参考図書などと資料を共有、新聞記事や写真収集等の資料の準備・掲示	道徳 P.○○「朝が来る」（低学年）・まんがをおもしろく読む の持ち物、働く人の資料、写真資料等の準備・展示

316

第5学年	**社会** P. ○○ 「世界の中の国土」 ・世界地図・日本地図・地球儀・国旗に関わる資料などの準備、展示	**社会** P. ○○ 「国土の地形の特色」 ・特色ある地域の図書・映像資料等の準備、展示
	理科 P. ○○ 「ヒトの誕生」 ・発達段階に応じた図書資料・デジタル資料の打合せ、準備	**社会** P. ○○ 「資料を生かそう（自給率）」 ・統計資料の活用について打合せ、資料準備
	国語 P. ○○ 「新聞を読もう」 ・新聞記事について打合せ、展示、・新聞記事データベースの活用について打合せ、準備	**国語** P. ○○ 「グラフや表を用いて書こう」 ・選んだテーマについて共有し、必要な資料・統計資料の準備
	道徳 P. ○○ 「だれもが幸せになれる社会を」 ・公平、公正、社会正義について打合せ、資料を準備、展示	**英語** P. ○○ 「地域のおすすめを紹介しよう」 ・地域のパンフレット等の資料の準備、展示
	家庭 P. 「明るく、あたたかく住まう くふう」 ・日光の役割やあたたかく過ごす方法についての資料を準備、展示	**社会** P. ○○ 「環境問題（川、森、林）」 ・川・森・林等環境に関する資料の準備
	音楽 P. ○○ 「日本の音楽に親しもう」 ・日本の楽器について音楽担当と打合せ、関係する図書、映像資料などの準備、展示	

第6学年	**社会** P. ○○ 「日本の歴史（オリエンテーション）」 ・見学する歴史博物館や資料館等について打合せ、パンフレット等の資料を準備	**図画工作** P. ○○ 「小さな美術館」 ・ゴッホ等の掲載作品の画家について打合せ、作品集等の図書の準備、展示
	理科 P. ○○ 「生命のつながり（植物遺伝）」 ・植物遺伝に関する図書・資料について打合せ、資料の準備	**家庭** P. 「バランスのよいこんだてを考えよう」 ・献立例や栄養素に関する資料について打合せ、資料・展示
	道徳 P. ○○ 「日本植物分類学の父 牧野富太郎（心理の探究）」 ・牧野富太郎の伝記等を公共図書館より借りる、準備、展示	**国語** P. ○○ 「町の幸福論（町づくりの情報）」 ・地域を見学・インタビューについて打合せ、地域資料の準備、展示
	資料 P. ○○ 「大地のつくりと変化」 ・大地につくりに関する映像資料や図書資料の準備	**国語** P. 「ヒロシマのうた」 ・戦争と平和に関する文学作品について打合せ、準備
	英語 P. 「Let's think about our food.」 ・世界の食について打合せ、図書の準備、展示	**社会** P. ○○ 「国際理解（国連）」 ・該当国の図書、資料の準備、展示・国際子ども図書館より借りる・国際より海外シリーズの借受
	学活・国語 P. ○○ 「6年間の私の読書」 ・6年間の授業等の担任に打合せ、まとめ、製本	

（徳田悦子氏の協力で作成）

付録 4　ルーブリックの例（第11章 P.205）

東京学芸大学附属世田谷中学校　2年生　社会科地理的分野（日本地理）

パフォーマンス課題 「日本縦断すごろくプロジェクト」

【すごろくボードのデザインのポイント】
- すごろくのルートをわかりやすくするように工夫をしてみよう（ルートの線を立体的にしてみるなど）。
- 各地域に色を塗ることで日本列島の位置関係を視覚的に理解するのと同時に、各都道府県の境目をはっきりとわかるように工夫してみよう。
- 余白にイラスト・写真・絵などを描いたり、貼りつけて、すごろくの楽しさを演出してみよう。

例）B班（　　）班のイラスト

【ワードファイル「問い欄」「解答・解説欄」の作成のポイント】
- すごろくの「問い欄」は、実際・各都道府県が当てはまるように工夫をしていくこと。
- 「解答・解説欄」については、47 都道府県の境を表示させるように工夫をすること。

※出典の示し方（書籍の場合）：著者（発行年）『書籍名』出版社
※出典の示し方（ウェブサイトの場合）：「ウェブのタイトル」URL（取得日時：〇年〇月〇日）

＜47 都道府県名の確認（「問い欄」「解答・解説欄」ともに）＞
①兵庫県、②京都府、③奈良県、④大阪府、⑤和歌山県、⑥滋賀県、⑦三重県、⑧鳥取県、⑨島根県、⑩岡山県、⑪広島県、⑫山口県、⑬徳島県、⑭香川県、⑮愛媛県、⑯高知県

＜再掲＞
問．日本の各地方の学習をふまえて、日本列島を縦断するすごろくを作成してみよう。各都道府県のマス目のミッションとしての「問い」を設置で作成しよう。作成する「問い」は、語句の理解や思考力に関わる問題、編・章などをキーワードの一覧を参考にすること（解答・解説も作成すること）。すべての都道府県に関する「問い」を全員で作成できたら、実際にすごろくの楽しさや新しい発見を確認することによって、この一連のプロセスにて「日本」のイメージの変容や新しい発見を確認することによって豊かにしてみよう。

◎本質的で深遠的な問い：「すごろくプロジェクトを通した作問・作業・作図によって、「日本」のイメージがどのように変容するのか、どのような新しい発見をするのか」「多文化は問題意識の中に持続可能性を拡げる課題に答える態度」

発行：沖山直樹

☆「日本を縦断するすごろくプロジェクト」のルーブリック（評価基準表）

スタンダード	記述語
18点	・日本の各地方の学習において抱いた疑問や知らなかったことを「問い」というかたちで表現している。すごろくの作成・実施・省察を通して他者とも共有しようとしている。新しいアイデアやイメージを変容させ、新しい発見をしようとしている。（主に「関心・意欲・態度」）。 ・日本の各地方についての理解や知らなかったことを「問い」というかたちで表現している。協働による問題を収集するための基本的な資料やデータへのアクセスをすることができている（主に「思考・判断・表現」）。 ・「問い」を作成するための日本の各地方の基本的な知識や概念を習得できている。ある程度種類の資料やデータを活用することができている（主に「知識・理解」）。
14-17点	・日本の各地方の学習において抱いた疑問や知らなかったことを「問い」というかたちで表現できている。すごろくの作成・実施・省察を通して知らなかったことや新しい発見をしようとしている（主に「関心・意欲・態度」）。 ・日本の各地方についての理解や知らなかったことを「問い」というかたちで表現している。協働による問題を収集するための基本的な資料やデータへのアクセスをすることができている（主に「思考・判断・表現」）。 ・「問い」を作成するための日本の各地方の基本的な知識や概念を習得できている。ある程度種類の資料やデータを活用することができている（主に「知識・理解」）。
7-13点	・日本の各地方の学習において抱いた疑問や知らなかったことを「問い」というかたちで表現できている。すごろくの作成・実施・省察を通して新しい発見をしようとしている（主に「関心・意欲・態度」）。 ・日本の各地方についての理解や知らなかったことを「問い」というかたちで表現している。問題を収集するための基本的な資料やデータへのアクセスをすることができていない（主に「思考・判断・表現」）。 ・「問い」を作成するための日本の各地方の基本的な知識や概念を習得できている（主に「知識・理解」）。
1-6点	・日本の各地方の学習において疑問や知らなかったことを「問い」というかたちで表現できていない。すごろくの作成・実施・省察をしている（主に「関心・意欲・態度」）。 ・日本の各地方についての理解や知らなかったことを「問い」というかたちで表現していない（主に「思考・判断・表現」）。 ・「問い」を作成するための日本の各地方の基本的な知識や概念を習得できていない（主に「知識・理解」）。
0点	評価基準の説明にあるいずれも達成できていない。

付録 5	学校図書館活動報告書例（第15章 P.301）

学校図書館活動報告書（令和 2年11月）

学校No. ▊　　　　　　▉▉▉▉小学校　　　学校司書　（　▉▉▉　）

開館日数	19 日	貸出冊数	1,843 冊	貸出人数	1,186人	※児童生徒分のみ

図書館を使った授業　　30 回　（司書が関わっていないものも含む。）

司書が支援した授業 ： 図書館　30 回、　　図書館以外　3 回　資料のみ提供 10回

学校司書が支援した授業《実施順に記入》

	実施日	学年	組	教科	単元または教材名	司書の支援内容	場所
1	2 日	5・6 年	組	特活	委員会活動	POPコンテスト準備	図書館、学級
2	5 日	4 年	2 組	国語	百科事典での調べ方	百科事典の使い方	学級
3・4	日	3 年	1・2 組	国語	読書活動	POPコンテスト投票、貸出・返却	図書館、学級
5	日	2 年	2 組	国語	お手紙	読み聞かせ「どろんここぶた」、教室移動サポート、貸出	図書館、学級
6	日	1 年	1 組	国語	ことばをたのしもう	読み聞かせ「おふろだいすき」、教室移動サポート、POPコンテスト投票、貸出・返却	図書館、学級
7	6 日	2 年	1 組	国語	お手紙	読み聞かせ「どろんここぶた」、「4ひきのりっぱなこぐま」、教室移動サポート、貸出	図書館、学級
8	日	1 年	2 組	国語	ことばをたのしもう	読み聞かせ「おふろだいすき」、「どんぐりころころ」、教室移動サポート、貸出・返却	図書館、学級
9	9 日	4 年	2 組	国語	百科事典での調べ方	百科事典を使った調べ学習のサポート	学級
10	10 日	4 年	2 組	国語	読書活動	POPコンテスト投票、貸出・返却	図書館、学級
11	日	1 年	1 組	国語	じどうしゃくらべ	読み聞かせ「しょうぼうじどうしゃ じぷた」、「ねずみにぴったりののりもの」、教室移動サポート、貸出・返却	図書館、学級

総計	33 回	小計	11 回

その他（学校行事・委員会活動・上記に記入以外の司書の仕事等）

- 学校図書館内の消毒・清掃
- 休み時間の図書貸出、予約受付
- 図書返却作業
- 「食欲の秋」関連図書の展示
- 図書の時間中の静読用図書の選定
- ポプラディアネット体験版申し込み
- 読書の木におすすめカードを貼る
- 館内整理
- 「おすすめにチャレンジ カード」の確認

- ワークシート作成（3年：読み聞かせ、4年：百科事典）
- 図書フェアの景品（しおり）作成
- POPコンテスト実施、投票集計、結果発表
- ポプラ社「全国学校図書館POPコンテスト」参加
- おはなし給食のテーマ本の紹介文作成
- 新規購入図書の選定
- 図書発注
- 図書修理
- 資料調達、返却
- 図書委員会当番サポート

決裁欄	校長	副校長	図書担当	学校司書

付録
6 学校司書のモデルカリキュラム

「学校司書のモデルカリキュラム」

別添

	科目名	司書	教職課程	司書教諭	単位数
学校図書館の運営・管理・サービスに関する科目	学校図書館概論			※	2
	図書館情報技術論	○			2
	図書館情報資源概論	○			2
	情報資源組織論	○			2
	情報資源組織演習	○			2
	学校図書館サービス論				2
	学校図書館情報サービス論	※			2
児童生徒に対する教育支援に関する科目	学校教育概論		※		2
	学習指導と学校図書館			○	2
	読書と豊かな人間性			○	2
				計	20

なお，単位の計算方法は，大学設置基準等によるものとする。

※「学校図書館概論」は，司書教諭の科目「学校経営と学校図書館」を履修した場合には，「学校図書館概論」を履修したものと読み替えることも可能とする。

※「学校図書館情報サービス論」は，司書資格の科目「情報サービス論」又は「情報サービス演習」において「学校図書館情報サービス論」の内容のうち1)、5)、6)の内容を含んだ科目として，この2科目を履修した場合には，「学校図書館情報サービス論」を履修したものと読み替えることも可能とする。

※「学校教育概論」は，教職に関する科目のうち，以下の内容を含む科目を履修した場合には，「学校教育概論」を履修したものと読み替えることも可能とする。
 ・教育の基礎理論に関する科目のうち，「教育の理念並びに教育に関する歴史及び思想」の事項を含む科目
 ・教育の基礎理論に関する科目のうち，「幼児, 児童及び生徒の心身の発達及び学習の過程（障害のある幼児, 児童及び生徒の心身の発達及び学習の過程を含む。）」の事項を含む科目
 ・教育課程及び指導法に関する科目のうち，「教育課程の意義及び編成の方法」の事項を含む科目

学校図書館ガイドライン

　学校図書館をめぐる現状と課題を踏まえ，さらなる学校図書館の整備充実を図るため，教育委員会や学校等にとって参考となるよう，学校図書館の運営上の重要な事項についてその望ましい在り方を示す，「学校図書館ガイドライン」を定める。同ガイドラインは以下の構成とする。
（1）学校図書館の目的・機能
（2）学校図書館の運営
（3）学校図書館の利活用
（4）学校図書館に携わる教職員等
（5）学校図書館における図書館資料
（6）学校図書館の施設
（7）学校図書館の評価

（1）学校図書館の目的・機能

　学校図書館は，学校図書館法に規定されているように，学校教育において欠くことのできない基礎的な設備であり，図書館資料を収集・整理・保存し，児童生徒及び教職員の利用に供することによって，学校の教育課程の展開に寄与するとともに児童生徒の健全な教養を育成することを目的としている。

　学校図書館は，児童生徒の読書活動や児童生徒への読書指導の場である「読書センター」としての機能と，児童生徒の学習活動を支援したり，授業の内容を豊かにしてその理解を深めたりする「学習センター」としての機能とともに，児童生徒や教職員の情報ニーズに対応したり，児童生徒の情報の収集・選択・活用能力を育成したりする「情報センター」としての機能を有している。

（2）学校図書館の運営

　校長は，学校図書館の館長としての役割も担っており，校長のリーダーシップの下，学校経営方針の具現化に向けて，学校は学校種，規模，児童生徒や地域の特性なども踏まえ，学校図書館全体計画を策定するとともに，同計画等に基づき，教職員の連携の下，計画的・組織的に学校図書館の運営がなされるよう努めることが望ましい。例えば，教育委員会が校長を学校図書館の館長として指名することも有効である。

　学校は，必要に応じて，学校図書館に関する校内組織等を設けて，学校図書館の円滑な運営を図るよう努めることが望ましい。図書委員等の児童生徒が学校図書館の運営に主体的に関わることも有効である。

　学校図書館は，可能な限り児童生徒や教職員が最大限自由に利活用できるよう，また，一時的に学級になじめない子供の居場所となりうること等も踏まえ，児童生徒の登校時から下校時までの開館に努めることが望ましい。また，登校日等の土曜日や長期休業日等にも学校図書館を開館し，児童生徒に読書や学習の場を提供することも有効である。

　学校図書館は，学校図書館便りや学校のホームページ等を通じて，児童生徒，教職員や家庭，地域など学校内外に対して，学校図書館の広報活動に取り組むよう努めることが望ましい。

　学校図書館は，他の学校の学校図書館，公共図書館，博物館，公民館，地域社会等と密接に連携を図り，協力するよう努めることが望ましい。また，学校図書館支援センターが設置されている場合には同センターとも密接に連携を図り，支援を受けることが有効である。

（3）学校図書館の利活用

　学校図書館は，児童生徒の興味・関心等に応じて，自発的・主体的に読書や学習を行う場であるとともに，読書等を介して創造的な活動を行う場である。このため，学校図書館は児童生徒が落ち着いて読書を行うことができる，安らぎのある環境や知的好奇心を醸成する開かれた学びの場としての環境を整えるよう努めることが望ましい。

　学校図書館は，児童生徒の学校内外での読書活動や学習活動，教職員の教育活動等を支援するため，図書等の館内・館外貸出しなど資料の提供を積極的に行うよう努めることが望ましい。また，学校図書館に所蔵していない必要な資料がある場合には，公共図書館や他の学校の学校図書館との相互貸借を行うよう努めることが望ましい。

　学校は，学習指導要領等を踏まえ，各教科等において，学校図書館の機能を計画的に利活用し，児童生徒の主体的・意欲的な学習活動や読書活動を充実するよう努めることが望ましい。その際，各教科等を横断的に捉え，学校図書館の利活用を基にした情報活用能力を学校全体として計画的かつ体系的に指導するよう努めることが望ましい。

　学校は，教育課程との関連を踏まえた学校図書館の利用指導・読書指導・情報活用に関する各種指導計画等に基づき，計画的・継続的に学校図書館の利活用が図られるよう努めることが望ましい。

　学校図書館は，教員の授業づくりや教材準備に関する支援や資料相談への対応など教員の教育活動への支援を行うよう努めることが望ましい。

（4）学校図書館に携わる教職員等

　学校図書館の運営に関わる主な教職員には，校長等の管理職，司書教諭や一般の教員（教諭等），学校司書等がおり，学校図書館がその機能を十分に発揮できるよう，各者がそれぞれの立場で求められている役割を果たした上で，互いに連携・協力し，組織的に取り組むよう努めることが望ましい。

　校長は，学校教育における学校図書館の積極的な利活用に関して学校経営方針・計画に盛り込み，その方針を教職員に対し明示するなど，学校図書館の運営・活用・評価に関してリーダーシップを強く発揮するよう努めることが望ましい。

　教員は，日々の授業等も含め，児童生徒の読書活動や学習活動等において学校図書館を積極的に活用して教育活動を充実するよう努めることが望ましい。

　学校図書館がその機能を十分に発揮するためには，司書教諭と学校司書が，それぞれに求められる役割・職務に基づき，連携・協力を特に密にしつつ，協働して学校図書館の運営に当たるよう努めることが望ましい。具体的な職務分担については，各学校におけるそれぞれの配置状況等の実情や学校全体の校務のバランス等を考慮して柔軟に対応するよう努めることが望ましい。

　司書教諭は，学校図書館の専門的職務をつかさどり，学校図書館の運営に関する総括，学校経営方針・計画等に基づいた学校図書館を活用した教育活動の企画・実施，年間読書指導計画・年間情報活用指導計画の立案，学校図書館に関する業務の連絡調整等に従事するよう努めることが望ましい。また，司書教諭は，学校図書館を活用した授業を実践するとともに，学校図書館を活用した授

業における教育指導法や情報活用能力の育成等について積極的に他の教員に助言するよう努めることが望ましい。

学校司書は，学校図書館を運営していくために必要な専門的・技術的職務に従事するとともに，学校図書館を活用した授業やその他の教育活動を司書教諭や教員とともに進めるよう努めることが望ましい。具体的には，1児童生徒や教員に対する「間接的支援」に関する職務，2児童生徒や教員に対する「直接的支援」に関する職務，3教育目標を達成するための「教育指導への支援」に関する職務という3つの観点に分けられる。

また，学校司書がその役割を果たすとともに，学校図書館の利活用が教育課程の展開に寄与するかたちで進むようにするためには，学校教職員の一員として，学校司書が職員会議や校内研修等に参加するなど，学校の教育活動全体の状況も把握した上で職務に当たることも有効である。

また，学校や地域の状況も踏まえ，学校司書の配置を進めつつ，地域のボランティアの方々の協力を得て，学校図書館の運営を行っていくことも有効である。特に特別支援学校の学校図書館においては，ボランティアの協力は重要な役割を果たしている。

（5）学校図書館における図書館資料

1 図書館資料の種類

学校図書館の図書館資料には，図書資料のほか，雑誌，新聞，視聴覚資料（CD，DVD 等），電子資料（CD-ROM，ネットワーク情報資源（ネットワークを介して得られる情報コンテンツ）等），ファイル資料，パンフレット，自校独自の資料，模型等の図書以外の資料が含まれる。

学校は，学校図書館が「読書センター」，「学習センター」，「情報センター」としての機能を発揮できるよう，学校図書館資料について，児童生徒の発達段階等を踏まえ，教育課程の展開に寄与するとともに，児童生徒の健全な教養の育成に資する資料構成と十分な資料規模を備えるよう努めることが望ましい。

選挙権年齢の引下げ等に伴い，児童生徒が現実社会の諸課題について多面的・多角的に考察し，公正に判断する力等を身につけることが一層重要になっており，このような観点から，児童生徒の発達段階に応じて，新聞を教育に活用するために新聞の複数紙配備に努めることが望ましい。

小学校英語を含め，とりわけ外国語教育においては特に音声等の教材に，理科等の他の教科においては動画等の教材に学習上の効果が見込まれることから，教育課程の展開に寄与するデジタル教材を図書館資料として充実するよう努めることが望ましい。

発達障害を含む障害のある児童生徒や日本語能力に応じた支援を必要とする児童生徒の自立や社会参画に向けた主体的な取組を支援する観点から，児童生徒一人一人の教育的ニーズに応じた様々な形態の図書館資料を充実するよう努めることが望ましい。例えば，点字図書，音声図書，拡大文字図書，LL ブック，マルチメディアデイジー図書，外国語による図書，読書補助具，拡大読書器，電子図書等の整備も有効である。

2 図書館資料の選定・提供

学校は，特色ある学校図書館づくりを推進するとともに，図書館資料の選定が適切に行われるよう，各学校において，明文化された選定の基準を定めるとともに，基準に沿った選定を組織的・計画的に行うよう努めることが望ましい。

　図書館資料の選定等は学校の教育活動の一部として行われるものであり，基準に沿った図書選定を行うための校内組織を整備し，学校組織として選定等を行うよう努めることが望ましい。

　学校は，図書館資料について，教育課程の展開に寄与するという観点から，文学（読み物）やマンガに過度に偏ることなく，自然科学や社会科学等の分野の図書館資料の割合を高めるなど，児童生徒及び教職員のニーズに応じた偏りのない調和のとれた蔵書構成となるよう選定に努めることが望ましい。

　学校図書館は，必要に応じて，公共図書館や他の学校の学校図書館との相互貸借を行うとともに，インターネット等も活用して資料を収集・提供することも有効である。

3　図書館資料の整理・配架

　学校は，図書館資料について，児童生徒及び教職員がこれを有効に利活用できるように原則として日本十進分類法（NDC）により整理し，開架式により，配架するよう努めることが望ましい。

　図書館資料を整理し，利用者の利便性を高めるために，目録を整備し，蔵書のデータベース化を図り，貸出し・返却手続及び統計作業等を迅速に行えるよう努めることが望ましい。また，地域内の学校図書館において同一の蔵書管理システムを導入し，ネットワーク化を図ることも有効である。

　館内の配架地図や館内のサイン，書架の見出しを設置するなど，児童生徒が自ら資料を探すことができるように配慮・工夫することや，季節や学習内容に応じた掲示・展示やコーナーの設置などにより，児童生徒の読書意欲の喚起，調べ学習や探究的な学習に資するように配慮・工夫するよう努めることが望ましい。また，学校図書館に，模型や実物，児童生徒の作品等の学習成果物を掲示・展示することも有効である。

　学校図書館の充実が基本であるが，児童生徒が気軽に利活用できるよう，図書館資料の一部を学級文庫等に分散配架することも有効である。なお，分散配架した図書も学校図書館の図書館資料に含まれるものであり，学校図書館運営の一環として管理するよう努めることが望ましい。

4　図書館資料の廃棄・更新

　学校図書館には，刊行後時間の経過とともに誤った情報を記載していることが明白になった図書や，汚損や破損により修理が不可能となり利用できなくなった図書等が配架されている例もあるが，学校は，児童生徒にとって正しい情報や図書館資料に触れる環境整備の観点や読書衛生の観点から適切な廃棄・更新に努めることが望ましい。

　図書館資料の廃棄と更新が適切に行われるよう，各学校等において，明文化された廃棄の基準を定めるとともに，基準に沿った廃棄・更新を組織的・計画的に行うよう努めることが望ましい。

　廃棄と更新を進めるに当たって，貴重な資料が失われないようにするために，自校に関する資料や郷土資料など学校図書館での利用・保存が困難な貴重な資料については，公共図書館等に移管することも考えられる。

（6）学校図書館の施設

　文部科学省では，学校施設について，学校教育を進める上で必要な施設機能を確保するために，計画及び設計における留意事項を学校種ごとに「学校施設整備指針」として示している。この学校施設整備指針において，学校図書館の施設についても記述されており，学校図書館の施設については，

学校施設整備指針に留意して整備・改善していくよう努めることが望ましい。

　また，これからの学校図書館には，主体的・対話的で深い学び（アクティブ・ラーニングの視点からの学び）を効果的に進める基盤としての役割も期待されており，例えば，児童生徒がグループ別の調べ学習等において，課題の発見・解決に向けて必要な資料・情報の活用を通じた学習活動等を行うことができるよう，学校図書館の施設を整備・改善していくよう努めることが望ましい。

（7）学校図書館の評価

　学校図書館の運営の改善のため，PDCA サイクルの中で校長は学校図書館の館長として，学校図書館の評価を学校評価の一環として組織的に行い，評価結果に基づき，運営の改善を図るよう努めることが望ましい。

　評価に当たっては，学校関係者評価の一環として外部の視点を取り入れるとともに，評価結果や評価結果を踏まえた改善の方向性等の公表に努めることが望ましい。また，コミュニティ・スクールにおいては，評価に当たって学校運営協議会を活用することも考えられる。

　評価は，図書館資料の状況（蔵書冊数，蔵書構成，更新状況等），学校図書館の利活用の状況（授業での活用状況，開館状況等），児童生徒の状況（利用状況，貸出冊数，読書に対する関心・意欲・態度，学力の状況等）等について行うよう努めることが望ましい。評価に当たっては，アウトプット（学校目線の成果）・アウトカム（児童生徒目線の成果）の観点から行うことが望ましいが，それらを支える学校図書館のインプット（施設・設備，予算，人員等）の観点にも十分配慮するよう努めることが望ましい。

付録8 学習をより深めるために

　本書で学校図書館サービスについて興味をもたれた方々への参考書として下記をご紹介いたします。

（堀川照代）
○『学校司書って，こんな仕事 学びと出会いをひろげる学校図書館』学校図書館問題研究会 編　かもがわ出版　2014
○『学校司書・司書教諭・図書館担当者のための学校図書館スタートガイド サンカクくんと問題解決！』学校図書館スタートガイド編集委員会編著　少年写真新聞社　2015
○『学校図書館に司書がいたら 中学生の豊かな学びを支えるために』（シリーズ学校図書館）村上恭子著 少年写真新聞社　2014
○『学校司書たちの開拓記（学校図書館から教育を変える）』五十嵐絹子編著　国土社　2012
○『学校図書館は何ができるのか？その可能性に迫る 小・中・高等学校の学校司書3人の仕事から学ぶ』門脇久美子ほか著　国土社　2014
○『みんなでつくろう学校図書館』成田康子　岩波書店　2012（岩波ジュニア新書）
○『学校司書研修ガイドブック 現場で役立つ23のプログラム』学校図書館まなびの会著　玉川大学出版部　2019
○『鍛えよう！ 読むチカラ』桑田てるみ監修　明治書院　2012
○『探究に役立つ！学校司書と学ぶレポート・論文作成ガイド（なるにはBOOKS）』東京都立高等学校学校司書会ラーニングスキルガイドプロジェクトチーム編著　ぺりかん社　2019
○『「学校図書館ガイドライン」活用ハンドブック　解説編』『同　実践編』堀川照代編著　悠光堂　2018，2019

（前田稔：上記以外について。本書執筆にあたっての主要参考文献を含みます）
○『新しい国語　読書指導のてびき』新しい国語編集委員会　東京書籍　2015
○『いますぐ活用できる学校図書館づくりQ＆A72』渡辺暢惠　黎明書房　2007
○『学校司書の役割と活動：学校図書館の活性化の視点から』金沢みどり　学文社　2017
○『学校図書館ABC：運営から指導まで』　学校図書館研修資料編集委員会　全国学校図書館協議会　1988
○『学校図書館活用あらかわモデルプラン』荒川区　国土社　2013
○『学校図書館の活用名人になる』全国学校図書館協議会　国土社　2010
○『学校図書館の管理と運用』文部省　東洋館出版社　1963
○『学校図書館のための視聴覚資料の組織化』山田知つぐ　全国学校図書館協議会　2002
○『学校図書館を活用した学習指導実践事例集』日本学校図書館学会　教育開発研究所　2013
○『子どもが生き生きする学校図書館づくり　改訂版』渡辺暢惠　黎明書房　2008
○『子どもと一緒に進める学校図書館の活動と展示・掲示12カ月』渡辺暢惠　黎明書房　2003
○『司書教諭・学校司書のための学校図書館必携―理論と実践』全国学校図書館協議会　悠光堂

2017
○『司書と先生がつくる学校図書館』福岡淳子　玉川大学出版部　2015
○『実践できる司書教諭を養成するための学校図書館入門』渡辺暢恵　ミネルヴァ書房　2009
○『児童図書館サービス　1・2』日本図書館協会児童青少年委員会児童図書館サービス編集委員会　日本図書館協会　2011
○『小学校における学び方の指導―探究型学習をすすめるために』徳田悦子　全国学校図書館協議会　2009
○『新学校図書館入門』黒澤浩　草土文化　2001
○『多様性と出会う学校図書館　―一人ひとりの自立を支える合理的配慮へのアプローチ―』野口武悟　読書工房　2015
○『読書指導と利用指導』全国学校図書館協議会学校図書館学編集委員会　全国学校図書館協議会　1986
○『図書館と学校が地域をつくる』公益財団法人図書館振興財団　学文社　2016
○『発信する学校図書館ディスプレイ』吉岡裕子，遊佐幸枝　少年写真新聞社　2015
○『人とメディアをつなぐ学校司書のしごと』　全国学校図書館協議会　全国学校図書館協議会　2006
○『一人ひとりの読書を支える学校図書館―特別支援教育から見えてくるニーズとサポート』野口武悟　読書工房　2010

索引

●配列は五十音順

編著者紹介

前田　稔 <small>（まえだ・みのる）</small>
　　　　　　　　　　　　　　　　　　　　　　　　　・執筆章→ 2 ～15

2004年	筑波大学大学院博士課程経営・政策科学研究科（法律学）単位取得退学
現在	東京学芸大学准教授
専攻	学校図書館学，思想・表現の自由，教育の情報化
主な著書	『学校経営と学校図書館』（共著　放送大学教育振興会）
	『情報メディアの活用』（共著　全国学校図書館協議会）
	『構造転換期にある図書館　その法制度と政策』（共著　日本図書館研究会）
	『知る自由の保障と図書館』（共著　京都大学図書館情報学研究会）
	『法の支配の現代的課題』（共著　憲法理論研究会）
	『図書館・図書館研究を考える』（共著　京都大学図書館情報学研究会）

　私の人生の転換点は，学習院高等科で図書委員長となり，十文字高等学校と慶應義塾高等学校の有志と「全国図書委員会連盟」を設立したときだったと思います。それを指導してくださったのが，十文字高等学校の紺野順子先生でした。紺野先生が学校図書館界で著名なかたであると知ったのは，かなり後になってからでしたが，今にして思うと，当時の最先端の考え方を与えてくださったのだと思います。集まりがしばしば行われた慶應義塾高等学校につづく日吉駅前の坂道を歩くと，今でも，学校図書館の未来を仲間と語り合った頃を思い出します。

　本書の第 2 章から第15章まで，どうして私一人のみで担当しているのかというと，学校図書館サービスを体系化したいという私のわがままを，堀川照代先生が受け入れてくださったことに基づきます。この本の執筆から15年ほど前に，今では放送大学でほかの科目を担当されている高鍬裕樹先生と，大阪の弁天町駅で今の図書館界に必要なものは何かについて議論をしました。その際に，私は体系化であると強く主張しましたが，その夢を追い求めた結果が，本書になります。

　筆者の本務校である東京学芸大学では，2012（平成24）年度より，「学校図書館サービス特論」という科目を司書資格の選択科目として開設して参りました。当初は「学校司書入

門」という科目名を想定していましたが，図書館学における同僚の山口源治郎先生と相談する中で，学校図書館の機能を通じて専門職が果たす役割を，図書館サービスを提言しながら広く論じるのが望ましいという結論に至りました。このこともあり，本書においても，学校司書の職務に限定しないアプローチをとりました。「学校図書館サービス特論」では，「あらゆる校種の揃う東京学芸大学附属学校の学校図書館は総合力ではどこにも負けない」をキーワードに，学校司書の皆さんが毎年数回分を非常勤講師（実地指導講師）としてご担当くださいました。本書は同科目を発展させてきた成果でもあります。また，東京学芸大学附属小金井中学校では，私も学校司書見習いとして週1回，ゼミの学生たちと過ごしてきました。自分の場所であるという実感が得られるようになったのは2年目の中盤くらいからですが，学校図書館サービスの奥深さを学ぶことができました。

　実のところ，私の問題意識の核心は，学校図書館を通じた自由の実現にあります。かつて指導してくださった川崎良孝先生は，「学校図書館における図書館の自由は公共図書館よりも極めて難しい」とおっしゃっておられましたが，全くそのとおりです。自由への侵害に対する運動論の範ちゅうだけではなく，子供たちの人格形成における学校図書館の積極的な役割を解明することが必要になってくるからです。その意味で，本書は，筆者のこれまでの自由に関する研究成果を具体化した研究書としての側面も有しています。本文では積極的に持論を展開しましたが，教科書として採用してくださる大学の先生方には，「著者はこう述べているがそうは思わない」といった形で，対話的に使っていただくことを期待しています。

　最後に，本書の執筆にあたり，大変お世話になりました，愛甲修子氏，岩井祐介氏，岡島玲子氏，岡田あさ子氏，岡田和美氏，小野寺愛美氏，数井千春氏，金澤磨樹子氏，神澤登美子氏，菊池由佳氏，倉本恵子氏，設楽敬一氏，菅原チカ氏，杉本ゆかり氏，髙橋朗子氏，高橋隆一郎氏，谷川道子氏，田沼恵美子氏，対崎奈美子氏，富澤佳恵子氏，中谷千恵子氏，中村誠子氏，奈良史香氏，濱田豊彦氏，林尚示氏，松岡みどり氏，宮崎伊豆美氏，村上潤氏，村山正子氏，山田万紀恵氏，吉岡裕子氏，鷲山恭彦氏，渡邊有理子氏，渡辺真由氏に御礼申し上げます。また，日常的に援助してくださった，井谷由紀氏，近藤由紀彦氏，徳田悦子氏，福田孝子氏，村上恭子氏，渡辺暢惠氏，常に温かく励ましてくださった，堀川照代氏をはじめ，高橋博文氏，岩崎久美子氏，および妻と子と母に心より感謝いたします。

（なお本書では，2007年度科学研究費補助金（基盤研究（C）19500204），2010年度科学研究費補助金（基盤研究（C）課題番号22590456），2013年度科学研究費補助金（基盤研究（C）課題番号25460839），2020年度科学研究費補助金（基盤研究（C）課題番号20K11484）の成果も反映されている。）

堀川　照代 (ほりかわ・てるよ) ・執筆章→1

1988年3月東京大学大学院教育学研究科満期退学
1988年4月〜2011年3月
　　　　島根県立島根女子短期大学（現：島根県立大学）
2011年4月〜2020年3月
　　　　青山学院女子短期大学
現在　　　放送大学客員教授
専攻　　　図書館情報学
主な著書　『学習指導と学校図書館』（共著）樹村房
　　　　　『インターネット時代の学校図書館』（共著）東京電機大学
　　　　　出版局
　　　　　『児童サービス論』（編著）日本図書館協会
　　　　　『学校図書館は何ができるのか？　その可能性に迫る』（共
　　　　　著）国土社
　　　　　『「学校図書館ガイドライン」活用ハンドブック　解説編』
　　　　　（編著）悠光堂
　　　　　『「学校図書館ガイドライン」活用ハンドブック　実践編』
　　　　　（編著）悠光堂

◆　◆　◆

　現在，全国的にみて，学校司書の配置状況や勤務状況，勤務内容はあまりにも多様です。職名が異なる場合もあります。しかし，2014（平成26）年3月の「これからの学校図書館担当職員に求められる役割・職務及びその資質能力の向上方策等について（報告）」（文部科学省調査研究協力者会議）に，学校司書に求められる専門性として，①学校図書館の「運営・管理」に関する職務に携わるための知識・技能と，②児童生徒に対する「教育」に関する職務に携わるための知識・技能が掲げられていることを踏まえて，学校司書のモデルカリキュラムは2016（平成28）年に作成されました。この専門性を周知し，さらに高めていかなければならないと思います。文部科学省は「教育委員会等においては，……将来的にモデルカリキュラムの履修者である学校司書を配置することが期待される」と，2016（平成28）年11月の「学校図書館の整備充実について（通知）」で述べています。

　学校司書と司書教諭の役割は違います。学校司書は学習活動における資料・情報の収集・提供・活用の専門家であり，司書教諭は図書館活用をカリキュラムに位置付け，情報活用能力の育成を教科横断的に進める旗振り役です。図書館は印刷体からデジタルまで多様な資料・情報を扱います。利用者のニーズも多様です。居場所を求めにやってくる児童生徒もいます。教員とは異なる立場で利用者に対応できるのが学校司書です。

　専門性を備えた学校司書として，皆さまは開拓者とも言えるでしょう。車の両輪のように司書教諭と協働しながら学校司書として活躍してくださることを心より願っております。

放送大学教材　1529641-1-2111（放送オンライン）

学校図書館サービス論

発　行　　2021年3月20日　第1刷

著　者　　前田　稔・堀川照代

発行所　　一般財団法人　放送大学教育振興会
　　　　　〒105-0001　東京都港区虎ノ門1-14-1　郵政福祉琴平ビル
　　　　　電話　03（3502）2750

市販用は放送大学教材と同じ内容です。定価はカバーに表示してあります。
落丁本・乱丁本はお取り替えいたします。

Printed in Japan　ISBN978-4-595-32244-0　C1337